# La Conjuration de Syracuse

Les impliqués
Éditeur

Fondée en 2014, notre maison d'édition se consacre à la publication d'ouvrages relevant de divers domaines : littérature, récits personnels, premiers romans et nouvelles, essais en sciences humaines, religion, économie, etc.

Les impliqués ont pour vocation de publier, après sélection, les manuscrits qui leur sont confiés. Ils proposent ainsi aux auteurs de faire de leur projet d'écriture une réalité et d'éditer, après une réelle collaboration avec eux, leur ouvrage issu de leurs souvenirs, de leur imagination, de leurs rêves, de leur recherche ou encore de leur travail.

Bernard Denis-Laroque

# La Conjuration de Syracuse

*Roman*

Les impliqués
Éditeur

Du même auteur :

L'Ambassadeur, roman
Wouristok, roman
Shavas, roman

Titours et autres nouvelles bizarres
Les Fables de Montparnasse

Les personnages, organismes, sociétés et autres, cités dans ce roman sont fictifs. Toute ressemblance avec des personnages, organismes ou sociétés que pourrait y voir le lecteur ne saurait être que le fruit de son imagination.


5-7, rue de l'École-Polytechnique – 75005 Paris
www.lesimpliques.fr
contact@lesimpliques.fr
ISBN : 979-10-428-0395-7
EAN : 9791042803957
Pour l'envoi de vos manuscrits : voir à la fin de cet ouvrage

SOMMAIRE

*« Si ton nombre est pair, divise-le par deux ; s'il est impair, multiplie-le par trois et ajoute-lui un pour le rendre pair. Recommence avec le résultat encore et encore. Et tu pourras voir Syracuse »*

(Anonyme)

# *PROLOGUE*

## *Moulin de Mars*

### *27 février 1530*

Le soir tombait sur cette région sans nom que forment les confins du Vivarais et du Gévaudan. A une demi-lieue du bourg de Mars, le Lignon coulait tranquillement sous le très vieux pont construit après que le roi des Arvernes eut capitulé devant les légions romaines, cent ans avant la conquête des Gaules par Jules César. Sur la rive droite du Lignon, cent mètres en amont du pont, un moulin tournait paisiblement en faisant entendre les tourbillons de l'eau dans son abée et les grincements sourds de son énorme roue de bois. À deux kilomètres du moulin, sur une haute colline au-delà du Lignon, un orgueilleux château veillait sur la vallée. Dominé par un donjon carré haut de trente toises et ceint d'un mur de plus de douze toises articulé de cinq tours d'angle rondes, il dominait la vallée. C'était le château de Mars, du nom du bourg situé un peu plus loin. Tout proche du moulin, un autre château, plus modeste, passait presque inaperçu entre les tilleuls centenaires. C'est dans la grande salle de ce petit château que Pierre du Moulin, de retour de la chasse, était assis avec sa femme Anne, leurs deux enfants, Jehan et Aude ainsi que son vieux père Guillaume, devant le feu qui crépitait dans la grande cheminée. La nuit n'était pas encore tout à fait tombée. Nous étions dimanche soir 27 février 1530.

Pendant que leur bonne cuisinière préparait le souper à l'office et que leur fidèle servante Jodette dressait le couvert, le vieux Guillaume disait :

— Les saisons ne sont plus ce qu'elles étaient. Vous voyez, nous arrivons au dernier jour de février et pourtant, il ne gèle plus et nous voyons déjà débourrer les premiers bourgeons. Mon père, votre regretté grand-père, disait que les saisons étaient de plus en plus précoces. L'évêque du Puy m'a même dit un jour qu'à Rome, les astronomes pontificaux avaient calculé que l'année des astres était plus courte que l'année du calendrier. Pas beaucoup, mais assez pour que les plus vieux, comme moi, le remarquent.

– Oh oui, grand-père, dit alors le jeune Jehan. Est-ce une volonté de Dieu pour que l'on cesse de mettre Mars en carême ?

— Mais non, répondit Anne, le calendrier de notre Sainte Mère l'Église est le calendrier voulu par Dieu. C'est Dieu qui l'a fait pour les hommes.

— Enfin, dit Pierre, on dit aussi qu'il a été instauré par Jules César... Un païen... Alors si c'est Dieu qui l'a fait pour les hommes, ce calendrier, peut-être que le païen l'a quelque peu abîmé.

— Toujours est-il, reprit Guillaume, que, selon l'évêque, la curie romaine envisagerait d'instaurer un nouveau calendrier. On devrait supprimer neuf ou dix jours...

— J'espère qu'ils les supprimeront en hiver, et pas pendant les récoltes !

— Leur principal problème, celui dont ils discutent à l'infini, ce ne sont pas nos affaires de paysans, mais ce sont les dix saints qui ne seront pas fêtés cette année-là. N'étaient ces dix saints sur le choix desquels les cardinaux ne s'accordent pas, nous serions déjà le 9 mars...

Guillaume du Moulin, de son nom complet Guillaume Premier, Seigneur du Moulin-de-Mars, était un vieillard plein de sagesse. Son père était le meunier titulaire du moulin banal du bourg de Mars. À sa mort, Guillaume avait hérité de sa charge de meunier et de quelques arpents de terre, mais la meunerie n'était pas vraiment son idéal. Il avait hérité du patrimoine familial parce qu'il était l'aîné, mais il laissa à son frère puîné la charge du moulin banal qui lui faisait bonne rente. Lui, Guillaume, ne s'intéressait qu'aux terres. Il avait épousé la fille de ses voisins qui lui avait apporté de la bonne terre d'élevage en dot. Cette terre et la mise en valeur des terres attachées au moulin lui avaient permis de constituer un élevage prospère et, à l'âge de trente-cinq ans, il avait déjà trois métayers. Il était devenu une personnalité locale avec laquelle il fallait compter. Les bonnes relations qu'il entretenait avec l'évêque du Puy, l'aidaient à fréquenter les milieux de la petite noblesse locale. Or l'évêché du Puy était propriétaire du château de Mars qui dominait la vallée, en face de son moulin. Cet orgueilleux château était la résidence du Baron de Fresc, seigneur de Mars. Jadis, Mars appartenait au Royaume de Savoie qui, affaibli, n'était plus, de facto, qu'un margravat du Saint-Empire. Le Baron de Fresc, issu d'une ancienne famille du Saint-Empire, avait ainsi perdu beaucoup de son crédit depuis que le Vivarais avait été annexé à la couronne de France. Les frais énormes que coûtaient au Baron l'entretien de sa Maison le conduisaient régulièrement à vendre des terres que Guillaume achetait sous forme de tenures censitaires. C'est ainsi qu'il devint le plus important propriétaire foncier de la baronnie. L'évêque, qui jouissait toujours d'une forte autorité morale sur la petite noblesse, héritage de l'organisation des margravats du Saint-Empire, décida qu'il était inconvenant de voir des terres aussi vastes et bien exploitées rester sous le régime de la simple tenure. Moyennant bons écus d'or, le Baron fut contraint par l'évêque à transformer la tenure en seigneurie et à accepter l'hommage de Guillaume qui devint ainsi le premier seigneur du Moulin-de-Mars, vassal du Baron de Fresc. Sur la colline qui dominait la rivière en face du château de Mars, il avait fait construire un manoir vaste et confortable. Il décida que son nouveau titre de noblesse ne justifiait pas qu'il dilapidât sa richesse à tenir une maison ruineuse comme celle du Baron de Fresc, aussi se contenta-t-il d'ajouter une aile au manoir et de le flanquer d'une tour crénelée. Depuis trente ans, il y entretenait juste ce qu'il fallait de gens de maison et d'hommes d'armes pour que sa famille puisse vivre sans souci du quotidien ni crainte pour sa sécurité.

Soudain, la porte s'ouvrit et Ogier, le chef de la garde armée, qui faisait aussi office de chambellan et de sénéchal, entra.

— Eh bien ami Ogier, que voilà de la précipitation ! Serions-nous attaqués ? Demanda Pierre.

— Non point Monseigneur, non point, mais un chevalier arrive avec son écuyer. Il vient de quitter le château de Monsieur le Baron et se présente à votre huis pour demander asile pour la nuit. Il est vêtu à l'allemande et possède un écu coupé d'or et de gueules.

— Il vient sans doute de loin, je ne connais point d'écu coupé d'or et de gueules dans la région. Bon... Eh bien, qu'attends-tu ? Avons-nous l'habitude de refuser l'hospitalité féodale ?

— Non, Monseigneur, nous n'en avons point l'habitude, non plus que de l'accorder. Le plus souvent, les chevaliers sollicitent l'hospitalité de Monsieur le Baron dont la maison apparaît plus opulente, si Monseigneur veut bien excuser cette comparaison.

— Je l'excuse d'autant plus volontiers que c'est délibéré et que je n'échangerais pas ma maison contre la sienne... La mienne est plus modeste, mais je la tiens avec mes deniers sans rien devoir à personne, si ce n'est l'impôt féodal... Et ça, ce n'est pas le cas de mon vaillant suzerain ! Allez... Ouste ! Ogier, fais entrer ce seigneur !

Quelques minutes plus tard, entra un personnage encore tout empoussiéré par la chevauchée qui se présenta à son hôte comme « Hartmann II Comte de Liechtenstein ». Un comte ! Anne le salua d'une révérence et se retira pour donner des ordres à l'office afin que l'on préparât bonne chère à l'intention de ce grand seigneur et que l'on réservât aussi bonne pitance à son écuyer...

— Soyez le bienvenu, Comte. Cette maison est la vôtre.

— Soyez-en remercié, Seigneur. Je ne vous importunerai pas longtemps. J'arrive de Vienne en passant par l'Italie et je dois rejoindre Le Puy d'où je compte partir à pied dans trois jours, le jour du mercredi des cendres, pour me rendre en pèlerinage sur la tombe de l'apôtre Jacques à Compostelle.

— Je suis très honoré de votre visite, Comte, mais... Comment dirais-je ? ...

— Pourquoi ne suis-je pas dans la maison du baron de Fresc, voulez-vous dire ? Suggéra Hartmann en riant franchement.

— Oui, c'est là une énigme pour moi.

— J'hésite à vous le dire parce que, quand vous le saurez, vous voudrez sans doute que je passe mon chemin...

— Vous faites bien peu de cas de la parole d'un seigneur du Moulin-de-Mars, Comte, intervint le vieux Guillaume. Le diable en personne ne pourrait amener mon fils Pierre à renier l'hospitalité qu'il vous a accordée en vertu des lois de la chevalerie...

— Alors voilà. Depuis plus de deux cents ans, le chef de la maison des Liechtenstein se rend en pèlerinage sur la tombe de l'apôtre Jacques, à Compostelle, durant carême l'année où il hérite du titre. Cela résulte d'un vœu très ancien prononcé par le fondateur de la Maison, mon ancêtre Hugo. L'an dernier, mon vieux père a décidé de se retirer finir ses jours dans un monastère et m'a confié la Maison de Liechtenstein. Depuis mon ancêtre Hugo, notre maison a prospéré et nous possédons de vastes terres dans le margravat de Moravie et le duché de Styrie.

— Je connais ces noms pour les avoir entendus, mais j'ignore tout de ces contrées.

— Elles se situent à l'est de l'Empire, aux confins de l'empire russe. Le château de Liechtenstein est voisin de Vienne, mais ma Maison n'y réside plus depuis longtemps. Je suis seigneur de Mikulov, entre Vienne et Brno et c'est là que je réside. Vous comprenez pourquoi ce peut être un problème.

— Toujours pas et j'implore votre pardon pour mon ignorance, mais je n'ai jamais entendu le nom de Mikulov...

— C'est là qu'officie un prédicateur appelé Balthazar Hubmaier, vous connaissez, au moins ?

— Pas davantage, non... Vous savez, ici, nous ne sommes plus vraiment dans l'Empire. Depuis plusieurs années, nous sommes dans le Royaume de France...

— Ah oui ? Eh bien, Hubmaier est un prédicateur qui parle si bien qu'il a converti toute la ville à la Réforme...

— Et vous êtes devenu huguenot ?

— C'est ce que l'on peut dire, oui, encore que ce mot n'ait pas la même signification partout dans l'Empire. J'arrive de Bologne où l'empereur Charles le Cinquième s'est fait couronner par le pape Clément. Les rois, princes et autres margraves de l'empire étaient tous là, quelle que soit leur position vis à vis de l'Église romaine et de la Réforme...

— Dans le Royaume de France, cela va mal. Les huguenots sont l'objet d'attaques et leurs biens sont brûlés ou confisqués. La justice de notre bon roi François n'est pas bien rendue par ses grands princes. Les auteurs d'exactions sont lourdement condamnés s'ils sont huguenots et bénéficient d'une large indulgence s'ils sont catholiques.

— C'est sans doute ce qui a conduit le Baron de Fresc, votre voisin...

— Mon suzerain...

— Votre suzerain, pardon... à me refuser tout net l'hospitalité, en dépit des lois de la chevalerie...

— Vous savez, Comte, la chevalerie se perd. Tout ce mouvement culturel et artistique venu d'Italie en a délité l'esprit... Mouvement religieux aussi puisque la Réforme a largement contribué à ce délitement. Sans doute mon suzerain craignait-il pour votre sécurité et ne pouvait-il la garantir contre ses propres gens d'armes tout acquis à la cause de sa sainteté le pape Clément.

— A moins qu'il ne craignît pour la sécurité de sa propre maison si l'on apprenait qu'il hébergeait un huguenot. Je lui ai parlé et je le tiens pour pleutre.

— Il est mon suzerain, Comte, et je ne puis entendre ce que je crois avoir entendu de votre bouche.

— Je le retire, seigneur. Je le retire et je voudrais que nous soyons amis conclut-il en détachant sa lourde épée de son côté et en la présentant à Pierre posée à plat sur ses deux mains en signe de paix.

Pierre du Moulin-de-Mars décida incontinent de partir à pied sur la tombe de l'apôtre Jacques accompagner son nouvel ami Hartmann de Liechtenstein. C'est ainsi qu'est née l'amitié entre la maison du Moulin-de-Mars et la maison de Liechtenstein, une amitié qui a traversé les siècles.

La Maison du Moulin-de-Mars a vivoté et traversé les âges vaille que vaille. Absente du Gotha, elle ne possède que des titres de courtoisie.

Parallèlement la Maison de Liechtenstein a prospéré. Au début du dix-huitième siècle, elle a acquis deux petits duchés, Vaduz et Schellenberg. Ils étaient loin de ses terres, mais ces deux duchés étaient « immédiats », ce qui signifie qu'ils dépendaient directement de l'Empereur. Ainsi, par ces duchés, la Maison de Liechtenstein n'était plus vassale de personne fors l'Empereur qui les a érigés en principauté. Les Liechtenstein participèrent alors à la Diète Impériale. Mieux encore, après l'éclatement de l'Empire, et l'échec du congrès de Vienne en 1815, leur principauté ne dépendait plus de personne.

## *7 avril 2011*

En cette année 2011, les princes de Liechtenstein étaient toujours des chefs d'État de plein exercice, à la tête d'un état parmi les plus prospères et les mieux administrés du monde alors que le dernier des seigneurs du Moulin-de-Mars n'avait plus aucune terre et vivait une vie de français moyen dans un pavillon d'un faubourg de Nantes.

Ainsi, autant les Liechtenstein étaient puissants et prospères autant les Moulin-de-Mars étaient faibles et désargentés. Cela n'a jamais fait obstacle à l'amitié indéfectible qui unissait les deux Maisons. Pendant près de cinq siècles leurs chefs respectifs ont fait ensemble le pèlerinage de Compostelle depuis la cathédrale du Puy, au moins à chaque succession à la tête de l'une d'elles. Ils ont pris coutume de faire en outre ce pèlerinage pour rendre grâce d'évènements importants pour la paix, le premier ayant été le traité de Westphalie qui a mis fin à l'épouvantable guerre de Trente ans et le dernier la chute du mur de Berlin qui a mis fin à la glaçante guerre froide du vingtième siècle.

Ce jour de deux mil onze, Xavier du Moulin-de-Mars était un homme fini. Il avait épuisé ses derniers euros dans des affaires insensées et il ne pouvait plus cacher à sa femme et à ses quatre enfants que les huissiers étaient à leur porte et qu'eux-mêmes étaient à la rue. Il ne leur restait plus qu'à mourir. Il avait administré un somnifère à toute sa famille et il s'apprêtait à ouvrir le gaz et à faire sauter la maison... Voulant entendre une dernière parole humaine avant son geste fatal, il appela celui qu'il pensait être son dernier ami en ce bas monde, le prince de Liechtenstein.

— Monseigneur, Vous souvenez-vous de notre pèlerinage de Compostelle en 1990 ? ...

— Certainement, Xavier... Oubliez les Monseigneur... Nos deux maisons sont amies. Nous étions en pèlerinage à la fois pour commencer mon règne et pour célébrer la fin de la terrible guerre froide qui a menacé le monde pendant près d'un demi-siècle... Et vous en aurez bientôt un autre avec mon fils aîné parce que je me retire des affaires et lui transmets les rênes du pouvoir. Mais rappelez-vous, vous m'appeliez Hans pendant ces deux mois de marche !

— Je vous appelais Hans, Monseigneur, pour ne pas attirer l'attention des autres pèlerins, le soir aux relais...

— Eh bien, continuez donc ! Je préfère Hans. Alors, ami, qu'est-ce qui me vaut cet appel ?

— C'est l'appel d'un mourant. Je n'ai plus rien, et, à part vous, je n'ai plus aucun ami. J'ai tout raté dans mon existence. Poursuivi par les créanciers et bientôt par la police, je préfère mourir. Je n'ai plus qu'un ami à qui dire adieu et c'est vous. Alors, adieu Hans.

— Attends, Xavier... Ne raccroche pas... Je ne veux rien savoir, mais un ami dans le besoin n'aura jamais sollicité en vain le chef de la maison de Liechtenstein. Tu es toujours aussi vif de corps et d'esprit que pendant notre longue randonnée à travers la France et l'Espagne ?

— Avec vingt ans de plus, mais oui, je tiens la forme, pourquoi ?

— Et tu as une famille ?

— Une femme et quatre enfants de treize à vingt ans.

— Je connais quelqu'un qui a sans doute un job pour toi et ta famille, ami...

— Mais...
— Un job de pionniers. Loin de chez toi. Dans le grand nord. Mais il te faudra disparaître et, sans doute ta réputation sera-t-elle ternie pour longtemps.
— Je n'ai plus de réputation, je n'ai plus d'amis... Mais pour combien d'années...
— Ce job est et doit rester secret aussi longtemps que possible. Plusieurs années. Au moins dix ans et sans doute plus. Je ne connais pas le détail, mais je sais que ce sera un travail de pionnier dans une contrée sauvage. Ta famille et toi allez disparaître.
— À tout prendre, c'est préférable à la mort lâche et ignoble qui nous attendait.
— Alors c'est oui ?
— C'est oui, bien sûr... Avec ma gratitude Monsei... Pardon... Hans.
— Alors voilà ce que tu vas faire... Si tu en es d'accord, bien sûr...
— Oui, bien sûr.
— Demain je t'enverrai deux agents des services secrets de Vaduz. Ils se présenteront à toi avec des passeports diplomatiques de la principauté. Tu devras leur obéir au doigt et à l'œil. Ils sont chargés de ton exfiltration et de celle de ta famille. J'arrangerai aussi cette exfiltration par voie diplomatique afin qu'on ne te recherche pas trop. On te croira mort, toi et les tiens... Toujours pas d'objection ?
— Toujours pas, non. J'attends ces deux agents spéciaux.
— D'ici là, ni toi ni aucun membre de ta famille ne devra plus avoir de contact avec l'extérieur. C'est essentiel. Courage, ami du Moulin-de-Mars. Je crois que ma maison va pouvoir rembourser la dette qu'elle a contractée auprès de la tienne il y a cinq cents ans, quand mon ancêtre Hartmann a bénéficié de l'hospitalité de ton ancêtre Guillaume en dépit du risque que sa qualité de huguenot faisait courir à ta maison.

Une tornade de pensées contradictoires avait envahi le cerveau de Xavier. Il avait passé ce coup de téléphone comme un dernier adieu au monde des vivants et voilà qu'il était devenu une porte ouverte sur un avenir inconnu. Il avait détruit son passé. Il avait drogué sa femme et ses quatre enfants avant de s'immoler avec eux et voilà que tout à coup il venait d'y renoncer. Il voyait une issue, encore bien mystérieuse, mais, il n'en doutait pas, c'était une issue.

Le lendemain matin, il tint un conseil de famille où il exposa sa situation à sa femme et ses enfants qui avaient l'œil encore lourd du sommeil artificiel où les avait plongés la drogue. Il était ruiné. Il risquait même la prison pour plusieurs faillites carrément frauduleuses. On allait venir saisir la maison. Il ne leur avouera jamais son projet de suicide collectif, mais il leur dit au contraire qu'un espoir était en vue.

Il ne savait encore rien, si ce n'était que cet espoir venait de la maison de Liechtenstein qui n'avait jamais failli à sa parole.

Deux diplomates liechtensteinois se présentèrent dans la modeste villa nantaise des Moulin-de-Mars. Ils étaient vêtus de costumes noirs et leurs visages étaient à peine visibles derrière d'épaisses lunettes teintées et sous de larges casquettes plates rabattues sur le front. C'étaient des agents des service spéciaux du prince.

Il fallut faire de nombreux préparatifs. Les deux agents prononçaient le moins de mots possibles et les Moulin-de-Mars leur obéissaient docilement. Ce qui intrigua le plus Xavier et sa famille fut la fosse qu'ils creusèrent, en début de soirée, sous la terrasse derrière la maison et les quatre sacs de ciment à prise rapide qu'ils déposèrent à côté.

Vers minuit, un minibus Mercedes bleu sombre immatriculé FL6338 s'arrêta devant la villa. Trois hommes en sortirent qui rejoignirent rapidement les deux agents secrets dans la villa. L'un d'eux s'appelait Wolfgang et dissimulait son visage à la famille, et, si les Moulin-de-Mars avaient pu le voir, ils auraient été surpris de constater à quel point il était le sosie de Xavier. Lequel Xavier, quant à lui, sortit de la maison avec sa femme et ses enfants. Ils prirent place dans le véhicule qui démarra aussitôt. Ils n'emportaient rien. Pas même un petit bagage et surtout pas leurs papiers d'identité. Ils partaient pour une nouvelle vie.

Plus tard, des caméras de surveillance et des distributeurs de billets repèreront Wolfgang. Il utilisait les cartes de crédit de Xavier et il était coiffé et maquillé de façon à lui ressembler à s'y méprendre. Tout le monde croira Xavier parti par la route vers l'Italie en s'arrêtant à Blagnac, au Pontet, à la Seyne-sur-Mer et à Roquebrune-sur-Argens. En réalité, il est allé, lui et sa famille, d'une seule traite à Vaduz sans avoir été contrôlé une seule fois.

## *7 avril 2020*

Rimitchka ! Enfin ! Après neuf années d'attente, de formation, d'information et, il faut bien le dire, d'hésitations, Xavier était enfin à Rimitchka ! C'était donc ça, le désert glacé de Rimitchka, s'était-il dit, soulagé d'être arrivé mais inquiet quand même du travail à accomplir.

Il était seul au milieu de cette plaine désertique. Il faisait nuit sous un ciel constellé d'étoiles. On l'avait prévenu que le voyage serait éprouvant. On ne lui avait pas menti. Un voyage de près de quarante-huit heures dans des conditions scabreuses… Quelque inhospitalière qu'elle pût être, il était quand même heureux de contempler enfin sa destination finale. Au milieu d'un paysage désolé, lunaire, les conteneurs annoncés étaient bien là qui l'attendaient. Il savait exactement ce qu'il avait à faire : assembler un logement, un groupe électrogène et une serre pour commencer à rendre habitable, pour lui, ce désert inhospitalier et glacé... Bien moins compliqué que de monter des meubles Ikéa, l'avait-on assuré. Malgré la fatigue du voyage, il devait se mettre aussitôt au travail. Il avait dix heures pour sortir du conteneur numéro 4 et bâtir le minuscule bungalow qui lui servirait de bivouac en attendant qu'il ait assemblé le logement définitif en forme de bulle. Il avait deux mois de solitude pour préparer la base-vie qui allait accueillir sa propre famille, puis celles des futurs colons de cette contrée inhospitalière et commencer l'exploitation de la mine qui devait faire la fortune de Rimitchka.

Depuis Nantes, il avait été transporté dans le plus grand secret à Vaduz et, de là au Texas, puis en Sibérie septentrionale où il avait passé quatre années à attendre son affectation définitive dont il ne connaissait même pas la localisation précise. Il ne connaissait que son nom : Rimitchka. Il suivait un entraînement physique et un enseignement technique réguliers pour être le mieux à même de mener à bien la difficile mission qui lui était allouée : créer seul à partir de rien une mine au beau milieu de nulle part. Il avait suivi, dans la presse, les enquêtes policières et journalistiques sur sa disparition. Il avait été effrayé de constater que les cadavres de sa supposée famille avaient été retrouvés chez lui et que le monde entier l'accusait de leur mort. À cause de cela, il avait exigé que sa famille le suive dans ses déplacements. Le plus terrible était qu'il ne pouvait communiquer avec personne. Tout au plus reçut-t-il un jour une lettre du Prince.

*Cher Xavier,*
*Notre ami commun m'apprend que tu as été horrifié d'apprendre la découverte de cadavres enterrés sous la terrasse de ta maison de Nantes. Je tiens à te rassurer. Nul n'a été tué. Il s'agit d'une mise en scène faite à l'aide des corps d'une famille slovaque victime d'une intoxication au monoxyde de carbone. Seul le père a survécu. Mais cette famille était si désargentée qu'il ne pouvait même pas payer les frais d'obsèques, et, de toute façon, il était bien trop bouleversé pour s'en occuper. Notre ami lui a fourni un pécule en lui promettant d'assurer à sa famille une véritable cérémonie funèbre, mais loin de chez lui. C'est ce qui fut fait. Il était présent, à Nantes, aux obsèques de ta famille, qui était, en réalité, la sienne, même si, dite en français, il n'a pas compris un traître mot de la cérémonie, ce qui était préférable, puisque ce sont les prénoms de la tienne qui y ont été cités. Et, si tu as bien lu la presse, certains journalistes se sont émus de cette incinération, si rapide qu'elle a empêché l'identification ADN des corps. Ce trafic de cadavres est, je te*

*l'accorde, indigne, et j'en ai vivement fait reproche à notre ami, avec lequel, depuis lors, j'ai rompu tous les liens. Mais il est quand même moins indigne que les crimes dont tu le soupçonnes. Je comprends ton affliction de te savoir tenu pour responsable de la mort de ta famille, mais il nous a assurés qu'il ferait éclater la vérité dès que le secret sur ta mission pourrait être levé, même si, m'a-t-il dit, Rimitchka sera, pendant plusieurs années encore, une retraite très dure et très secrète. Et, s'il ne le fait pas, sois assuré que je le ferai dès que Rimitchka cessera d'être un secret. Je te prie de détruire cette lettre dès que tu l'auras lue, et tiens à t'assurer de l'amitié indéfectible de la Maison Liechtenstein.*
*Hans*

Quand les contours de sa mission se sont précisés, il avait exigé que toute sa famille le rejoigne à Rimitchka. Cette exigence a d'abord été mal perçue par ses employeurs. Puis, qu'il ait bien plaidé sa cause ou que cette cause soit apparue objectivement raisonnable, on a accédé à sa demande. Il n'aurait que quelques mois de solitude et sa famille le rejoindrait à Rimitchka. D'une manière générale, comme la mine était si secrète qu'aucun mineur ne devrait y avoir de contacts avec l'extérieur avant plusieurs années, il fut décidé, dans l'intérêt commun, d'en faire une véritable colonie. Les colons viendraient tous avec leur famille. Cette décision a retardé le projet de plus d'une année, tant il fallut revoir le dimensionnement et l'organisation de la mine dont la base-vie au lieu d'être un simple bivouac, allait devoir abriter toutes les activités d'une colonie, agriculture, loisirs, enseignement, administration.

Aujourd'hui enfin, le projet prenait corps. Il regardait l'horizon nocturne où l'on devinait que le soleil n'allait pas tarder à poindre. C'était un paysage lugubre, gris et glacé. Il n'y avait encore rien mais il savait exactement ce qu'il avait à faire au cours des deux mois à venir, puisqu'il avait passé plusieurs années à s'y préparer. Il avait vaguement le vertige devant tout ce qu'il lui restait à accomplir, mais il n'avait pas peur. Il était confiant.

Sa nouvelle vie commençait. Bien qu'il n'y eût personne pour l'entendre, il prononça à haute voix : « À nous deux, Rimitchka ». Après ses longues années de secret et de confinement, il était, en effet, tout gonflé de la même ardeur vindicative qu'Eugène de Rastignac aux obsèques du Père Goriot.

## *Russie*

### *Académie militaire Mikhaïlovskaya, Saint-Pétersbourg, 29 juin 1916*

Au cours de la grandiose cérémonie traditionnelle de remise des diplômes et insignes d'officier, le sous-lieutenant Boris Kasslow s'est vu affecté à un régiment d'artillerie sibérienne stationné à Irkoutsk. Lorsque, huit mois plus tard, le Tsar fut renversé par la grande révolution, ce régiment a rejoint l'Armée Blanche de l'amiral Koltchak. Au début, l'armée rouge, trop occupée à défendre Moscou et le cœur de la Russie, ne se souciait guère de la Sibérie. Mais dès 1919, l'armée blanche de Sibérie fut contrainte à une immense retraite jusqu'à être encerclée à Vladivostok. Malgré de substantiels renforts en matériel en provenance du Canada, du Royaume-Uni, de la France et des États-Unis, ils furent contraints à déposer les armes. Tous les officiers supérieurs furent exécutés devant leurs troupes. Les officiers subalternes furent déportés dans des camps de travail du goulag. Seuls les sous-officiers et les hommes du rang purent regagner Moscou pour purger une peine de prison. Le lieutenant Boris Kasslow était résigné à terminer son existence dans un goulag du nord de la Sibérie. Sa constitution exceptionnelle et le moral d'acier que son père l'avait formé à entretenir, lui ont permis de survivre aux conditions épouvantables dans lesquelles il passa vingt années au milieu de prisonniers de guerre comme lui, d'opposants politiques et aussi de criminels de droit commun. Les prisonniers du goulag n'étaient informés que très épisodiquement de ce qui se passait en Europe.

### *Goulag de Solovki, mer Blanche, 2 décembre 1943*

C'est par Staline lui-même spécialement venu de Moscou que les prisonniers apprirent que Hitler avait rompu le pacte germano-soviétique et que la Russie était désormais en guerre contre l'Allemagne. Staline offrait le choix à tous les prisonniers encore vaillants de rester mourir au goulag ou de s'engager dans l'Armée Rouge. Il leur promettait par ailleurs l'amnistie complète après la victoire contre les nazis. Dans l'Armée Rouge en guerre, précisa-t-il, chaque soldat était tenu de conserver sa dernière cartouche pour se suicider avant d'être fait prisonnier. Tous les prisonniers des nazis seraient considérés comme des traîtres et seraient passés par les armes après la victoire. Malgré ces conditions d'enrôlement terrifiantes, ceux qui étaient physiquement en état de combattre ont tous accepté l'offre de Staline. C'est ainsi que Boris Kasslow, ancien officier d'artillerie de l'armée du Tsar, s'était retrouvé simple fantassin de l'Armée Rouge.

Les conditions de combat étaient atroces. Il n'y avait pas assez d'armes pour tout le monde et chaque soldat sans arme devait guetter la mort d'un camarade pour lui prendre son fusil et combattre à son tour. Les seules mitrailleuses des régiments d'infanterie étaient entre les mains d'unités spéciales appelées SMERSH déployées sur l'arrière des lignes soviétiques. SMERSH avait pour mission d'abattre les soldats russes qui faisaient mine de se rendre ou même, simplement, de reculer.

## *Bavière mercredi 25 avril 1945 16h30*

Le sol boueux était détrempé autant par l'eau de la pluie que par le sang des morts. Les cadavres les uns sur les autres formaient un rempart derrière lequel s'abritaient encore quelques survivants. Ils tiraient vers les Allemands. Le caporal Boris Kasslow, en tant que survivant le plus ancien dans le grade le plus élevé, commandait ce qui restait des deux sections d'infanterie envoyées en avant-postes de l'Armée Rouge qui espérait gagner Munich. Ils avaient l'ordre de tenir la place jusqu'à l'arrivée de leur régiment. Mais les Allemands avaient contre-attaqué et avançaient inexorablement. Boris ne commandait plus qu'à une quinzaine de survivants qui faisaient face à tout un bataillon de la Wehrmacht devant eux, au nord, tandis que derrière, au sud, à moins de cent mètres, le nid de mitrailleuse de SMERSH fauchait impitoyablement ceux qui esquissaient un mouvement de recul. SMERSH avait tué bien plus de camarades que les Allemands. La situation était sans issue. Alors Boris décida de jouer le tout pour le tout. Il dit à ses hommes :

— Nous allons nous replier.

— Mais, camarade caporal, SMERSH est derrière nous.

— De toute façon, nous allons mourir. Alors, à mon ordre, nous allons nous replier tous ensemble en nous dispersant. Vous allez partir dans toutes les directions, courir en zigzag de toute la vitesse de vos jambes. Vous convergerez, toujours en zigzag vers le nid de mitrailleuse de SMERSH et les survivants y lanceront leurs grenades. Compris ?

— Bien compris, camarade caporal.

— Alors, à mon commandement... Repli !

Les hommes se levèrent tous ensemble et s'égaillèrent en tournant le dos aux Allemands. La mitrailleuse de SMERSH entra en action, mais, avec cette vieille machine à la cadence de tir limitée les deux soldats de SMERSH ne pouvaient pas viser ces hommes qui étaient partis dans toutes les directions. Et même la plupart de ceux que visait le tireur échappaient aux balles parce qu'ils couraient en zigzag. Boris était parti le premier et son attitude montrait bien qu'il commandait. Il était à dix mètres à peine du nid de mitrailleuse qu'une balle l'atteignit au crâne et il tomba à terre. Pendant que le serveur changeait la bande de la mitrailleuse, le tireur de SMERSH ajustait à nouveau son tir quand ils furent tous deux blastés à mort par l'explosion simultanée de trois grenades offensives lancées par trois survivants de ce repli désespéré.

Les Allemands avaient cessé le feu pour observer la débandade des soviétiques. Ils progressaient hâtivement vers cette petite troupe en haillons qui avait déposé les armes et levait les mains en signe de reddition.

La balle qui avait frappé Boris n'avait fait que le commotionner et déchirer son cuir chevelu. Il reprenait conscience lentement, le crâne enveloppé d'un bandage taché de sang. Il était dans une tente transformée en infirmerie avec deux de ses hommes, blessés eux aussi. Il n'avait pas encore réalisé ce qui lui arrivait qu'une voix connue l'interpela. Une voix qui s'exprimait dans un russe aristocratique dont il n'avait plus entendu les accents depuis vingt ans :

— Alors, lieutenant, pardon, caporal Kasslow, je vois que vous avez toujours la tête aussi dure que cette tête de mule de cadet Kasslow à Saint Petersbourg...

— Capitaine Smyslovski... Mais... Vous ici... En uniforme de la Wehrmacht...

— Général Smyslovski, le reprit-il... Je commande la première armée nationale russe[1] ! Au sein d'une armée allemande en débandade... L'Allemagne a perdu la guerre... Mais vous êtes quand même mon prisonnier.

— Prisonnier ou pas, général ou pas, ça me fait plaisir de vous revoir. Il s'en est passé du temps depuis notre duel à l'académie militaire de Saint-Pétersbourg ! ...

— Pourtant je me le rappelle comme si c'était hier ! Ah, vous n'aviez pas froid aux yeux, Kasslow, un cadet qui provoque son instructeur en duel !

— Vous m'aviez insulté...

— C'est possible, je ne sais plus. À cette époque, j'étais encore jeune et je crois bien que j'insultais beaucoup. Mais c'était la première fois qu'un cadet de première année répondait à l'insulte... Et vous vous êtes bien battu. Morbleu ! j'ai même cru un moment que je n'aurais pas le dessus !

— Mais vous l'avez eu, le dessus. J'ai encore la cicatrice de la blessure que votre sabre m'a faite au flanc droit !

— Et moi le souvenir des huit jours d'arrêt que m'ont valus un duel avec un cadet ! Souvenir sans doute plus cuisant que la blessure que je vous ai infligée... Tête de mule de Kasslow... Ah ces vieux souvenirs !

---

*1 L'incroyable histoire de cette armée perdue est narrée dans le film « Vent d'ouest » de Robert Enrico.*

Mais vous êtes caporal ! Comment se peut-il que vous ayez été rétrogradé ?

— En fait mon régiment a intégré l'armée blanche et nous avons été défaits à Vladivostok. J'ai passé vingt années au goulag en Sibérie... Ce n'est que lorsque Staline a eu besoin de chair à canon qu'il a vidé les goulags en fin d'année dernière...

— Alors vous êtes anti-bolchevik ?

— Depuis toujours, mais surtout, après vingt ans de goulag, on est forcément antisoviétique, vous savez...

— Voulez-vous être mon aide de camp, à l'état-major de la première armée nationale russe ? Ce sera dur, ce sera sous l'uniforme de la Wehrmacht, mais j'ai un accord avec le général Hadler : nous ne combattons que l'Armée rouge, jamais les armées américaine, anglaise ou française et encore moins des civils...

— Ouh là ! Aide de camp ? Ça demande réflexion.

— Prenez le temps de la réflexion, capitaine... Ah oui, c'est le grade que je vous propose... Prenez votre temps. Vous avez... Disons... Cinq secondes ? ...

— D'accord, mon général, d'accord. Je suis votre homme... Bon Dieu, que c'est bon de retrouver un peu de la Russie d'avant ! Et tous vos hommes sont russes ?

— Oui, tous. Je ne suis pas sûr de leur idéalisme anti-bolchevik, mais je suis sûr qu'ils seront passés par les armes s'il leur prenait l'envie de rejoindre l'Armée Rouge. Ils le savaient en s'enrôlant et ils en sont définitivement convaincus depuis qu'ils ont vu SMERSH en action sur les champs de bataille.

— Oui, SMERSH a tué plus de Russes que la Wehrmacht. Aussi bien, il y avait moins d'un fusil pour deux soldats... Alors tous ces morts n'affaiblissaient pas vraiment l'Armée Rouge.

— Ne vous méprenez pas, capitaine, vous venez de quitter une armée victorieuse pour intégrer une armée en déroute. L'Armée rouge a enfoncé presque tous les fronts de la Wehrmacht. Une division entière progresse qui serait arrivée dans moins de deux jours pour vous récupérer si vous aviez survécu jusque-là.

— Il n'y avait aucune chance que nous tenions plus de quelques heures. Nous serions tombés à court de munitions bien avant la fin de la journée et vous êtes nombreux et bien armés.

— Plus que vous ne l'étiez en tout cas, mais il nous reste moins de douze heures pour décrocher. Ce sont plus de cinq mille fantassins bolcheviks qui arrivent accompagnés de chars. Mes éclaireurs les ont repérés à quarante kilomètres à peine, et ils arrivent vers nous qui ne sommes plus qu'à peine cinq cents.

— Mais, mon général, votre armée, la première armée nationale russe, si j'ai bien compris...

— Notre armée, capitaine. Notre armée, vous en êtes désormais... Ah à propos, ajouta-t-il à l'attention du planton... Allez demander au fourrier un uniforme de capitaine pour mon aide de camp. S'il se déplaçait vêtu comme ça, il se ferait abattre instantanément ! Puis il reprit pour Boris : Notre armée est en déroute. Elle ne comprenait, à sa création, voici cinq mois à peine, que deux régiments de 3000 hommes chacun. Nous ne sommes plus que cinq cents et traînons avec nous une vingtaine de femmes et d'enfants, russes eux aussi ! Non, capitaine, c'est une armée en déroute qui vous accueille.

— Et qui me sauve la vie...

— Pour combien de temps ? Venez. J'ai convoqué une réunion d'état-major et nous allons décider de notre stratégie de repli.

— Il y a aussi la ROA[1] du général Vlassov...

— Vous n'avez pas suivi l'actualité ? Ils se sont rendus aux Alliés après s'être retournés contre le Reich. Sans aucune considération pour ce retournement, ceux qui se sont rendus aux soviétiques ont été fusillés. Quant aux autres, ils sont prisonniers des Américains qui vont les rendre de force aux autorités soviétiques en vertu de l'accord de Yalta...

— Yalta ?

— Oui, l'accord signé, il y a deux mois et demi, entre Staline, Churchill et Roosevelt pour définir le partage des fruits de la victoire contre le Reich. Cet accord prévoit que tous les prisonniers et réfugiés de guerre seront renvoyés dans leurs pays respectifs. Pour les Allemands, les Anglais, les Français et les autres, être renvoyés dans leurs pays est ce qui peut leur arriver de mieux, vous comprenez. Et cette ordure de Staline a réussi à faire accepter l'idée que les Alliés devront aussi livrer les Russes à l'Union Soviétique... Et ils le feront de gré ou de force, c'est clair... Staline leur fait peur.

— Pour nous autres, Russes, retourner en Russie, c'est l'assurance de mourir au goulag ou sous les balles des pelotons d'exécution sommaire de SMERSH...

— Hélas, les alliés feignent d'ignorer cette évidence. Ce sont les accords de Yalta...

Le fourrier revint avec l'uniforme. Boris Kasslow le passa. Les mesures en étaient approximatives, mais suffisantes.

Ils pénétrèrent dans une tente plus vaste dans laquelle huit officiers étaient réunis autour d'une table avec une carte. Il y avait là tous les grades, de colonel à capitaine. Ils se levèrent et se mirent au garde-à-vous.

---

[1] *Русская освободительная армия, Rouskaïa osvoboditelnaïa armia, armée de libération russe. Formation russe anti bolchevik armée par la Wehrmacht, mais pas intégrée à elle. La ROA était commandée par le général Andreï Vlassov*

— Repos, messieurs, repos, asseyez-vous. Je vous présente mon nouvel aide de camp, le capitaine Boris Kasslow, un ancien de l'Académie Mikhaïlovskaya. Un officier courageux qui m'a fait l'honneur d'un duel alors qu'il était simple cadet et moi jeune capitaine. Une référence ! Ah ! Vous avez déployé la carte. Très bien. Pouvez-vous nous montrer où sont les formations de l'Armée Rouge et les formations occidentales ?

Un commandant disposa de petits drapeaux peints sur des galets et exposa :

— Nous sommes ici, à Landshut. Munich est tenu par la SS. Le NSDAP passe par les armes quiconque est seulement soupçonné de sympathies communistes. Les Américains sont retardés par la prise de Nuremberg. Ils seront sur le Danube dans deux jours, trois tout au plus. Aucune résistance sérieuse n'est à attendre de Regensburg ni de Donauworth. Ils devraient arriver à Munich avant une semaine. Mais Munich va les retenir plusieurs jours. Plus à l'ouest, les Français ont pris Stuttgart et Freudenstadt. Ils sont sur le Danube. Ils ont pris Sigmaringen et Ulm est sur le point de tomber.

— Et les soviétiques ?

— Un régiment isolé se trouve à quarante kilomètres à l'est, mais il a stoppé son avance, apparemment parce que leurs avant-postes n'ont pas pu reprendre la colline que nous avons prise.

— À moins que les Américains les aient rappelés aux accords de Yalta qui fixent les limites des territoires à conquérir : l'Armée Rouge n'a rien à faire en Bavière... Quoi qu'il en soit, messieurs, la guerre est perdue. Nous allons nous rendre, mais je voudrais que ce soit à un pays neutre. Sinon les accords de Yalta contraindront nos vainqueurs à nous envoyer nous faire exécuter sans honneur par SMERSH sous les yeux gourmands et sadiques du великий вождь народов[1]. Et comme la Suède est inaccessible, nous partons en Suisse. En marchant bien, nous pouvons passer à Munich puis Memmingen avant les Américains et gagner Bregenz et la frontière suisse avant les Français. Bregenz n'est plus défendue, sa garnison s'est tout entière constituée prisonnière en Suisse. Je vous propose que nous l'imitions.

Tout en disant cela, il avait pris une craie et tracé un chemin sur la carte.

— Nous devrons parcourir cinquante kilomètres par jour. Je suis général de la Wehrmacht, et mon grade empêchera qu'on nous pose des questions dans les garnisons allemandes, mais il ne me permettra quand même pas d'obtenir le soutien d'autres unités. Le plus grand

---

[1] *Vieliky Vojd Narodov, grand chef des nations, métonymie désignant Staline, abusivement traduite habituellement en français par « Petit père des peuples »*

risque reste la SS qui nous hait et contre laquelle je ne peux rien. Messieurs, nous sommes livrés à nous-mêmes. 250 kilomètres nous séparent de la frontière suisse de Bregenz. Nous avons cinq jours pour les parcourir. Après, il y aura des Américains et des Français partout. Des questions ?

— Mon général, les éclaireurs sont formels. Si les Suisses gardent bien les civils réfugiés, ils livrent en revanche les prisonniers de guerre aux Alliés. Et les Alliés sont liés par Yalta.

— Pas les Français... De Gaulle n'était pas à Yalta.

— La Première Armée Française est inféodée aux Américains. Les prisonniers faits par les Français arriveront tôt ou tard dans des camps américains. Je crains que notre sort ne soit scellé.

— Pas encore, colonel, pas encore. Pouvez-vous nous définir un itinéraire qui nous amène là, dit le général en pointant une ville autrichienne du Vorarlberg sur la carte. Y a-t-il une garnison de la Wehrmacht ?

— Feldkirch ? D'après mes renseignements, il n'y a plus de garnison. Ils se sont repliés pour défendre Sankt Anton qui est menacé par les Franco-américains.

— Parfait. Nous gagnerons Feldkirch à marches forcées. Nous éviterons Sankt Anton. Je ne veux pas que le haut commandement nous oblige à y cantonner pour la défendre.

— Mais, mon général, ils ne peuvent nous faire combattre que des soviétiques.

— Ne soyez pas naïf, Kasslow ! La Wehrmacht, oui, pas la SS... Vous connaissez SMERSH ? La SS, c'est la même chose. Des fous sanguinaires sans foi ni loi. Non. Après Kempten, nous gagnerons Feldkirch par la montagne, en évitant les villes où des éclaireurs ou des informateurs pourraient nous signaler au Haut Commandement.

## *Mercredi 2 mai 1945 21h00*

Ils étaient harassés. Ils allaient à marches forcées depuis six jours. L'avant-veille, dans le Vorarlberg, des éclaireurs avaient signalé des détachements américains et français sur les grands axes routiers... S'ils ne voulaient pas être contraints à faire mouvement avec d'autres unités de la Wehrmacht, il leur fallait impérativement traverser le Vorarlberg par des chemins de montagne. Ils ont dû abandonner leurs camions pour ne conserver que deux half-tracks Mercedes. L'un était chargé des jerricans d'essence, des vivres et de l'armement lourd tandis que l'autre accueillait la vingtaine de femmes et enfants russes qu'ils avaient sauvés des griffes de la SS et qu'ils traînaient avec eux depuis Passau. La troupe allait à pied avec son barda et son armement léger. Ils traversèrent la petite ville de Feldkirch. Dans la nuit on n'entendait que le grondement des half-tracks. Les habitants n'avaient pas vu de soldats depuis une semaine. Terrés chez eux, ils s'attendaient à voir les armées alliées et l'apparition d'une unité de la Wehrmacht leur faisait craindre une bataille dans la ville. Seul le bourgmestre était devant son Rathaus [1] par nécessité de sa charge pour accueillir l'armée. C'est Kasslow que Smyslovski délégua pour négocier avec lui. Il quitta la colonne qui poursuivait son chemin, et se présenta à lui.

— S'il vous plaît, mon capitaine, je vous en supplie, ne cantonnez pas en ville... Si vous combattez, des civils vont encore mourir... Des femmes, des enfants.

— Écoutez-moi, Monsieur le Maire ...

— Bivouaquez plutôt sur le point haut là-bas. De là, vous contrôlerez bien mieux la route et les combats n'auront pas lieu en ville... Je vous en prie, mon capitaine...

— Écoutez-moi, Monsieur le Maire ...

— Nous vous apporterons de la nourriture et de la bière...

— Justement, je vous demande de...

— Mais je vous en supplie, éloignez-vous de nous, poursuivait le malheureux bourgmestre rongé d'angoisse sans écouter un traître mot de ce que lui disait son interlocuteur.

— Ah ! Mais allez-vous m'écouter à la fin ! se rebiffa Kasslow en lui collant le canon de son Lüger sous le nez. Monsieur le Maire, je n'ai qu'une chose à vous demander, mais elle n'est pas négociable.

— Laquelle ?

— Vous êtes sûr que vous m'écoutez maintenant ?

— Oui, oui, mon capitaine, je vous écoute, dit-il terrorisé.

— Voilà. Nous ne faisons que passer. Vous m'entendez, passer !

— Passer... Répétait-il incrédule...

— D'autres unités vont arriver à Feldkirch. Sans doute des Français, mais ce pourraient être des Américains ou même une autre unité de la Wehrmacht. Je ne sais pas...

— Français... Américains... Wehrmacht... Répétait le maire hébété.

— Alors quelle que soit l'armée qui va investir Feldkirch, vous ne nous avez pas vus.

— Mais tout le monde vous regardait à travers les volets de sa fenêtre...

— Vous êtes en train de me dire qu'il nous faudrait massacrer la population pour que personne ne parle ? Réfléchissez, Monsieur le Maire...

— Enfin... Non, bien sûr que non... Je peux réunir le conseil municipal et faire en sorte qu'ils gardent le silence...

---

[1] *Hôtel de ville, en allemand.*

— Tout au plus, pour la vraisemblance, vous pourrez dire que vous avez vu passer deux véhicules militaires et que vous n'avez pu relever ni leur modèle ni leur armée.

— Oui, mon capitaine... Oui... Ce sera fait...

— Je laisse un détachement aux portes de la ville qui garantira votre loyauté. Compris, Monsieur le Maire ?

— Compris, mon capitaine... Aucun habitant de Feldkirch ne vous trahira.

La colonne avait quitté la ville et stationnait au pied de la *Wasserturm*, devant un pont qui franchissait une impétueuse rivière alpine. Le capitaine Kasslow rendit compte de son ambassade au général Smyslovski. Quelques officiers d'état-major commencèrent à moquer la couardise du maire.

— Mais, les interrompit Smyslovski, cette ville est au milieu du front. La peur que cela inspire aux civils est bien compréhensible... Feldkirch risque d'être le théâtre de combats féroces. Mais nous, c'est Schellenberg notre destination, c'est au Liechtenstein. Une toute petite principauté coincée entre la Suisse et l'Autriche. C'est notre seul espoir de ne pas finir sous les balles de SMERSH depuis que nous savons que même la Suisse livre les prisonniers de guerre aux alliés...

— Cinq cents soldats crasseux et armés jusqu'aux dents, il y a de quoi faire peur aussi à la population d'une toute petite principauté, ne pensez-vous pas ? objecta un vieux colonel.

— J'ai vu comment Kasslow a négocié avec le bourgmestre de Feldkirch... Le parfait équilibre entre persuasion et menace... Je lui confie le soin de négocier notre arrivée au Liechtenstein... N'oubliez pas que nous nous constituons prisonniers de guerre... La principauté de Liechtenstein est un état souverain, mais, tout entière, elle compte moins d'habitants que la seule ville de Feldkirch, nous pourrions facilement l'investir, mais nous avons décidé de rendre les armes. Ils devraient donc comprendre que c'est seulement sous statut de prisonniers de guerre d'un état souverain que nous entendons le faire. Allez, en route pour Schellenberg. Kasslow et moi monterons à l'avant du half-track de tête.

— C'est encore loin, Schellenberg ?

— Le poste frontière est à moins de trois kilomètres après le pont sur l'Ill. Allez en route.

Il embarqua dans le half-track avec Kasslow. Et la colonne se remit en route et s'enfonça dans le brouillard à la vitesse de cinq kilomètres-heure.

*Mercredi 2 mai 1945 23h30*

Il pleuvotait et un brouillard dense rendait la nuit sans lune plus opaque encore. Par la fenêtre du minuscule poste frontière de Schellenberg, on ne voyait rien sinon une obscurité glauque qui masquait tout. Le poste-frontière abritait en tout et pour tout deux factionnaires, Peter et Markus. C'étaient deux sujets du prince Franz-Joseph II de Liechtenstein, dévoués à leur petite nation et prêts à mourir pour elle s'il fallait la défendre. Ils attendaient dans la cahute qui abritait l'armurerie des gardes-frontières et les registres douaniers, aussi bien étaient-ils à la fois agents de la police des frontières, soldats de l'armée du Prince et officiers des douanes... Ils discutaient de la guerre et des inquiétants mouvements de troupe alentours. Ils redoutaient de voir leur principauté envahie par les Français, les Allemands ou les Américains... Et, soldats, que pourraient-ils faire sinon se battre vaillamment jusqu'à la mort ? L'armée du Prince comptait à peine deux régiments de 1000 hommes chacun. Mais c'étaient des paysans qui conservaient leur uniforme et leur arme chez eux prêts à se mobiliser. Ce n'était pas une armée active et entraînée. Il n'y avait même pas cent militaires professionnels en principauté... Que sera-ce en face d'un régiment blindé ou d'une attaque aérienne ? Soudain Markus, qui faisait face à la fenêtre, fit signe à Peter de regarder dehors. Au milieu du brouillard, une paire de phares trouait l'obscurité côté autrichien. Ils venaient de s'allumer à moins de deux cents mètres de la barrière qui matérialisait la frontière et avançaient vers eux à vitesse réduite. Peter et lui saisirent leur fusil et sortirent sous la pluie. « Halte ! » cria Peter à pleine voix. « Vous quittez le territoire autrichien et pénétrez dans la Principauté de Liechtenstein. Veuillez stopper. ». Évidemment, avec le bruit du moteur et des chenilles du half-track, aucune de ces paroles ne parvint aux oreilles de ses occupants... Le half-track continuait à avancer au pas vers la barrière. Un coup de feu retentit. C'était Markus qui perdait son sang-froid. N'importe, nous devons défendre la frontière, se dit Peter en s'apprêtant à essuyer le feu d'une mitrailleuse ou d'un bazooka selon l'armée qui se présentait. Quelle ne fut pas leur surprise de voir, à contrejour des phares, deux silhouettes se diriger à pied vers eux bras levés au-dessus de leurs têtes. Quand les silhouettes furent à dix mètres, ils virent deux officiers de la Wehrmacht... C'était donc l'Allemagne qui envahissait le Liechtenstein... Ils s'arrêtèrent à la barrière et les deux factionnaires s'avancèrent vers eux. Un général et un capitaine de la Wehrmacht étaient là qui n'avaient aucune arme à la main et ne manifestaient aucune hostilité. Ils demandaient à parlementer... Le plus jeune des deux s'avança d'un pas en saluant militairement.

— Je vous présente le général Holmston Smyslovski, commandant la première armée nationale russe. Je suis le capitaine Boris Kasslow, son aide de camp.

— Le Liechtenstein est un pays neutre. Si vous franchissez cette barrière, ce sera un acte d'agression militaire et nous nous comporterons en conséquence.

— Nous ne souhaitons pas agresser qui que ce soit, et surtout pas un pays neutre. Notre souhait est de négocier notre reddition avec votre prince.

— Si vous franchissez cette frontière avec armes et uniformes, ce ne sera pas possible.

— Nous ne franchirons cette frontière que pour négocier notre reddition.

— Restez là, en Autriche, de ce côté de la barrière. Puis, à Markus : Va vite téléphoner au Premier Ministre. Il est seul à pouvoir négocier avec la Wehrmacht

— Je voudrais vous apporter quelques précisions, dit alors Smyslovski à Peter tandis que Markus entrait dans la cahute du poste-frontière. Nous sommes la première Armée Nationale Russe... Enfin ce qu'il en reste... Nous sommes à peine cinq cents, officiers, sous-officiers et hommes du rang.

— Armée russe ? Mais ces uniformes sont ceux de la Wehrmacht !

— Nous combattons la barbarie stalinienne et, si nous avons intégré la Wehrmacht, ce n'est que pour combattre l'Armée Rouge. Après Staline, notre pire ennemie est la SS qui a toujours tenté de se débarrasser de nous parce que nous n'avons jamais accepté de combattre qui que ce soit hors l'armée de Staline, que nous n'avons jamais accepté d'avoir un officier SS à notre état-major et que nous réprouvons avec force les actes de barbarie auxquels la SS contraint la plupart des autres unités de la Wehrmacht. Sur ce, conclut-il en saluant militairement, je rejoins mes troupes et je vous laisse avec le capitaine Kasslow qui est mon plénipotentiaire. Capitaine, dit-il solennellement, donnez-moi votre arme et allez négocier notre reddition avec les autorités de la Principauté. Vous avez les pleins pouvoirs.

Il repartit vers son half-track, tandis que Boris Kasslow franchissait la barrière et pénétrait en principauté.

## *Jeudi 3 mai 1945 06h00*

L'armée de Holmston Smyslovski pénétra en principauté au petit matin. Le même jour, à midi, les chars de la cinquième division blindée de l'armée française de libération, qui avaient fait tomber Bregenz puis Dornbirn, étaient à Feldkirch. Ils ne franchirent pas le poste-frontière de Schellenberg. Samedi, le Prince accorda aux Russes le statut de prisonniers de guerre et se fit remettre leurs armes. Mardi, 8 mai, c'était l'armistice. Trois mois plus tôt, à Yalta, les grandes puissances avaient décidé que les prisonniers de guerre devraient être renvoyés dans leurs pays respectifs. Pour le général Smyslovski et ses troupes, aller en Russie, cela signifiait la mort. Le Prince changea leur statut et, de prisonniers de guerre, ils devinrent réfugiés politiques. Malgré la pression opérée par Staline, la principauté, au péril de son existence même, a refusé de se soumettre aux accords de Yalta et d'extrader ces soldats russes. Ce fut une de ses heures de gloire. Ni la Suisse voisine, pourtant neutre comme elle, ni la France, qui n'était pas non plus à Yalta, n'ont osé en faire autant.

# *GAËLLE*

## ***De nos jours***

### *Sèvres, maison de Gaëlle Le Couëdic, 15 janvier, 20 heures*

Un jardin sur la colline du parc de Saint-Cloud. La neige tombait depuis une heure et déjà la pelouse et les buissons étaient poudrés de blanc… Les flocons légers virevoltaient dans les courants d'un petit vent froid et sournois qui avait envahi l'ouest parisien. Le ciel couvert était gris-jaune, comme toujours, la nuit, quand les nuages bas étaient éclairés par les lumières de la ville. Par-delà la grille, on voyait la rue blanchir peu à peu et les traces des rares véhicules qui étaient passés disparaissaient insensiblement sous la couche blanche.

Dans la maison, Gaëlle Le Couëdic attendait Charles pour dîner. Il était déjà vingt heures, mais ce n'avait rien d'inhabituel pour Charles d'arriver tard. Chez eux, celui qui arrivait le premier avait le privilège de préparer à dîner… C'était souvent à Gaëlle d'écoper de ce privilège parce que sa chaîne de télévision « La Cinquième » avait son siège à Issy-les-Moulineaux, à dix minutes en voiture de chez eux, alors que le bureau de Charles était boulevard Mortier, à l'autre bout de Paris.

Gaëlle était une belle jeune femme à la trentaine rayonnante. Un visage épanoui encadré d'une longue chevelure blonde. Ses yeux bleus vous regardaient avec intensité et contenaient toujours un je-ne-sais-quoi d'amusement ou de facétie… Vêtue d'une chemise d'homme aux manches retroussées et d'un jean, elle avait une allure élancée et sportive. Grande reporter et journaliste d'investigation à la chaîne de télévision La Cinquième, elle aimait son métier qui l'avait, plus d'une fois, entraînée dans des aventures[1] échevelées à travers le monde. Depuis plusieurs années, elle vivait avec Charles Longhieu. Aussi actif et épris d'aventures qu'elle-même, il était officier de renseignement à la DGSE. Inutile de dire que leurs deux métiers les tenaient souvent éloignés de Sèvres et que, lorsqu'ils s'y retrouvaient, ils goûtaient

*1 Voir « L'Ambassadeur », « Wouristok » et « Shavas » du même auteur.*

d'autant plus ces moments d'intimité qu'ils passaient ensemble dans le calme de leur colline.

Chaque fois que Gaëlle partait en reportage ou Charles en mission, ils se disaient au revoir en étreintes torrides dont les années n'avaient jamais émoussé la passion. Aujourd'hui, Gaëlle, rêveuse, regardait par la fenêtre la neige tomber mollement. La pelouse se couvrait d'un tapis blanc de plus en plus épais dans lequel les traces que ses pas avaient laissées une demi-heure plus tôt avaient déjà disparu. Les branches noires des tilleuls noueux se paraient peu à peu de blanc. Déjà le manteau neigeux étouffait les bruits et donnait à cette soirée d'hiver cet aspect paisible et feutré qui rend les paysages de neige si reposants. Rêvasser devant son jardin lui remettait en mémoire les moments de bonheur qu'ils y avaient passés, Charles et elle. Elle se rappelait ces après-midis d'hiver ensoleillés où ils se roulaient dans la neige en riant comme des gamins... Elle se rappelait les interminables soirs d'été qu'ils passaient allongés dans le gazon l'un contre l'autre, en retardant le moment de gagner leur chambre...

Tout à coup, la sonnerie de son smartphone la tira de sa rêverie. C'était le patron de Charles, le général de Saint-Elme, directeur de la branche action de la DGSE, leur ami à tous les deux. Intriguée, elle décrocha :

— Général ?

— Bonsoir, Gaëlle... Je vous appelle au sujet de Charles...

— Il lui est arrivé quelque chose ?

— Non, non rassurez, vous, il va bien. Il sort juste de mon bureau...

— Oh, alors, je vais dîner sans l'attendre. Il en a pour plus d'une heure à arriver ici avec la circulation et la neige qui commence à tomber !

— En fait il en a pour bien plus encore. Il part en mission pour trois à quatre mois.

— Et pourquoi ne me le dit-il pas lui-même ?

— C'est une mission parmi les plus secrètes qu'il ait jamais eues à accomplir et il n'est plus autorisé à téléphoner.

— Et où l'envoyez-vous comme ça ?

— Secret-défense, Gaëlle, je suis désolé.

— Mais vous auriez au moins pu l'autoriser à venir faire sa valise à Sèvres avant de partir.

— Non, désolé... Impossible... Je regrette, Gaëlle, mais je ne peux rien vous dire...

— Dites-moi au moins si c'est dangereux, cette mission !

— Désolé, Gaëlle... Je ne pourrai vous donner des informations qu'au fur et à mesure qu'elles seront déclassifiées... Je pense que le secret pourra être levé petit à petit et qu'avant son retour, vous saurez l'essentiel…

— Mais vous m'avez déjà habilitée au secret-défense…

— Pas à ce niveau-là… Je comprends votre détresse, Gaëlle, et je compatis… À l'occasion, venez à la DGSE, nous pourrons en parler mieux qu'au téléphone, mais je ne pourrai pas lever le secret qui couvre sa mission… D'ailleurs lever ce secret pourrait le mettre en danger…

— J'ai un double appel… Je raccroche fit-elle au bord des larmes.

Ce double appel était Armand Blot, le rédacteur en chef de La Cinquième. Son patron direct. Il était, lui aussi, ami de Charles et elle.

— Bonsoir Gaëlle…

—…

— Gaëlle ?

— Ouais…

— Quelque chose ne va pas ?

— Saint-Elme vient d'envoyer Charles en mission pour trois mois.

— Ce n'est pas nouveau…

— Ce qui est nouveau, c'est qu'il prétend que c'est si secret que je n'ai même pas eu le droit de lui parler avant son départ… Je ne décolère pas ! … Il nous connaît bien, merde ! Il sait bien que nous nous aimons et qu'il peut nous faire confiance pour ce qui est du secret !

— Écoute, Gaëlle… Charles est officier de renseignement et ce n'est pas la première fois que…

— Si brusque, si secret et pour si longtemps, si. C'est la première fois, si !

— Allez. Calme-toi. J'ai de quoi t'occuper. Ça te fera un os à ronger ! Peux-tu venir à la chaîne ?

— Maintenant ?

— Puisque tu es libre, ce serait bien, oui… J'ai une bizarre impression de mystère et d'urgence !

— Je suis libre… Oui, on peut dire ça…

—…

— Tu remercieras ton copain Saint-Elme ! Ajouta-t-elle avec dépit.

## *Siège de la télévision « La Cinquième », 21 h*

Armand Blot, jeune rédacteur en chef de La Cinquième, tendait à Gaëlle le Couëdic une pochette en plastique transparent protégeant un feuillet imprimé recto-verso en petits caractères.

— Je viens de recevoir ça d'une source anonyme, sans explication. Ça a été posté hier à Vaduz, Liechtenstein, et ça parle apparemment d'une mine d'hélium-3.

— C'est quoi, l'hélium-3 ? C'est pour gonfler des ballons ?

— Non, non... C'est un isotope de l'hélium naturel ou hélium-4. C'est l'hélium-4 qui sert à gonfler les ballons. Si j'ai bien compris, l'hélium-3 ne comporte qu'un seul neutron au lieu de deux pour l'hélium-4.

— Alors il doit être plus léger, c'est mieux pour gonfler les ballons, non ?

— Je ne sais pas... Sans doute... Mais non ! Parce que l'hélium-3 est excessivement rare. C'est lui qu'il faudra utiliser pour alimenter les réacteurs nucléaires de fusion quand ITER...

— Le projet d'énergie nucléaire de fusion ? Le soleil artificiel ?

— Oui, c'est ça, ITER ou tout autre projet de plasmas à haute température. Dès qu'on aura une solution industrielle pérenne, on aura besoin d'hélium-3 pour l'alimenter. Le document que j'ai reçu, ce sont les pages 9 et 10 d'un contrat de concession pour une mine d'hélium-3.

— Mais si c'est comme l'hélium, c'est un gaz, ça ne se trouve pas dans une mine !

— Apparemment si... sans doute un minerai porteur d'hélium...

— Oh... Mais c'est écrit en allemand.

— Oui. Pourtant, dans le paraphe, en bas à droite, on voit nettement deux caractères cyrilliques, un J et un B majuscules, il n'y a pas à se tromper ...

— Un document en allemand signé par un Russe ?

— Un Russe ou n'importe qui utilisant l'alphabet cyrillique, Biélorusse, Bulgare, Ukrainien ou... je ne sais pas... Serbe, par exemple... L'autre paraphe est KK, cela peut être n'importe quelle écriture... Comme le document est rédigé en allemand, on peut supposer que KK sont les initiales d'un Allemand...

— Et alors ?

— Alors ? Ce document n'est pas une photocopie. C'est apparemment l'original d'une page d'un contrat de concession d'exploitation d'une mine d'hélium-3. Pour seule toponymie, il porte « Rimitchka ». J'ai cherché et je n'ai rien trouvé. Mais les coordonnées géographiques de cette mine y figurent. Elles sont 71,45N - 179,17W.

— Alors, c'est où ?

— C'est dans l'océan Arctique, sur l'île Wrangel.

— En Alaska ?

— Non, en Alaska, ce n'est pas une île, c'est un mont, le mont Wrangell, avec deux l. Non, l'île de Wrangel, avec un seul l, c'est au nord-ouest du détroit de Béring, c'est au large de la Sibérie. J'ai cherché ce que nous avions à la documentation[1].

— Et ? ...

— Et nous n'avons pas grand-chose. Une île volcanique... Enfin, un volcan éteint... Il n'y a rien... Quelques ours blancs, quelques renards arctiques et des lemmings pour les nourrir, le tout sur une toundra sèche et rare... Et encore, tout ça, c'est surtout au sud de l'île, où il y a encore un peu de végétation... Les coordonnées nous donnent un point dans le nord de l'île, et là, c'est juste un désert arctique sans rien.

— Mais qui te l'a envoyée, cette page de contrat, et pourquoi ?

— Qui, je n'en sais rien. Quant au pourquoi... Que peut attendre quelqu'un lorsqu'il envoie un document à un organe de presse ? À ton avis ?

— Qu'on en parle, bien sûr... Mais il pouvait aussi bien faire un communiqué de presse !

— Justement, il ne l'a pas fait. J'ai fait un tour d'horizon discret des chaînes de télévision et des journaux. Apparemment nous sommes les seuls à avoir reçu ça ! À mon avis, il nous donne une piste pour que nous fassions des investigations... C'est une sorte de lanceur d'alerte, peut-être...

— Un scoop alors !

— Sûrement, oui, puisque nous sommes les seuls... Mais attention ! Je n'ai pas pu vérifier la source puisqu'elle est anonyme. La seule chose que j'aie est cette page originale d'un document portant deux paraphes, KK et БЖ. J'espérais que tu pourrais demander à Charles s'il pouvait identifier ces paraphes... Il a accès à une belle base de données de paraphes, j'imagine, par son métier...

— Tu sais, il ne peut pas utiliser les moyens de la DGSE comme ça... Il faut que cela ait un rapport avec des affaires en cours. De toute façon, Saint-Elme, – tu connais le général de Saint-Elme ? Oui, bien sûr, où ai-je la tête ! – l'a envoyé en mission secrète.

— Évidemment, s'il est en mission...

— Je t'ai dit, c'est tellement secret que même moi je n'en ai aucune idée. Je suis complètement bouleversée... Ne rien savoir... Charles a été carrément escamoté ! Jamais dans sa vie d'officier du renseignement, il n'a été contraint à disparaître comme ça, sans même qu'on nous laisse le loisir de nous dire au revoir ! C'est Saint-Elme qui m'a informée de son départ en mission, parce que, m'a-t-il dit, le niveau de secret interdisait à Charles de le faire lui-même... Je n'ai jamais vu que je n'aie même pas le droit de lui dire au revoir avant son départ... Je suis pourtant habilitée au secret ! Je ne décolère pas !

— Je me mets à ta place ! ...

*1 On trouvera une carte en fin du présent ouvrage.*

— Mais, attends... Donne-moi ça, j'ai une idée !

Elle lui prit le document des mains et sortit du bureau, laissant là Armand Blot interloqué... « Décidément, elle est toujours aussi imprévisible, se disait-il... Heureusement que j'avais fait une copie du document ! »

Sitôt chez elle, Gaëlle chercha frénétiquement des informations sur cet hélium-3 sur Wikipédia :

> *« Recherché pour ses applications potentielles en fusion nucléaire, dont il est le seul combustible possible, l'hélium-3 est rare sur Terre, où il constitue environ 200 à 300 ppm de l'hélium du manteau ; dans l'atmosphère terrestre, on compte 5,2 ppm d'hélium, dont l'hélium-3 représente seulement 1,38 ppm, soit une fraction d'à peine $7{,}2 \times 10^{-12}$ de l'atmosphère dans son ensemble. Tout comme l'hydrogène, l'hélium-3 provient essentiellement de la nucléosynthèse primordiale, aux premiers instants de l'Univers, et n'est pas issu de la nucléosynthèse stellaire ; il est consommé dans les étoiles comme le lithium, le béryllium et le bore. Il est présent dans les couches externes du Soleil dont les éléments sont isolés des réactions de fusion du centre. Le vent solaire en envoie dans le reste du système solaire. »*

Décidément, se dit Gaëlle, si la fusion nucléaire voit le jour et s'il existe une mine d'hélium-3, celui qui l'exploitera sera riche... Si je compte bien, un million de tonnes d'air n'en contiennent même pas dix grammes !

## *Siège de la DGSE, le lendemain 16 janvier*

Le boulevard Mortier est froid et anonyme, comme les autres boulevards des maréchaux depuis que tramway, en y empêchant le stationnement, en a chassé les commerces qui les animaient naguère. Gris et triste sont les deux adjectifs qui les caractérisent désormais. Spécialement ce matin-là, où la neige qui était tombée la nuit était en train de fondre et agrémentait le paysage de flaques de boue et de tas de neige sale, la station de tramway située face aux numéros 141 et 138 boulevard Mortier était, elle, carrément lunaire. Des deux côtés du boulevard, il n'y a exactement rien. De hauts murs surmontés de concertinas et percés de portails blindés, le 141 et le 138, dont l'aspect donne tout son sens à l'expression « aimable comme une porte de prison ». Pourtant ni le 141 ni, en face, le 138, ne sont des prisons. Ces deux casernes abritent la toute puissante Direction Générale de la Sécurité Extérieure, les services de renseignement français. Le 141 où se trouve l'état-major est la caserne des Tourelles, dite caserne Mortier, parfois encore appelée la Piscine par les plus anciens... Son architecture dix-neuvième siècle ressemble à celle de toutes les casernes de France. Quand on a montré patte blanche aux plantons suspicieux et qu'on a pu entrer, impossible de ne pas remarquer qu'elle est impeccablement entretenue. Propre comme un sou neuf, comme l'étaient les casernes à l'époque où la conscription fournissait une main d'œuvre nombreuse et gratuite capable de tout repeindre plusieurs fois par an et motivée par le risque d'être envoyée au trou s'il traînait une seule feuille morte. Même la neige qui est encore omniprésente sur le boulevard, a l'air propre ici : elle est d'un blanc éclatant partout où il en subsiste, notamment sur les arbres et les plates-bandes et, sur les pavés, elle a été balayée jusqu'au dernier flocon. Le visiteur plus féru de technique ne peut manquer de remarquer le modernisme de cette caserne. Le poste de garde, par exemple, est sécurisé, les portails sont blindés et tout le tronçon du boulevard compris entre le 138 et le 141, y compris la station de tramway, est vidéosurveillé par des caméras aussi nombreuses que discrètes. A l'intérieur aussi, votre badge visiteur vous donne juste cinq minutes pour gagner le bureau de la personne qui vous attend, mais rien d'autre, pas même la cafétéria, ne vous est accessible sans être accompagné.

C'était là que travaillait Charles Longhieu, le compagnon de Gaëlle. Ce jour-là, le patron de Charles, le général de Saint-Elme, directeur de la branche « action » de la DGSE était assis derrière son bureau directorial, calé dans son confortable fauteuil de cuir quand Gaëlle entra sans frapper.

Le général de brigade Gonzague Pasquier de Saint-Elme était un militaire issu d'une longue lignée de guerriers dont certaines lettres de noblesse remonteraient à Clodion le Chevelu. Il avait la réputation d'être impitoyable envers les agents qui recherchaient, dans leur travail, autre chose que l'intérêt supérieur de leur pays. Très exigeant avec ses collaborateurs, on le disait tolérant aux erreurs quand elles ne résultaient ni de l'incompétence, ni de la négligence.

Son bureau, au premier étage, était austère. Une moquette vert olive et des murs lambrissés de palissandre y créaient une atmosphère, certes confortable, mais résolument vieillotte. A la DGSE, aucun document ne traîne, aussi une imposante armoire forte était-elle le plus gros meuble de la pièce dont les murs étaient décorés de gravures ou de divers souvenirs hétéroclites d'opérations passées.

Le général de Saint-Elme avait un front quelque peu dégarni, un visage ovale vaguement replet. Un éternel et vague sourire bienveillant tempérait la sévérité d'un regard perçant et incisif qui donnait toujours l'impression qu'il connaissait vos pensées avant vous-même. Gaëlle et lui se connaissaient bien. D'ailleurs il lui confiait parfois des missions occasionnelles qu'elle pouvait exécuter sous couvert de sa qualité de journaliste d'investigation. C'est justement dans ce cadre que Gaëlle avait rencontré, voici bien des années, son cher Charles[1], jeune colonel de l'armée de l'air. Toujours très amoureux, ils ne s'étaient pas quittés depuis.

— Général, je veux savoir où est Charles et quels dangers vous lui faites courir, attaqua-t-elle tout de go.

— Bonjour, Gaëlle. Moi aussi, je suis heureux de vous voir. Le planton m'a annoncé que vous menaciez de faire un scandale si on ne vous laissait pas me rencontrer séance tenante... Voyons, vous ai-je déjà fermé ma porte ? D'ailleurs, je vous ai dit hier que vous pouviez passer... J'aurais préféré que vous téléphoniez avant, mais puisque vous êtes là, dites-moi ce que vous avez sur le cœur.

— Ne pas savoir où est Charles ni ce qu'il fait, même dans les grandes lignes, ça me rend folle. Il travaille pour vous quand même ! Vous m'avez laissé entendre que je pourrais en savoir un peu plus si vous me le disiez de vive voix, alors, j'attends...

— Je comprends votre désarroi. Mais sa mission est classifiée à un niveau de secret qui m'interdit de vous en parler concrètement.

— Vous voulez dire que c'est une mission illégale ? En France, par exemple ?

— Non. Je ne veux pas dire cela. Je peux au moins vous dire que c'est légal et que c'est loin de la France.

— Légal ? Ah bon...

— Oui, enfin, il ne court aucun risque côté légalité. Mais je vois que vous essayez de me tirer les vers du nez... Ça ne marchera pas, vous me connaissez.

— Non, je viens négocier.

— Ah ? Fit Saint-Elme amusé... Négocier ? Mais négocier quoi ?

— J'arrête de vous les briser avec mes questions sur Charles en échange d'un petit service journalistique. Mais attention, c'est secret ! Nous, les journalistes, nous avons aussi nos secrets.

— Vous savez au moins que je sais garder un secret, voyez Charles ! dit-il de plus en plus amusé. Alors de quoi voulez-vous que nous parlions ?

— De ça. Dit-elle en lui tendant le document d'Armand Blot, toujours sous sa pochette plastique. Vos services sont-ils capables de répondre à deux questions ?

— D'où ça vient, ce document ?

---

[1] *Voir « L'Ambassadeur » du même auteur*

— Vous voyez, c'est vous qui essayez de me tirer les vers du nez, maintenant.

— D'accord, d'accord, alors quelles sont ces deux questions ?

— Très simples ! Primo : c'est quoi ? et Secundo : c'est qui ?

— Je vous dois bien ça après vous avoir enlevé Charles sans y mettre les formes.

Il appela son assistante par l'interphone.

— Marie-Jeanne, pouvez-vous porter un document au labo s'il vous plaît ?

Marie-Jeanne entra et Saint-Elme lui remit le document dans sa pochette plastique transparente avec un post-it sur lequel il avait écrit « C'est quoi ? C'est qui ? TTU »

— Vous voyez, dit-il à Gaëlle quand Marie-Jeanne fut sortie, j'ai classifié la recherche TTU, cela signifie qu'ils vont s'y mettre séance tenante.

— Bon, alors j'attends...

— Il leur faudra quand même plusieurs heures... Ce n'est pas rien, ce que vous demandez. Je vous envoie le rapport du labo dès que je l'ai.

— Parole ?

— Parole !

En soirée, Gaëlle reçut par mail - crypté, bien sûr - un document PDF à peine censuré.

*Origine : [***] Labo*
*Destinataire : GBR de Saint-Elme*
*Objet : copie d'analyse de document*
*Classification original : secret défense*
*Classification copie : déclassifié*
*Diffusion : Message*
*Date : [***]*
*Le document était protégé par un sachet de polyéthylène transparent non scellé. Il consiste en un feuillet recto-verso des pages numérotées 9 et 10 comportant les articles 38 à 51 (partiel) d'un document plus vaste.*
*Le papier vient des papeteries d'Étival-Clairefontaine dans les Vosges. Il a été produit il y a plus de six mois et moins de deux ans. L'âge précis est impossible à déterminer sans connaître les conditions dans lesquelles il a été stocké.*
*La typographie est Helvetica 10 (12 bold pour les titres de paragraphes), police du domaine public impossible à tracer. L'imprimante était une Oki de la gamme C8xx. L'impression a été faite au cours des trente derniers jours.*

*Le paraphe KK n'a pas pu être identifié (sous réserve, voir plus loin). L'encre du paraphe est de marque Montblanc « Midnight Blue ». Le paraphe a été apposé entre le [***] et le [***]*
*Le paraphe БЖ matche avec celui de Bogdan Joustrovsk, vice-gouverneur de Tchoukotka décédé dans un accident d'avion le [***]. Il a été apposé entre le [***] et le [***] à l'aide d'une pointe feutre de marque Ozou, fabriquée à Irkoutsk en Sibérie.*
*Cinq ADN sont présents sur le document, aucun ne matche avec le FNAEG[1].*
*Plusieurs empreintes digitales ont été relevées sur le papier. Nous avons pu attribuer l'une de ces empreintes à Kurt Kasslow, homme d'affaires demeurant à Paris 122, avenue Malakoff, fiché à la DGSE en raison de [***] au cours des années [***] et [***].*
*Le texte, entièrement en allemand, est celui d'un contrat de concession minière dont la rédaction est conforme aux usages pour ce type de contrats. Le concédant (sans doute le district de Tchoukotka, en Sibérie) concède au concessionnaire (sans doute Kurt Kasslow ou une société représentée par lui, si le paraphe KK est bien le sien) le droit d'exploiter pendant 99 ans une mine d'hélium-3 au lieudit Rimitchka que les coordonnées géographiques (71,45 N - 179,17 W) situent dans le désert nord de l'île Wrangel dans l'océan Arctique. Le toponyme Rimitchka ne figure dans aucune base de données.*
*La seule trace de présence humaine décelable dans ce secteur sur les photographies satellitaires disponibles est une ancienne cabane de chasseurs abandonnée, sans doute depuis que le désert de Wrangel est une réserve naturelle.*

Gaëlle, très excitée, appela Armand Blot.

— Gaëlle ? ... Mais... Tu as vu l'heure ? ...

— Ecoute ! Je sais qui sont BJ et KK... Enfin KK parce que BJ est mort la semaine dernière... Sans doute pas longtemps après avoir signé...

— Bon... Comment... Qui...

— Secret de mes sources. BJ était vice-gouverneur de la Tchoukotka, en Sibérie. Il s'appelait Bogdan Joustrovsk. KK est un homme d'affaires qui s'appelle... Euh... Kurt Kasslow

— Alors ?

— Alors ? Kurt Kasslow habite 122 avenue Malakoff, à Paris, c'est dans le seizième... Je voudrais l'interviewer demain à la première heure ! D'accord ?

---

*1 Fichier national des Empreintes Génétiques*

— Attention, ne lui parle pas de notre source. Ne lui dis pas comment nous l'avons trouvé et n'évoque même pas le document que nous avons reçu. Notre informateur, quel qu'il soit, tient à rester discret. Son tuyau semble solide, alors ne le trahissons pas !

— Ne me prends pas pour une débutante, veux-tu ?

— OK, OK, je donne les instructions pour que tu sois annoncée. C'est mieux, non ?

— Oui, oui, bien sûr !

— Dix heures ?

— Dix heures, d'accord. Allez, tchao tchao !

Et elle raccrocha.

## *122 Avenue Malakoff 17 janvier*

Le lendemain matin, il ne restait plus rien de la neige de l'avant-veille. Le soleil avait eu raison du moindre flocon. Gaëlle se présenta à dix heures au 122 de l'Avenue Malakoff avec un cadreur et sa caméra. C'était un orgueilleux immeuble au coin des avenues Foch et Malakoff. Quelques marches l'amenèrent dans un vaste hall au fond duquel un concierge était assis derrière une banque d'accueil.

— Madame ?

— J'ai rendez-vous avec Monsieur Kurt Kasslow...

— Puis-je connaître votre nom ? ...

— Le Couëdic, de La Cinquième...

— Pouvez-vous épeler s'il vous plaît ?

— L, e, c, o, u, e tréma, d, i, c

— Je suis désolé, Madame, votre nom ne figure pas sur l'agenda des visites...

— La télévision a pris rendez-vous ce matin même, c'est sans doute pour cela...

— Sans doute, dit le concierge d'un air pincé, mais Monsieur Kriegelstein, le secrétaire particulier de Monsieur Kasslow est sorti voici une demi-heure et il ne m'a rien dit. Comme il n'est pas là, je ne puis téléphoner. Je vais devoir vous demander d'attendre son retour.

— Ecoutez-moi. Je suis journaliste à La Cinquième. Nous venons interviewer Monsieur Kasslow. La chaîne l'a personnellement avisé par téléphone voici une heure, alors je vous demande de sortir le balai que vous avez dans le cul et de faire ce qu'il faut pour que nous puissions faire l'interview qu'il nous a accordée sans attendre l'hypothétique retour de ce secrétaire particulier dont je n'ai jamais entendu parler...

— Je vais voir, fit-il...

Il fut interrompu par la sonnerie du téléphone. Il décrocha et dit juste « Oui, Monsieur », puis, à Gaëlle, très sèchement : « Vous êtes attendus, huitième étage ».

C'était un vaste appartement-terrasse. Kurt Kasslow, le propriétaire des lieux, était un quadragénaire au visage énergique, cheveux et moustache noirs, vêtu d'une chemise blanche aux manches retroussées et d'un pantalon noir tenu par des bretelles.

Après les salutations d'usage et les préparatifs techniques concernant la prise de vue et la prise de son, Gaëlle attaqua :

— Enregistrement. Monsieur Kasslow, vous êtes un homme d'affaires investi dans les énergies nouvelles.

— On peut le dire. Je crois en l'avenir de la planète.

— L'avenir de la planète vous est favorable, si j'en crois le classement Forbes des plus grandes fortunes du monde.

— Je ne figure dans ce classement que depuis un an, et encore à une place lointaine !

— Votre modestie vous honore.

— En quoi un homme tel que moi peut intéresser une grande chaîne de télévision comme la vôtre ?

— Eh bien, nous avons fait un 52 minutes sur l'énergie nucléaire de fusion.

— Un très bon documentaire. Je l'ai vu. Vous avez raison, la fusion nucléaire est sans doute aujourd'hui le seul véritable espoir pour l'humanité...

— ...aussi avez-vous apparemment l'intention de vous positionner sur le marché de l'hélium-3.

— Absolument. Je vois que vous êtes bien informée. Je possède déjà des stocks d'hélium-3 et je souhaite continuer à en extraire.

— L'extraire d'où ?

— Ça, c'est mon secret. J'exploite une sorte de mine d'hélium-3. Vous savez que, si ITER est un succès, avec 30 grammes d'hélium-3, on produira autant d'énergie qu'avec un supertanker pétrolier...

— Cette mine, vous en êtes propriétaire ?

— Oui, bien sûr... Enfin, je suis concessionnaire du sous-sol.

— Et vous ne voulez toujours pas me dire où elle se trouve ?

— Non... Désolé, mais c'est le secret des affaires...

— Pouvez-vous me parler de Rimitchka ?

— De quoi parlez-vous ?

— Rimitchka, dans le désert de Wrangel. N'avez-vous pas signé une telle concession avec la Tchoukotka ?

— Quelle est votre source ? De toute façon je ne confirme pas cette information.

— Rimitchka, au nord de l'île, en plein désert, par 71,45 degrés de latitude nord et 179,17 degrés de longitude ouest. Vous voyez, je vous dis tout ce que nous savons... Nous savons aussi que le concédant est le district autonome de Tchoukotka représenté par Bogdan Joustrovsk, qui est mort d'un accident malencontreux peu après avoir signé.

— Madame, cet entretien est terminé.

— Vous confirmez ? Vous infirmez ?

— Cet entretien est terminé. Ravi de vous avoir rencontrée. Au revoir.

Sitôt Gaëlle sortie, Kurt Kasslow décrocha son téléphone et composa un numéro en Russie :

— Kasslow ici, bonjour...

— ...

— Il y a eu des fuites concernant Rimitchka. C'était prévu, mais pas si rapidement...

—...

— Oui, oui, je vais enquêter, mais il faut agir.

—...

—Non, heureusement, mais à Wrangel. Il faudra...

— ...

— C'est ça, parfait... Faites le nécessaire...

—...

— Le professeur ?

—...

— Non, ce n'est pas nécessaire, pourquoi ?

— ...

— Ecoutez, continuez à vous tenir informé, mais pas de vagues !

—...

— Voilà ! Très bien. Au revoir !

# *JOËL VANDERLOO*

## *Paris 122, avenue Malakoff, deux semaines auparavant*

Gaëlle ignorait l'entretien qui avait eu lieu deux semaines plus tôt, dans le même appartement entre Kurt Kasslow et un certain Joël Vanderloo.

Kurt Kasslow, qui avait posé la veste de son costume sur le dossier de son fauteuil et fumait goulûment un énorme cigare, avait, ce jour-là en face de lui, Joël Vanderloo. Le teint lisse et pâle, une calvitie naissante et des manières réservées, il portait un costume anthracite impeccablement repassé, une chemise blanche avec une cravate club rayée carmin et bleu et une pochette assortie. Rosette rouge à la boutonnière, Joël Vanderloo était un ancien haut fonctionnaire. Inspecteur général des finances, il avait été au cœur de divers scandales, dont celui d'une société de radio à capitaux publics, prospère jusqu'à ce qu'on lui en confie la présidence. Il l'avait alors pillée au profit d'un grand groupe publicitaire avant de la privatiser à vil prix et de se faire recruter avec un gros salaire par le groupe publicitaire en question. Son administration avait fait ce qu'il fallait pour qu'il échappe à la justice, mais elle l'avait quand même écarté de ses rangs. Depuis lors, il exerçait la profession de conseil en intelligence économique et de lobbyiste actif. En fait, il faisait métier de monnayer ses relations dans la haute administration française et européenne. *De facto,* il avait été plusieurs fois complice de réseaux criminels sans que jamais la justice n'ait pu le rattraper. Il était encore sous le coup de plusieurs instructions judiciaires, mais ses relations lui avaient permis d'échapper à la détention provisoire et il était libre d'exercer sa lucrative activité qui s'apparentait plus à du vol de secrets et du trafic d'influence qu'à de l'intelligence économique et du lobbying.

Kurt Kasslow avait pris son attache deux jours auparavant, désireux, avait-il dit, de monter avec lui un important business qui nécessitait des relations dans la haute administration.

— Vous savez, disait Kasslow, l'hélium-3, ce sera le pétrole du 22ème siècle. C'est le combustible qui alimentera les chaudières à fusion nucléaire, quelles qu'elles soient, de type tokamak comme « ITER » ou de type Stellarator[1] comme le W7X allemand ou encore des lasers de puissance, comme certains laboratoires américains en expérimentent déjà.

— Je croyais que la fusion nucléaire était la solution à tous les problèmes... On n'aura plus besoin de pétrole ni de gaz, ni d'uranium...

— C'est vrai, mais on aura besoin d'hélium-3.

— C'est quoi, ce machin ?

— Un isotope de l'hélium. Il est extrêmement rare. Bien sûr, il n'en faut pas beaucoup... avec 50 grammes d'hélium-3, on produira autant d'énergie qu'avec 400 kg d'uranium enrichi ou 700 000 tonnes de pétrole... L'équivalent hélium-3 d'un superpétrolier pèse à peine trente grammes !

— Et on le trouve où, cet hélium-3 ?

— Aujourd'hui, on l'obtient en cassant du tritium...

— Du quoi ?

— Du tritium, c'est un isotope de l'hydrogène... Instable. Quand on le bombarde avec des positons de haute énergie, il se transmute en produisant un ion 3He+, et un neutrino nu-e...

— Bon, alors c'est facile... Dit Joël Vanderloo qui, en bon inspecteur général des finances, n'avouait jamais qu'il ne comprenait rien.

— Non ! Le tritium est rare, instable et difficile à isoler de l'hydrogène naturel ! Et en plus de cela, bombarder avec des positons nécessite des installations énormes... Le grand collisionneur du CERN mesure vingt-sept kilomètres !

— C'est un vrai problème ?

— Oui, c'est même le principal problème de l'énergie de fusion. Quand les recherches sur ITER seront achevées, on ne pourra passer au stade industriel que si l'on dispose d'assez d'hélium-3, ce qui sera possible grâce au gisement que j'ai découvert et que je vais exploiter. C'est pour cela que je sollicite votre aide...

— Un gisement ? Ce n'est pas gazeux ?

— Si, mais là il est fixé par adsorption sur des roches poreuses du sous-sol. Il y en a des milliers de tonnes...

— Et où est-il ce gisement ?

— Dans un désert appelé Rimitchka.

— Et il est où, ce désert de Rimitchka ?

— Ça, voyez-vous, répondit Kasslow en pointant son index sur la poitrine de Vanderloo, vous le saurez quand nous aurons signé le contrat... Ne cherchez pas sur Google Earth, il n'y a pas trace de

---

[1] *Ce sont deux technologies développées en parallèle pour obtenir la production de plasmas confinés à plus de cent millions de degrés, température nécessaire pour obtenir de l'énergie nucléaire de fusion.*

Rimitchka. Personne, sauf moi et les gens qui y travaillent pour moi, ne sait où se trouve Rimitchka.

— Mais si vous êtes déjà en train d'exploiter ce gisement, qu'avez-vous besoin de moi ?

— Je ne suis pas en train d'exploiter. J'ai fini la prospection et j'ai extrait un échantillon. Mais je n'ai pas de concession qui me permettrait de l'exploiter commercialement. J'ai besoin d'y installer une base-vie permanente pour l'exploiter et me garantir que personne ne viendra marcher sur mes plates-bandes. Il me faut aussi de nouveaux capitaux. Pour cela, je dois obtenir une concession d'exploitation. Et voilà pourquoi j'ai besoin de vos relations dans la haute administration. J'aurai aussi besoin de vos services plus tard pour les circuits commerciaux, puisque, actuellement, l'énergie de fusion, c'est ITER qui est le plus prometteur et qu'ITER est la chose des états.

— Et si je vous obtiens ça, qu'y a-t-il pour moi ?

— Un pourcentage du bénéfice net...

— Alors, la France vous...

— Ne me parlez pas de la France. En France, tant que vous perdez de l'argent, on vous aime parce que vous dépensez votre argent à payer des salaires. Mais dès que vous commencez à en gagner, vous êtes la proie des rapaces de Bercy qui appellent ça « superprofits » parce qu'ils n'admettent pas que de l'argent puisse se créer sans que l'essentiel en tombe dans leurs caisses...

— C'est l'impôt sur les sociétés... C'est supportable... C'est loin d'être l'essentiel...

— Oui, plus tout ce qu'ils vont imaginer. Si je leur suis redevable de quoi que ce soit, ils me ruineront en voulant m'imposer d'appointer des cohortes d'anciens membres de cabinets ministériels incapables de voler de leurs propres ailes... Ils inventeront n'importe quoi pourvu que mes bénéfices aillent dans leur poche et pas dans la mienne. Quand Bercy est devant un beau succès d'entreprise, il est comme Ali Baba devant la caverne : il faut se débarrasser de l'entrepreneur et se partager sa dépouille... Non, la France, non merci. Tant que les prélèvements obligatoires et autres mesquineries administratives ne dépassent pas les bénéfices, leur boulimie est insatiable...

— Oh ! On se calme ! D'accord... Je vais vous trouver des contacts dans une haute administration étrangère, mais je veux voir le gisement d'abord. De toute façon, si je ne sais pas dans quel pays il se trouve, comment voulez-vous que je vous obtienne un contrat de concession ?

— Vous verrez le gisement après... Il prit sous son bureau une sorte d'extincteur de couleur marron-jaune et poursuivit : j'ai ici une bouteille qui contient cent grammes d'hélium-3... Attention, c'est pressurisé à 800 bars ! Vous pouvez le faire analyser et vous verrez combien ça vaut sur le marché ! Mais ce n'est pas à la Saint-Glinglin que je veux obtenir la concession d'exploitation, c'est maintenant. Je veux signer une convention internationalement opposable... Avec la validation de l'échantillon d'hélium-3 comme clause suspensive si vous voulez, mais je veux signer maintenant.

La discussion fut animée mais productive. Quand ils furent d'accord, Kurt décrocha son téléphone

— Voilà, père, c'est d'accord. J'attends juste qu'on finalise...

— Donc, ce n'est pas encore bouclé...

—Tout comme. Monsieur Vanderloo connaît tout le monde et il m'a dit qu'ils seront ravis de nous offrir toutes les facilités dont nous avons besoin.

— Quand tu les auras, ces facilités, tu me rappelleras. Tu penses bien que je ne vais pas déranger Son Altesse si je ne suis pas absolument sûr.

— Il connaît tout le monde, je te dis. La signature de la convention n'est plus qu'une question de semaines et peut-être même de jours. Quant au prince, si la société est domiciliée à Vaduz, ma mine d'hélium-3 fera du Liechtenstein pour l'énergie nucléaire de fusion, l'incontournable qu'était le Koweït, au vingtième siècle, pour le pétrole...

— Mais oui, tu me l'as déjà dit ! De toute façon, comprends-moi bien, tant que je n'ai pas ta concession sous les yeux, je ne bouge pas le petit doigt, fils ! Mais si c'est une question de jours, je demanderai une audience à Son Altesse dans quelques jours, rassure-toi. Et je le verrai le jour même parce que nous sommes amis d'enfance. Mais, justement parce que nous sommes amis, je ne le dérangerai que lorsque l'affaire en vaudra la peine. Donne-moi donc cette convention signée et je plaiderai ta cause auprès de lui.

— Très bien, père. Dès que ces conventions sont signées, je te rappelle, dit-il en faisant un petit signe de la tête à destination de Joël Vanderloo. Au revoir, père, à très bientôt...

— C'est cela, fils, à bientôt... Et pourquoi ne rendrais-tu pas visite à ton vieux père à Vaduz à cette occasion ?

— Pourquoi pas, en effet, au revoir, père.

Et il raccrocha.

— De quel prince parliez-vous ? Demanda Vanderloo.

— Mon père est liechtensteinois. Nous parlions de Son Altesse le prince de Liechtenstein.

— Mais il compte parmi les chefs d'état les plus riches du monde ! Plus riche que le roi d'Angleterre, et je crois bien qu'il n'est dépassé que par quelques potentats pétroliers... Et votre père le connaît au point d'obtenir une audience en quelques heures ?

— Oui, c'est une très vieille histoire.
— Vous pouvez me la raconter ?
— Pourquoi pas...
Et Kurt Kasslow raconta l'épopée de son grand-père Boris, cadet à l'Académie militaire de Saint-Petersbourg, puis lieutenant de l'armée blanche. Le goulag, et enfin l'armée nationale russe sous uniforme de la Wehrmacht, le général Smyslovski et les péripéties de son arrivée en principauté. Il poursuivit :
— Je suis le petit-fils du capitaine Boris Kasslow. Le 5 mai 1945, le Liechtenstein a finalement accepté la reddition des cinq cents survivants de cette première armée nationale russe du général Holmston Smyslovski. Trois jours après, l'Allemagne nazie capitulait et la principauté leur accorda l'asile, la condition étant que tous devaient rendre les armes et travailler comme ouvriers agricoles dans les grandes fermes de la campagne Liechtensteinoise. Seuls les officiers supérieurs, ont été autorisés à conserver leurs armes. Mon grand-père aussi, en tant qu'aide de camp du général. Ils étaient les garants de la bonne conduite des soldats devenus paysans. Staline envoya plusieurs ambassades au prince pour demander de lui livrer les Russes en vertu des accords de Yalta. C'étaient tantôt des brutes épaisses, tantôt des charmeurs subtils. Ils jouaient tantôt de la menace la plus brutale, tantôt de la corde sensible de l'âme russe. À tous, le Prince Franz-Joseph II, soutenu par son parlement, opposa un refus catégorique d'extradition. Mais, précisa-t-il, il ne retenait personne et tous ceux qui voulaient partir le pouvaient.
— Mais votre grand-père est resté ?
— Oui, comme presque tous. Staline était bloqué militairement par les accords de Yalta qui protégeaient la Suisse et le Liechtenstein. Il ne pouvait pas envoyer de troupes, alors il a envoyé une délégation de propagandistes qui ont offert cadeaux et promesses à tous ceux qui voudraient bien rentrer à la mère-patrie. Ils proféraient les pires menaces à l'encontre des autres. Finalement, ils en convainquirent plus de deux cents qui finirent fusillés à la mitrailleuse avant même d'avoir revu le sol russe, quelque part entre la Hongrie et l'Ukraine. Les trois cents Russes restant au Liechtenstein s'intégraient plutôt bien à la vie locale. Il faut dire que le général Smyslovski n'était pas un enfant de chœur et que, d'accord avec les autorités de la Principauté, c'était la loi martiale qui s'appliquait aux Russes et la justice militaire qui punissait les crimes et délits dont ils pouvaient se rendre coupables vis-à-vis des civils. Ainsi, après que deux soldats coupables l'un d'un hold-up qui avait fait un mort et l'autre d'un viol eurent été passés par les armes, les autres filèrent doux, au point que la population non seulement les tolérait, mais même appréciait leur ardeur au travail et leur entrain à agrémenter les fêtes paysannes de chants et de danses russes endiablés.

Ces trois cents Russes restés au Liechtenstein étaient reconnaissants au Prince de les avoir préservés du goulag, et même – ils ne le savaient pas mais, connaissant SMERSH, ils s'en doutaient – de la mort. Mon grand-père, dont le Prince avait admiré les talents de diplomate, servait de liaison entre le gouvernement de la Principauté et l'autorité militaire du général Smyslovski. Il siégeait avec voix consultative au Landtag[1] et les liens qu'il entretenait avec le Prince Franz-Joseph II, de purement diplomatiques au début, sont devenus, au fil du temps, des liens de confiance pour ne pas dire d'amitié. Le 4 janvier 1947, il épousa ma grand-mère, Gerda Strössel, la fille d'un conseiller municipal de Schellenberg. Mon père, Leni, est né l'été suivant à Vaduz.

— Et tous ces russes ont fait souche au Liechtenstein ?

— Non, non... Le Prince avait aidé mon grand-père à mettre en place une filière d'émigration vers l'Argentine. C'était un pays en plein boom économique, qui avait un urgent besoin de main d'œuvre. La plupart avaient émigré. Beaucoup y firent fortune. Quelques-uns, comme Smyslovski lui-même, revinrent plus tard passer leurs vieux jours au Liechtenstein auquel ils étaient restés attachés. Seule une poignée de soldats est restée, généralement parce qu'ils avaient épousé une fille de la Principauté. Mon grand-père est le seul officier à être resté. Il habitait Vaduz avec ma grand-mère. C'est à l'école primaire que mon père a sympathisé avec le jeune prince héritier, le fils aîné du prince régnant. Aujourd'hui, c'est son fils qui règne sur la Principauté.

— Vous avez ce que l'on appelle un père influent

— Je vous vois venir et je vous arrête tout de suite. Mon père, comme le Prince, sont d'une probité absolue. J'ignore quels sont les moyens dont vous allez user pour créer le réseau qui aboutira à la signature d'une convention de concession des gisements et de commercialisation de l'hélium-3, mais je sais bien qu'il vaut mieux que je l'ignore. Mon père comme le Prince doivent les ignorer aussi. C'est impératif, vous comprenez, impératif.

— Bien compris... Mais si vous changez d'avis...Pensez à moi.

— Je ne changerai pas d'avis. Rompre la confiance que m'accorde le Prince grâce à mon père ruinerait tout mon business... Tout ce que j'attends de vous, c'est que vous m'aidiez à transformer Rimitchka en une vraie concession minière. Domicilier ensuite la société à Vaduz et obtenir une participation au capital de la banque LGT[2], c'est mon affaire.

---

*1 Parlement. Le Liechtenstein est une monarchie parlementaire.*

*2 LGT Private Banking : banque privée du Liechtenstein. Une des premières banques privées du monde, propriété de la famille de Liechtenstein.*

## *Conseil supérieur de la Société de Philosophie Parhumaniste, Todtmoos Bade-Wurtemberg 13 janvier*

Huit jours plus tard, Joël Vanderloo était au château de Todtmoos, dans le Bade-Wurtemberg.

Todtmoos est un village de la Forêt-Noire comme des centaines d'autres, avec ses grandes fermes à colombages, regroupées autour d'une belle église baroque, des rues soigneusement entretenues, des géraniums aux fenêtres... Tout le charme du sud de l'Allemagne. Ce n'est plus la Suisse, ce n'est pas encore la Bavière. C'est la Forêt-Noire, obscure terre de mystères et d'ésotérisme.

À l'écart du village, en pleine forêt, un orgueilleux château médiéval couronne un piton rocheux. Une tour ronde crénelée domine le plus grand des deux corps de bâtiment d'au moins deux fois sa hauteur. On y accède par un pont vertigineux conduisant à une barbacane, séparée elle-même du château par une allée qui suit l'arrête rocheuse entre deux murs de fortification plongeant dans le vide, trente mètres plus bas. Ce château abrite le siège mondial de la SPP, la Société de Philosophie Parhumaniste.

La SPP est un groupe ésotérique peu connu du grand public, que la plupart des pays du monde considèrent comme une secte. Mais, même s'ils héritent régulièrement de membres qui décèdent en ayant déshérité leur famille, ils sont généralement perçus comme une secte de doux dingues inoffensifs. Le parhumanisme est une philosophie qui trouve ses racines dans la pensée de Goethe au dix-neuvième siècle et de Maurras au vingtième. Elle prône la primauté de la nature, comprise comme le Vivant en général, sur l'humanité. Pour le parhumaniste, l'homme ne doit plus chercher à cohabiter au mieux avec la nature, il doit laisser la nature prendre l'ascendant sur lui. Son seul devoir d'être évolué et pensant est de s'effacer pour laisser la place au Vivant. Pour la SPP, le Vivant, c'est toute la nature sauf l'homme qui serait, selon elle, une sorte de cancer que le Vivant a développé en son sein et contre lequel il convient de l'aider à lutter. La SPP est opposée par principe à tout progrès scientifique qui aiderait l'homme à vivre avec la nature. Elle est opposée à l'exploitation des énergies fossiles, qui pille la planète. Elle est contre l'énergie nucléaire qui accroît l'indépendance de l'homme vis à vis du Vivant. Elle est contre l'industrie pharmaceutique qui crée des remèdes permettant à l'homme de survivre quand il devrait mourir, contre les vaccins qui renforcent la résistance de l'être humain à l'égard des virus qu'elle considère comme les anticorps générés par le Vivant pour attaquer le chancre que constitue l'espèce humaine.

La SPP se considère comme l'avenir de l'humanité, une élite restreinte dont le privilège sera de vivre de cueillette et d'eau pure sur une planète aussi primordiale que si l'homme n'existait pas.

À côté de cette image de cercle de réflexion qu'elle s'efforce de donner, la SPP est très riche. Elle possède des banques, elle noyaute des mouvements politiques et stipendie des gouvernements. Depuis plus de vingt ans, elle investit massivement dans l'énergie dite verte. Son objectif n'est pas de permettre à l'homme de moins polluer ni de créer moins d'effet de serre comme les partis politiques qui lui servent de porte-voix tentent de le faire accroire. Non, son objectif est bien d'affaiblir le genre humain. Plus exactement, ils considèrent que seul un petit nombre d'humains, éclairés et sages, c'est-à-dire eux, peuvent cohabiter avec le Vivant. Forts de cette doctrine, ils font des fortunes considérables dans le business vert. Ils sèment la peur des ondes électromagnétiques, la terreur de l'énergie nucléaire. Ils jettent le discrédit sur les industries alimentaire et pharmaceutique et tout ce qui vient concurrencer les domaines où ils investissent.

C'est manipulés par des parhumanistes que les pouvoirs publics de nombreux pays du monde ont promu le bioéthanol comme source d'énergie pour les véhicules, faisant monter exponentiellement les cours mondiaux des sucres et céréales et condamnant ainsi à mort les populations les plus pauvres de la planète. C'est manipulés par des parhumanistes que les pouvoirs publics développent l'énergie éolienne même dans des pays énergétiquement vertueux comme la France, pour le plus grand profit des banques parhumanistes afin d'affaiblir l'économie pour le plus grand malheur des plus pauvres parce que les administrations du monde entier sont comme les parhumanistes : les plus pauvres sont la part de l'humanité à éliminer en priorité parce qu'elle ne peut rien rapporter en impôts pour les gouvernants ni en profits pour le business, ni en dons ou legs pour la SPP.

L'argent de la SPP règne en maître dans toute l'industrie du bio et des énergies vertes. L'agriculteur qui voudrait obtenir le label bio sans faire appel à un consultant agricole inféodé au réseau de la SPP, n'aurait aucune chance de se voir labellisé. L'entrepreneur qui voudrait créer un champ éolien sans passer par l'une des banques de la SPP, s'exposerait à de graves ennuis : incendies, grèves, sabotages et autres aléas de la vie industrielle qui transforment si facilement les profits escomptés en pertes constatées. Ainsi au fil des années, l'activité philosophique de la SPP est devenue l'écran de fumée derrière lequel se développe une entreprise tentaculaire qui détient le quasi-monopole du « Vert ». L'industrie du bio, celle des énergies renouvelables intermittentes, les ministères et agences de l'environnement, tous ces secteurs d'activité lui sont inféodés, souvent inconsciemment, tant elle veille à ce qu'à part les fidèles de la secte, ces entreprises et administrations ne soient tenues que par des zombis endoctrinés et manipulables. Son moyen d'action est de créer de la peur (du climat, de la malbouffe, des vaccins, des OGM, du nucléaire, des rayonnements et autres) afin que les gouvernements décident de dépenser un maximum d'argent pour exorciser ces peurs… Et cet argent tombe directement dans les entreprises qu'elle avait justement pré-déployées à cette fin dans tous les domaines du « bio » et du « vert ».

Ce jour-là, le Conseil Supérieur de la SPP était réuni dans le château de Todtmoos. Dix hommes et sept femmes arrivés de partout. Ils avaient atterri à Zürich la veille et avaient passé la nuit au château où chacun avait sa suite attitrée.

Joël Vanderloo, le lobbyiste qui avait assisté Kurt Kasslow dans le montage juridico-administratif de Rimitchka, était parhumaniste quand il était chez les parhumanistes, mais il n'avait aucune conviction personnelle, hormis celles qui pouvaient accroître son réseau de pouvoir. Sa présence aujourd'hui résultait de sa qualité de facilitateur qui avait maintes fois aidé le conseil supérieur parhumaniste à faire nommer un sympathisant aux postes décisionnaires de l'économie verte ou de l'administration des états. C'est lui qui avait demandé à être entendu par le Conseil. Il avait, leur avait-il dit, identifié une grave menace contre les énergies vertes de la SPP.

Il avait passé la nuit au château, dans une chambre de passage et pris un copieux et roboratif petit-déjeuner badois-wurtembergeois avec force charcuterie de la Forêt-Noire, pumpernickelbrot et omelette aux girolles, mais il l'avait pris seul. Il ne devait pas rencontrer les membres du Conseil Supérieur avant l'audience. Il attendait, assis sur une banquette du hall, quand un huissier en livrée vint l'avertir que le Conseil requérait sa présence. Il le suivit et entra dans une vaste salle de réunion au décor médiéval : plafond à caissons, murs chargés de trophées, fenêtres à meneaux et vitres en culs de bouteille. Au centre, une table massive au plateau marqueté de motifs issus de la mythologie rhénane. Les membres du Conseil Suprême étaient disposés sur trois côtés, confortablement assis dans de cossus fauteuils de cuir marron. Tous portaient la tenue de rigueur : costume ou tailleur gris anthracite, chemise ou chemisier blanc que seule une cravate vert pomme égayait d'une note colorée.

À l'invitation de l'huissier, Joël Vanderloo s'assit sur une sorte de cathèdre raide et inconfortable, à trois mètres de la table, en face de l'homme qui présidait le Conseil. Les visages graves des conseillers étaient tous tournés vers lui. Le président prit la parole :

— Mes chers collègues, dit-il en allemand, je vous présente celui par qui nous avons obtenu une position si forte en France.

— Oui, président, répondit en allemand avec un fort accent français une femme que Joël Vanderloo n'avait pas remarquée et qui se révéla être Tarka Lancien, ministre française de l'environnement. Grâce à ses judicieux conseils en recrutement et en communication, j'ai une administration dévouée et une presse totalement à mes ordres, qui est parvenue à faire accepter par une opinion publique amorphe l'effort financier et l'atteinte à l'environnement que constitue le développement du parc éolien français dans un pays où l'énergie était déjà la plus décarbonée du monde ...

— Tout à fait... Monsieur Vanderloo est un homme aussi dévoué qu'habile.

— Justement, à ce sujet, Président, je voudrais demander à Monsieur Vanderloo des gages de fidélité, intervint en russe un homme corpulent assis juste à la gauche du président.

— Nous vous écoutons, Monsieur Vanderloo, dit le président. Qu'avez-vous à répondre au Professeur ?

— Pardonnez-moi, mais je maîtrise mal le russe. Si vous pouviez traduire...

— Vladimir demandait que vous nous présentiez des gages de fidélité.

— Je vous ai toujours transmis des informations secrètes qui vous ont permis de vous positionner avant les entreprises et administrations françaises. Le prix d'achat de l'électricité éolienne, c'est bien à moi que vous le devez. Si je ne vous avais pas dit quelle était la limite de la marge de négociation de mon administration, vous n'auriez jamais espéré tant.

— Justement, reprit Vladimir en russe. Il a trahi son administration. Il pourra nous trahir. Qui a trahi un jour est traître pour toujours, disait le poète. Je suggère d'utiliser notre hôte, mais de nous en méfier en même temps...

— Pardonnez-moi, dit Vanderloo, mais je n'ai toujours pas compris... Le Professeur parlait russe et je...

— Cela n'a pas d'importance. Venons-en au fait qui vous a amené ici.

— Il s'agit d'énergie. Je sais comme vous êtes attentifs à ne pas laisser se développer des initiatives qui pourraient faire de l'ombre à vos activités dans le solaire et l'éolien. Vous n'êtes pas intéressés par le nucléaire, fût-il de fusion, comme ITER...

— Ne revenons pas là-dessus. Nous en avons discuté entre nous et, en l'état, ni ITER ni les autres Stellarator ne sont une menace pour nous, ou en tout cas pas encore. Si c'est d'ITER que vous vouliez nous parler, vous avez perdu votre temps en venant ici.

Joël Vanderloo qui n'avait pas encore décidé s'il devait parler de sa mine d'hélium-3 à la SPP conclut qu'il n'avait plus aucune raison de le faire. Il reprit :

— Non. Il s'agit d'un sujet plus grave qui pourrait, à terme, menacer l'éolien et le photovoltaïque qui sont la base de votre positionnement stratégique dans l'énergie. Je sais qu'un des principaux laboratoires de physique parisiens travaille sur une découverte qui pourrait révolutionner le monde de l'énergie.

— Pouvez-vous citer vos sources ?

— Non. Secret professionnel.

— Alors vous nous avez dérangé pour nous parler de rumeurs ?

— Non, non, bien sûr... Sur mes instructions, un étudiant, militant de votre cause, s'est introduit de nuit dans le laboratoire...

— Quel laboratoire ?

— Permettez-moi de conserver cette information jusqu'à ce que nous ayons fait affaire. Vous comprenez, c'est mon métier que d'acheter et de vendre des secrets. Cet étudiant a réuni des éléments qui prouvent que le laboratoire s'apprête à publier une découverte révolutionnaire, celle d'un nouveau nombre quantique pour caractériser une population de fermions dans une boîte quantique. Ne me demandez pas ce que c'est, je ne saurais vous répondre.

— Alors pourquoi en parlez-vous ?

— Parce que tout porte à croire qu'à l'aide de l'outil d'analyse qu'est ce nombre quantique, inconnu jusqu'alors, on soit capable de produire de l'énergie à partir de rien. Selon mon informateur, ce serait aussi bouleversant pour les connaissances établies que l'a été la relation $E=mc^2$ à l'aube du vingtième siècle, quand l'énergie n'était encore que thermodynamique.

— Très bien. Nous vous remercions. Nous allons en débattre et nous vous ferons connaître notre décision quant à l'intérêt que nous devons porter à vos informations.

— Mais...

— Merci de vous être déplacé ! Nous allons évaluer le danger que cette très hypothétique nouvelle source d'énergie fait peser sur nos affaires et nous agirons en conséquence.

— En tout cas, quoi que vous décidiez, je suis à votre disposition, ajouta Joël Vanderloo, un peu désemparé de constater que le Conseil de la SPP n'était pas plus curieux que cela. Ne perdez pas de vue que c'est moi qui vous ai alerté sur le sujet.

— Nous ne l'oublierons pas. Merci, vous pouvez disposer... Ah ! Non, encore une question, voulez-vous ? On dit que vous avez investi dans une mine d'hélium-3 Vous confirmez ?

— C'est à dire... euh... Fit-il interloqué, qui dit ça ?

— Alors, vous confirmez ?

— Oui... C'est-à-dire, j'ai en effet obtenu une concession minière... Mais ce n'est pas pour moi, c'est pour un client. Un homme d'affaires résidant en France... Je lui ai obtenu une concession...

— ... Sur l'île Wrangel, n'est-ce pas ?

— Oui, c'est encore très prospectif.

— Eh bien vous direz à Kurt Kasslow et à sa banque liechtensteinoise qu'il lui faut associer la banque Bivéa, vous connaissez ?

— Oui, bien sûr, c'est l'une de vos plus importantes filiales bancaires... Une banque verte.

— La plus importante banque verte, en effet. Votre concession se trouve sur un territoire sauvage où, normalement, les activités industrielles sont proscrites et la biodiversité protégée.

— Mais...

— Si vous voulez que votre mine...

— Je ne suis que le consultant du propriétaire de cette mine...

— Vous, ou votre client, ne jouez pas sur les mots, voulez-vous ? Si vous voulez éviter les campagnes de dénigrement, les procès, les grèves, les accidents et tout ce qui entrave une activité industrielle, vous devez passer par nous. C'était bien votre intention, n'est-ce pas ?

— Oui... Oui, naturellement, mais...

— Très bien, alors la banque Bivéa... Sinon, Rimitchka aura des problèmes...

— Comment...

— Comment nous connaissons Rimitchka ? Voyons, vous savez bien que nous sommes au courant de tout ce qui touche de près ou de loin à l'énergie, l'environnement et la biodiversité... Et là, je vous l'accorde, vous avez fait fort ! ... Allez, je donne instruction au Président de la Bivéa de vous recevoir dès que vous solliciterez un rendez-vous. Vous pouvez disposer

Ainsi congédié, Joël Vanderloo quitta la réunion pensif...

« Ils connaissent Rimitchka. Ils savent que c'est une banque du Liechtenstein qui finance. Qui donc a parlé ? Associer leur banque... C'est possible, s'ils se contentent d'un prêt ou d'une petite minorité au capital... Mais pour le reste, c'est impossible, il faudrait associer Kasslow père, et par ricochet, le prince de Liechtenstein qui ne va pas du tout aimer... Non, je ne peux pas réunir le conseil d'administration. Je ne dois donc associer cette foutue banque qu'à la marge. »

« En plus, ressassait-il dans sa tête, ce Vladimir connaît apparemment le scientifique à l'origine de cette découverte. S'ils discutent directement entre eux, la SPP n'a pas besoin de moi... Et ça, c'est mauvais pour le business. En tout cas pour mon business. Je ne sais pas si ce nombre quantique est une menace ou non pour la filière de fusion de l'hélium-3, mais, c'est moi qui dois le découvrir en premier.

Comme il récupérait sa parka et son bagage au vestiaire pour gagner la sortie, son portable sonna.

— Vanderloo...

— Monsieur Vanderloo, entendit-il d'une voix qu'il ne connaissait pas, je vous donne un simple conseil, ne tardez pas à rencontrer la banque Bivéa. Comprenez-nous. ITER est un projet ruineux et hasardeux. Nous laissons volontiers les états le développer à grands coups d'argent public. En revanche quand l'énergie de fusion nucléaire sera opérationnelle, si elle l'est jamais, il est exclu que les profits qu'elle génèrera nous échappent. Pour cela, nous avons décidé de nous assurer le contrôle total de la fourniture de combustible. Il serait dommageable que vous soyez un obstacle entre l'hélium-3 et nous. Me fais-je bien comprendre ?

Et il raccrocha sans que Joël Vanderloo ait eu le temps de prononcer le moindre mot. Il était perplexe. Ils connaissaient le projet de Kurt Kasslow mieux que lui... Ils savaient que Rimitchka était sur l'île Wrangel, alors que Kasslow avait refusé de le lui dire avant qu'il ait signé un accord de confidentialité en béton... Il a dû soudoyer grassement un vice-gouverneur de Tchoukotka pour qu'il signe sans la lire une convention de concession minière rédigée en allemand, langue dont il ne connaissait pas trois mots.

Décidément, se disait-il, les parhumanistes sont des gens puissants. Il va falloir bien conseiller Kurt Kasslow, parce que s'il ne joue pas finement, son affaire va faire long feu !

Quand il eut quitté le château, il dépassa Todtmoos et s'arrêta un peu plus loin pour téléphoner à Kurt Kasslow. Son espoir de faire payer la SPP étant évanoui, il lui ne lui restait plus qu'à tenter de refaire payer Kasslow.

— Kurt ? Joël Vanderloo ici,

— Oh ! Bonjour, qu'est-ce qui vous amène ? Vous avez fait le travail et j'ai signé le contrat de concession dans les délais que je vous avais assignés. Je ne compte pas rendre publique l'existence de la mine de Rimitchka dans l'immédiat. En attendant, je vous rappelle que vous êtes engagé à respecter le secret.

— Je le sais et je m'y tiens...

— C'est votre intérêt... De mon côté, j'attends d'avoir un stock suffisant pour être maître du marché et pouvoir maintenir les prix juste assez bas pour que personne d'autre ne trouve un intérêt à créer une autre mine que celle de Rimitchka.
— Mais, bien sûr, assez hauts pour que les bénéfices de ce monopole de fait soient colossaux, oui, je sais tout cela...
— Alors, n'ai-je pas réglé vos honoraires ? Le solde, nous sommes convenus que ce sera quand je commencerai à vendre l'hélium-3. Je vous dois encore quelque chose ?
— Non... Non... Tout va bien de ce côté-là, mais je me dois de vous mettre en garde contre une découverte scientifique qui pourrait mettre votre business à mal : une source d'énergie qui n'aura pas besoin de combustible.
— Ce n'est pas possible... C'est quoi ? C'est qui ?
— Mais...
— Oui, je sais, rien n'est gratuit avec vous ! Je vous fais un virement de cent mille euros.
— Je ne demande pas l'aumône ! Imaginez ce que vous auriez perdu si je ne vous avais pas alerté !
— Très bien. Deux cent mille.
— Un certain professeur Sagnol est sur le point de communiquer sur sa découverte.
— Sagnol ? ...
— Théodore Sagnol, oui. C'est une sommité. Il est professeur au Collège de France et à l'École Polytechnique...
— Je m'en occupe. Je sais où il est... Vous ne pouvez rien pour moi...
— Comment ça, vous savez ?
— Oui, je sais ça et son nouveau nombre quantique. Votre tuyau ne vaut rien...
— Mais...
— Je me suis engagé à vous payer deux cent mille euros, alors je vais vous les payer, mais je tiens à préciser que c'est la dernière fois que je vous paie des honoraires chat en poche sans voir d'abord.
— Autre nouvelle, gracieuse, celle-là...
— J'espère bien...
— La SPP, vous connaissez ?
— Oui, je connais, une secte d'écolos riches à milliards.
— C'est bien cela. Eh bien la SPP veut que vous associiez la banque Bivéa...
— Je sais. Je gère. La banque Bivéa est déjà associée...
— Ils vous ont déjà contacté... mais comment savaient-ils ?
— Je vous ai d'abord soupçonné...
— Mais je n'y suis pour rien...

— Je sais, sinon, vous ne seriez pas là, tranquillement, à converser avec moi...

— Alors qui ?

— Je gère, ce n'est plus votre problème. D'ailleurs s'ils vous ont parlé de la banque Bivéa, c'est sans doute seulement pour vous tester... En me téléphonant, vous avez prouvé que vous étiez fiable. Autre chose ?

— Non, c'est tout... C'est déjà beaucoup, ne trouvez-vous pas ?

— Si, si... Mais ça fait partie de votre contrat de lobbying que de débusquer les menaces... Là, ça en fait deux. Même si je les connaissais déjà, vous faites le job, j'apprécie ! À bientôt !

Et il raccrocha.

Joël Vanderloo n'avait pas l'habitude d'être traité ainsi... Il n'allait pas quémander des honoraires mille euros par mille euros... Non ! Son habitude est de toujours participer aux bénéfices que son entregent permet à ses clients de générer... Surtout quand, comme Kasslow, le client entoure ses activités de secret... Le secret est nécessairement la contrepartie d'une certaine part d'illégalité... Et un client qui cultive le secret peut s'exposer au chantage, activité que Vanderloo savait pratiquer avec un art consommé... Même quand il ne savait pas exactement ce que son client faisait d'illégal, il lui suffisait de suggérer qu'il le sût pour le faire cracher au bassinet... Là, Kurt Kasslow était apparemment imperméable à la menace voilée. Joël Vanderloo, ne sachant pas ce que Rimitchka pouvait avoir d'illégal eut alors une idée machiavélique.

Comme Kurt n'entendait pas rendre publique l'existence de la mine de Rimitchka et que, par suite d'il ne savait quelle indiscrétion, il venait de découvrir qu'elle était connue de la SPP, il allait lui couper l'herbe sous le pied en faisant fuiter l'information. Mais s'il voulait éviter que Kurt Kaslow découvre que la fuite venait de lui, il devait choisir judicieusement comment l'organiser, cette fuite... Parce qu'il sera forcément le premier qu'il soupçonnera.

Il gagna le Liechtenstein par l'autoroute. Il devait déposer personnellement l'exemplaire du contrat de concession au siège social de son titulaire, la société Rimitchka, domiciliée à la banque LGT, à Vaduz, Liechtenstein... En chemin, il eut une idée : ce contrat comprenait 78 feuillets recto-verso paraphés à l'ancienne et juste assemblés par une agrafe. Il quitta l'autoroute à Zurich et il s'arrêta dans un "Copy-Quick-Digital" où il remplaça un feuillet du contrat par une photocopie. Ce n'était pas parfait, mais ce n'était pas visible au premier coup d'œil... Et c'est de Vaduz qu'il allait poster le feuillet comportant les pages 9 et 10 du contrat de concession à l'attention personnelle d'Armand Blot, le rédacteur en chef de la Cinquième... Il savait ses journalistes particulièrement accrocheurs.

# *XAVIER*

## ***Rimitchka***

### *17 mars*

Un désert vaste et sinistre, ignoré de tous et bordé de montagnes hostiles, tel était le cadre désolé de Rimitchka. La température était glaciale. On était au début de la nuit et, dans le ciel noir piqueté d'étoiles, l'arc lumineux de la Voie Lactée séparait la voûte céleste en deux parties inégales.

Xavier du Moulin-de-Mars était vêtu de son énorme combinaison faite de grosse toile capitonnée, indispensable pour se protéger de l'environnement inhumain. Il chevauchait un curieux scooter électrique possédant deux roues à l'avant et une chenille à l'arrière.

À cinq cents mètres devant lui, une vaste serre en forme de dôme abritait les cultures potagères et céréalières qui permettaient aux colons de vivre dans ce désert. C'étaient des cultures hydroponiques parce que le sol, fait d'une espèce de sable très fin, gris et stérile, était inapte à nourrir de la végétation. Juste à côté de ce dôme, il y avait un bâtiment composé d'une dizaine de demi-sphères accolées les unes aux autres. Cette architecture futuriste de métal et de composite évoquait, en bien plus gros et la transparence en moins, les bulles d'une eau savonneuse. C'était la base où vivaient les cinq familles qui peuplaient la colonie de Rimitchka, chacune dans une bulle. Derrière lui, une construction métallique cubique abritait la centrale d'énergie de la colonie. Avec son scooter, il longeait le câble gros comme sa cuisse, juste posé au sol, qui alimentait les bâtiments en énergie électrique.

On voyait à peine le visage de Xavier à travers la verrière de son casque que son fils avait facétieusement ornée d'une inscription « I'm the boss ». Il dirigeait la colonie et, s'il serait excessif de dire que la vie s'y déroulait sans histoire, on doit au moins constater que l'ambiance s'était nettement améliorée depuis que les colons avaient pu, eux aussi, faire venir leurs familles.

Assis sur son scooter électrique, Xavier entamait son inspection bimensuelle de la centrale. C'était aujourd'hui le troisième anniversaire de son débarquement à Rimitchka qu'il n'avait jamais quitté depuis. Tout en pilotant son engin, il se remémorait avec nostalgie le chemin parcouru au cours des quelque onze cents jours qu'il avait passés ici. Il se rappelait le sommeil agité de sa première nuit à Rimitchka, cette contrée désertique, loin de tout, qu'il avait pour mission de transformer en colonie minière et dont il pouvait dire, aujourd'hui, « mission accomplie ». Il se rappelait comme lui avaient semblé longs les mois qu'il avait dû passer seul à bâtir le premier dôme de la base au beau milieu de nulle part. Il se souvenait de ses moments de découragement, puis de sa joie d'accueillir sa famille et d'autres colons.

Maintenant, pendant que leurs conjoints s'occupaient aux tâches diverses nécessaires à la vie de la colonie, animation agriculture, enseignement, administration, les ingénieurs, Xavier et ses collègues Christine, Armelle et Jacques travaillaient à la maintenance et à l'exploitation de la mine. Il y avait aussi les servitudes. L'exploitation de l'hélium-3 allait faire l'objet de convoitises. Aussi les dômes, tant l'hydroponique que les bâtiments d'habitation, étaient-ils peints en couleurs camouflées. Vus du ciel, il était impossible de les distinguer des collines alentours, mais quelque inhospitalier qu'il soit, ce désert glacé était leur désert et Xavier devait veiller à ce que la colonie reste indépendante, ignorée de tous et que l'ambiance humaine y soit aussi vivable que possible.

Tous les véhicules, les scooters comme les engins d'exploitation, traînaient une sorte de lame de chasse-neige derrière eux pour effacer les traces de roues. Tout était fait pour que la colonie soit invisible, y compris du ciel.

L'agriculture hydroponique était pratiquée dans une atmosphère riche en gaz carbonique dont la pression maintenait gonflé le dôme qui constituait la serre. Cette atmosphère maintenue à une température constante de quarante et un degrés Celsius et une hygrométrie de quatre-vingt-dix-huit pour cent assurait aux cultures un rendement des plus satisfaisant.

Xavier était maintenant de retour à la base. Il espérait que le voyageur débarqué hier serait enfin réveillé. Il était arrivé endormi, apparemment sous l'effet d'un narcotique. L'infirmier qui le portait était reparti en laissant juste une lettre d'instructions. Ils lui demandaient d'héberger ce voyageur et de prendre soin de lui. C'était un scientifique qui venait à Rimitchka pour faire de la recherche, il fallait lui demander la liste des matériels de laboratoire dont il aurait besoin. Il avait été interloqué de la manière expéditive avec laquelle on lui avait « livré » cet hôte comme un colis.

Agnès, son épouse, l'attendait dans le séjour. Elle était plongée dans un roman d'H.-G. Wells sur sa liseuse Kindle. Sans même lever les yeux, elle lui dit :

— Le dormeur s'est sans doute réveillé. Il a tambouriné à la porte voici une demi-heure environ. Bien entendu je n'ai pas répondu. C'est bien ce que tu m'avais dit ?

— Oui, oui. Très bien. Je vais le voir. Il va vivre ici et il prendra ses repas avec nous.

— Tu ne m'as même pas dit qui il était.

— Je ne le sais pas moi-même. Je vais le lui demander. C'est Kurt qui nous l'envoie. Il nous demande juste de l'héberger... C'est un scientifique qui est ici pour travailler.

— Ici ? À Rimitchka ? Il est givré, Kurt ! Kurt... Toujours Kurt... Tu n'en as pas marre de ton Kurt ?

— Il n'empêche que c'est mon patron, qu'il me paie et que, sans lui, nous serions à la rue...

— Bon, bon d'accord !

Il n'avait jamais avoué à sa femme et à ses enfants qu'il avait jadis préparé leur suicide collectif. Mais Agnès a toujours eu des doutes.

# *TOURNESOL*

## *La Conjecture de Syracuse*

### *Palaiseau, École Polytechnique, laboratoire de physique théorique, deux semaines plus tôt, 5 mars.*

Le professeur Théodore Sagnol enseignait la physique théorique à l'école Polytechnique, à l'école Normale Supérieure et au Collège de France. Sa dégaine de vieux savant petit et fluet, visage ovale, tête dégarnie, portant barbichette et moustache noires, doté d'un regard pétillant derrière des lunettes rondes à la fine monture d'acier, toujours attifé d'un étroit pantalon de toile noire trop long et d'une vieille veste informe vert olive passée sur un gilet de cachemire mité, tout cela lui valait le surnom de Tryphon Tournesol que lui avaient donné ses étudiants, tant polytechniciens que normaliens. Mais cette familiarité n'ôtait rien à l'admiration respectueuse qu'ils vouaient à ce prestigieux professeur titulaire d'un prix Nobel et de nombreuses autres distinctions scientifiques.

Ce jour-là, il examinait des résultats et les comparait avec les données qu'il avait calculées la semaine précédente. La similitude était parfaite. Il était perdu dans ses réflexions de haut vol. On était dans un domaine fractal. Le processus quantique se lançait, l'énergie montait à plusieurs péta-constantes de Planck puis redescendait. Le moteur quantique ne s'arrêtait pas, mais il ne dépassait plus quatre fois la constante. 4, 2, 1, 4, 2, 1 et ainsi de suite. Il tournait au ralenti comme un moteur de voiture dont le cylindre numéro trois serait muet. 4, 2, 1, 4, 2, 1... Le professeur supposait que les fermions, dans leur piège quantique, évoluaient en échangeant de l'énergie et du spin. Selon sa théorie, chaque particule de spin +1/2 voyait son énergie tripler, puis inverser son spin. Chaque particule de spin -1/2 perdait la moitié de son énergie mais ne changeait de spin qu'une fois sur deux. C'étaient les changements de spins qui lui posaient problème. Sans eux, les particules de spin positif gagneraient de l'énergie indéfiniment et il suffirait de les isoler des autres pour créer une source d'énergie quasi-inépuisable. Comment éviter ces changements de spin ? En même temps, dans une boîte quantique, toutes les particules ne peuvent pas avoir le même spin. Statistiquement, la population de spins +n/2 et celle de spins -n/2 restaient égales, ce qui était satisfaisant pour la théorie, mais très ennuyeux parce que cela enrayait le processus de création d'énergie.

Bien peu de scientifiques auraient été à même de comprendre ses réflexions, mais, depuis plus d'un mois, il avait le sentiment qu'il y avait là une possible source d'énergie exploitable bien qu'il ne parvînt toujours pas à trouver une piste concrète. Certaines particules de spin +1/2 pouvaient voir leur énergie multipliée par plus de $10^{18}$ avant de commencer leur arabesque de décroissance. Il faudrait prévoir quand cette décroissance va commencer et stopper le process juste avant... Mais comment prévoir, et surtout comment stopper ? Dans une boîte quantique, par définition, il n'y a pas deux particules dans le même état et il était évidemment impossible d'agir individuellement sur chaque particule.

Soudain, Pauline Dummoulin entra sans frapper. C'était une jeune docteure en physique des particules qui avait naguère soutenu sa thèse sous la direction du professeur Sagnol. Elle était une jeune femme insouciante et libre qui poussait volontiers la liberté jusqu'à l'effronterie. Tellement éclectique qu'après sa thèse de doctorat en physique des particules, elle en a soutenu une autre, en archéologie précolombienne, sur une très ancienne civilisation préincaïque[1]. Amie de Gaëlle Le Couëdic, elle aimait bien la charrier sur le métier de Charles, « militaire obtus et barbouze indécrottable ». On se rappelle en effet que Charles, le compagnon de Gaëlle était officier de l'armée de l'air en fonction à la DGSE. Mais même si son caractère primesautier poussait souvent Pauline à l'impertinence, voire à la satire, sa vivacité et sa spontanéité faisait qu'elle n'avait guère d'ennemis... Ou que, si elle en avait, ils ne le restaient pas longtemps.

Elle entrait toujours sans frapper dans le laboratoire de Théodore Sagnol parce qu'elle savait que sa porte lui était toujours ouverte. Aussi, de retour d'un séjour d'un an au Chili, elle venait juste faire une visite de courtoisie à son vieux mentor. Tout à coup, son sourire radieux fit place à une mine concentrée quand elle vit les feuilles de résultat du professeur.

— Bonjour, prof ! Alors, toujours au boulot ? Oh ! Mais...

— Ah ? Bonjour, Pauline, c'est un plaisir de vous voir, je vous croyais installée au Chili...

— Oui, ben... Le Chili, c'est fini... J'étais avec un barbouze...

— Je sais, un jeune capitaine, conseiller militaire de l'ambassade de France...

---

*1 Cf « Shavas » du même auteur (L'Harmattan)*

— Oui, c'est ça, mais nous nous sommes quittés... Il devenait chiant... Au fond, c'était un barbouze comme les autres... Alors je l'ai quitté tant qu'on était encore amis, vous comprenez... Vous pensez bien, déjà un militaire, c'était pas gagné, mais en plus un espion, un barbouze, un mec louche, quoi, ça ne pouvait pas durer...

— Mais tous les agents de la DGSE ne sont pas des mecs louches comme vous dites...

— Tous, si ! Surtout ceux qui n'en ont pas l'air... C'est parce que les barbouzes sont habitués à dissimuler... Alors, ça peut être cool, au départ, un espion, mais au fond, c'est toujours un barbouze... Et un barbouze sympa, ce n'est qu'un mec louche qui fait semblant... Mais ce n'est pas ça qui me soucie... C'est cette feuille de résultats de mesure, là...

— Ça, c'est une suite de valeurs quantiques étrange. Je travaille là-dessus. On atteint parfois $10^{20}$... Et ça redescend...

— Ça redescend toujours ?

— Jusqu'ici, toujours, oui, je n'ai jamais réussi à stabiliser une trajectoire restant dans les hautes énergies.

— Mais 4, 2, 1, 4, 2, 1, on tombe toujours là-dessus ?

— Oui, c'est un attracteur dans l'espace des phases, le seul que j'aie pu mettre en évidence... J'espère en trouver un autre bien plus élevé, supérieur à dix puissance vingt, cela permettrait d'extraire de l'énergie d'un ensemble de particules contenues dans une boîte quantique. Mais que trouvez-vous donc de si drôle ?

Pauline prit un feutre et écrivit au tableau blanc, en énonçant :

— 7, 22, 11, 34, 17, 52, 26, 13,

— Mais oui ! s'exclama le professeur qui continua : 40, 20, 10, 5, 16...

— 8, 4, 2, 1, 4, 2, 1 poursuivit-elle.

— Syracuse ! Comment ne l'ai-je pas vu tout de suite ? Aussi bien, je me focalisais sur les grandes valeurs, alors que l'explication des trajectoires étranges dans l'espace des phases était, tout simplement, syracusaine !

En fait, Pauline venait de remarquer que la population de particules sur lesquelles il travaillait depuis plusieurs jours obéissait à la loi de Syracuse. Pour ceux qui ne connaissent pas, une suite de Syracuse se construit en prenant un nombre entier de départ, puis, s'il est impair, on le multiplie par trois et on y ajoute un tandis que, s'il est pair, on le divise simplement par deux. Puis on recommence l'opération sur le résultat obtenu et ainsi de suite. Il n'existe pas de théorème de Syracuse, mais une conjecture[1] dit que la suite de nombres que l'on obtient finira

*1 Une conjecture est une vérité scientifique que l'on admet faute d'en avoir prouvé la fausseté. Le théorème de Fermat est resté une conjecture pendant 373 ans, jusqu'à la publication d'une démonstration en 1994*

toujours par arriver à 1, puis, bien sûr 3 fois 1 plus 1 font quatre, pair donc quatre divisé par deux font deux, toujours pair, et deux divisé par deux font un, impair, et on recommence 4, 2, 1, 4, 2, 1...

— Ainsi, dit Pauline, la conjecture est forcément vraie, sinon votre population de fermions créerait de l'énergie à partir de rien.

— En fait, répondit le professeur, nous avons juste là un nouveau nombre quantique.

— Un nouveau nombre quantique ! ... Juste un nouveau nombre quantique ! Comme vous y allez, prof... C'est un modèle mathématique encore inédit pour décrire des fermions dans une boîte quantique... Une généralisation de l'atome de Hund-Mulliken ! Mais c'est une découverte qui peut vous valoir un deuxième prix Nobel.

— Non, non, non, ne nous emballons pas... Ce nombre peut prendre les valeurs d'une suite de Syracuse dont le maximum est E sur h-barre. L'énergie du système global divisée par la constante de Planck...

— Justement : vous avez là une démonstration physique de la conjecture de Syracuse. La loi de conservation de l'énergie fait que ce nombre ne peut pas croître indéfiniment. E sur h-barre ne peut excéder le produit de la température absolue du système par son nombre de degrés de liberté et par la constante de Boltzmann[1] !

— Mais vous perdez de vue, ma jeune amie, que la loi de conservation de l'énergie est une loi physique... Vous ne pouvez pas l'utiliser pour démontrer une vérité mathématique...

— C'est vrai, excusez-moi... Vous voyez, prof, à force de fréquenter un barbouze, j'ai la comprenure détraquée...

— Du point de vue mathématique, les lois de la physique ne sont que des conjectures... Mais surtout, je cherche juste un autre attracteur que ce microscopique 4, 2, 1, 4, 2, 1, un attracteur qui atteigne des valeurs supérieures au nombre de départ... Ainsi, si la conjecture de Syracuse est fausse, alors il existe un moyen de contourner la loi de la conservation de l'énergie.

— C'est fou, prof ! ... Nous pourrions créer de l'énergie à partir de rien !

— À partir de rien, je ne sais pas... Mais en tout cas une source d'énergie qui n'entre pas dans notre corpus scientifique actuel, de même que, jusqu'en 1945, l'énergie de l'atome n'entrait pas dans le corpus scientifique hérité de la thermodynamique du dix-neuvième siècle.

— Alors là, vous aurez trouvé la source d'énergie nouvelle virtuellement inépuisable dont l'humanité a besoin ! Mais ne croyez-vous pas que vous visez un peu haut ? ... Excusez-moi, mais pourquoi

---

*1 Constante fondamentale de la thermodynamique, classique et quantique, elle vaut 1,38.10$^{-23}$ joules par kelvin.*

ne publiez-vous pas déjà sur ce nouveau nombre quantique... C'est en soi une découverte scientifique majeure !

— Je ne désespère pas de trouver une configuration de fermions qui ne bute pas sur cet obsédant 4, 2, 1, 4, 2, 1... C'est à dire prendre la conjecture de Syracuse en défaut.

— Je comprends, mais ça, ce n'est pas gagné ! Tant de mathématiciens s'y sont essayés au cours du vingtième siècle que le bruit a même couru que cette conjecture aurait été imaginée par des barbouzes soviétiques pour occuper les scientifiques du monde libre et détourner leur esprit des recherches importantes.

— Oui, oui, je sais tout ça... Mais il n'est pas nécessaire d'espérer pour entreprendre ! J'ai la conviction que de cette statistique de fermions peut naître de l'énergie... Alors si, pour ça, il faut s'attaquer à la conjecture de Syracuse, ce n'est pas pour me faire peur. Après tout, les mathématiciens qui se sont attaqués à cette conjecture cherchaient à la démontrer. Moi, je suis le premier à chercher à la démolir... Et si sa démonstration a résisté si longtemps à tant de brillants esprits, c'est peut-être parce qu'elle est fausse... Qui sait ? Je garde ce nouveau nombre quantique et je ne publierai que lorsque j'aurai infirmé la conjecture de Syracuse...

— Et si la conjecture est vraie ?

— Bien sûr, si j'acquiers la certitude qu'elle est vraie, alors je publierai aussi... mais à regret. En attendant, pouvez-vous me jurer le secret sur ce que vous venez de voir ?

— C'est juré ! Un secret aussi énorme ne le restera pas longtemps, mais ce ne sera pas par moi qu'il sera ébruité... Allez, ciao ciao, prof !

Une fois Pauline sortie, le professeur posa les deux mains à plat sur ses brouillons et réfléchit à haute voix. Au fond, elle a objectivement raison... N'importe qui est capable de découvrir ce nouveau nombre quantique... Si je le garde pour moi, qui me garantit qu'un autre ne le découvrira pas ? Il ne faut pas courir deux lièvres à la fois. Je vais communiquer ma découverte avant qu'elle ne devienne la découverte d'un autre... Quant à la conjecture de Syracuse pour créer de l'énergie, je continuerai à travailler dessus. C'est un autre sujet. Il se mit à son ordinateur et rédigea un courriel au Conseil d'administration de la Word Particles Fundamental Research Society « WPFRS » dont il était président d'honneur du chapitre français depuis cinq ans.

*Monsieur le Président, chers collègues,*

*C'est tardivement que je prends la plume pour solliciter un temps de parole à notre congrès mondial de Budapest dans deux semaines. J'ai longtemps hésité parce que je travaille encore sur de possibles développements de ma découverte, mais j'ai finalement décidé de l'annoncer en l'état. Il s'agit d'un nouveau*

*nombre quantique qui caractériserait toute forme de population de fermions dans une boîte quantique dont l'atome de Hund-Mulliken n'est qu'un cas particulier. Et je crois que le congrès annuel de la WPFRS est le cénacle idéal pour cette communication. Je peux condenser mon exposé en une heure et même moins, mais, compte tenu du caractère novateur de cette découverte, le temps des questions-réponses pourrait être important.*
*Pardonnez-moi, chers collègues, de vous demander à si court délai ce changement de l'agenda du congrès, mais vous m'obligeriez en m'y permettant cette importante communication qui, vous en conviendrez, sera mieux venue à la WPFRS que dans le « Scientific American ».*
*Au plaisir de vous revoir dans dix jours (la cérémonie d'ouverture est bien vendredi soir, n'est-ce pas ?) à Budapest,*
*Votre dévoué*
*Théodore Sagnol*

## *À bord du Falcon 900 de la WPFRS, 15 mars*

Le professeur Sagnol avait reçu un mail de la WPFRS

*« Cher collègue,*
*Le comité scientifique du congrès de Budapest a été enthousiasmé par votre courriel. Bien entendu, nous bouleversons le programme pour vous assurer une heure de conférence en début de matinée du lundi et une table ronde pour tout le reste de la matinée, et même davantage si nécessaire. Vous vous doutiez bien qu'annoncer à la fois une généralisation du modèle de Hund-Mulliken et un nouveau nombre quantique constitue une étoile de première grandeur au firmament de la communauté scientifique et que la WPFRS est honorée que vous ayez préféré la choisir plutôt que votre Académie des Sciences pour cette communication.*
*Pour que vous ne perdiez pas de temps, une voiture vous prendra vendredi à 13 heures 30 chez vous pour vous conduire au Bourget. Le jet de la WPFRS vous emmènera directement à Budapest où vous pourrez assister au cocktail d'ouverture le soir même à partir de 18 heures. (NB : tenue de cocktail). »*

Il avait été étonné d'apprendre que la WPFRS possédait un jet. Pourtant, arrivé au Bourget, il vit qu'un Falcon 900 était bien là, devant son hangar, siglé WPFRS, avec le rituel habituel des jets de luxe au Bourget : la voiture qui l'a déposé au pied de l'avion, le chauffeur qui lui a ouvert la porte et un tapis rouge qui courait de la porte de la voiture à celle de l'avion, sur les six marches de l'escalier d'embarquement. L'intérieur cossu de l'appareil ne le surprit pas. Il avait souvent été invité par des industriels à des congrès et colloques où il était l'hôte de marque... Mais la WPFRS, cela ne lui ressemblait pas. Il y aurait nombre de sommités scientifiques à ce congrès et lui-même ne méritait pas un traitement VIP aussi inhabituel... Mais, après tout, se dit-il en s'affalant dans un des profonds fauteuils de cuir fauve qui équipaient la cabine, profitons-en. Et il avait saisi la coupe de champagne que lui tendait l'hôtesse.

Un autre passager l'avait rejoint peu avant le décollage. Il s'était présenté sous le nom dc Kurt Kasslow, homme d'affaires franco-liechtensteinois opérant dans le domaine des énergies nouvelles. Ils avaient parlé des énergies fossiles et des énergies nouvelles. À plusieurs reprises, il avait essayé d'entraîner le professeur à parler de sa découverte.

— On dit que les énergies nouvelles seraient presque à ranger au rang d'antiquités...

— Pourquoi dites-vous cela ?

— Le solaire, l'éolien, la biomasse, tout ça, dit-on, relève du bricolage, à côté de...

— L'énergie de fusion nucléaire voulez-vous dire ? Vous avez investi dans ITER, c'est ça ?

— Pour ne rien vous cacher, oui, ITER m'est apparu comme une opportunité prometteuse.

— C'est pour ça que vous venez au congrès de Budapest... Pour entendre ce que je vais y présenter ?

— Décidément, professeur, on ne peut rien vous cacher... Eh bien, pouvez-vous m'en dire plus ?

— Ce serait vraiment prématuré, cher monsieur... Vraiment. Vous savez, un congrès scientifique, ça nécessite la confiance. J'ai annoncé à la WPFRS qu'elle aurait la primeur de ma découverte. J'ai l'intention de tenir parole.

— Bien entendu, professeur, bien entendu... C'est à la WPFRS que revient la primeur de vos révélations... Sauf imprévu... Imaginez, par exemple, que cet avion se crashe...

— Alors tout serait perdu... Mais vous aussi, alors à quoi bon vous dévoiler le secret ?

— Vous n'avez parlé de cela à personne ? Vraiment ?

— Non, à personne dit-il, juste avant de se rappeler Pauline Dummoulin...

— Et maintenant ?

— Eh bien, je me suis dit que ce serait le moment de publier, alors je pars pour Budapest.

— Et aucun collègue, aucun étudiant, aucun thésard n'est au courant ?

— Aucun, vous pensez bien, dit le professeur, qui, trouvant l'insistance de Kurt Kasslow suspecte, omit, délibérément cette fois, de parler de Pauline.

L'avion atterrissait à Budapest. Il ne reconnut pas l'aéroport, mais il faut dire qu'il n'était pas venu à Budapest depuis plus de dix ans... Alors ça avait pu changer... Et puis Budapest avait peut-être un aéroport distinct pour les vols privés, comme le Bourget pour Paris. L'avion roulait sur un taxiway et dépassait les bâtiments de l'aérogare. Le professeur Sagnol eut une réaction de vive inquiétude quand il vit écrit en hautes lettres bleues sur le toit du bâtiment « ГОРОД ГЕРОЙ МУРМАНСК », « Ville-héros de Mourmansk ». Il n'eut pas le temps de protester. Le commandant de bord le maintenait fermement sur son fauteuil pendant que l'hôtesse relevait la manche de sa chemise et lui administrait une intraveineuse. Sûrement un narcotique parce qu'il se sentit partir et sombra dans un sommeil épais et sans rêves.

## *Rimitchka*

Le professeur émergeait de la léthargie dans laquelle l'avait plongé la piqûre. Il était allongé sur un lit, ou plutôt une couchette...

La pièce dans laquelle il était confiné ressemblait plus à une cabine de bateau qu'à une chambre, petite, basse de plafond mais décorée avec sobriété et goût. Il n'y avait pas de fenêtre. En plus de la couchette, il y avait un petit fauteuil crapaud dans un coin, une table et une chaise à côté du lit. Par une portière à demi fermée, il apercevait les sanitaires, avec une douche et un lavabo minuscules, ce qui lui fit penser qu'il était peut-être à bord d'un bateau. Il savait qu'il avait été drogué parce qu'il ne gardait aucun souvenir de son voyage depuis Mourmansk. Il se sentait flotter, curieusement bercé d'une douce euphorie, sans doute son sang contenait-il encore les résidus du narcotique qu'on lui avait administré, à moins que ce ne soit le roulis du bateau. Il se leva en titubant et tenta d'ouvrir la porte de la cabine. Elle était verrouillée. Il tambourina dessus sans résultat. Son bagage était posé sur un porte-valise au pied du lit. Il l'ouvrit et constata qu'apparemment rien ne lui avait été dérobé, pas même la clé USB cryptée sur laquelle il avait enregistré le texte de sa conférence et l'essentiel de son dossier de recherches sur le nombre quantique de Syracuse.

Il sortit son ordinateur pour vérifier si la sécurité biométrique en avait été violée. Apparemment personne n'y avait touché. À peine rassuré, il s'allongea sur la couchette, l'esprit encore un peu embrumé et attendit en somnolant. Il fut réveillé en sursaut par le bruit de la serrure et la porte s'ouvrit. Entra alors un homme entre deux âges, le front légèrement dégarni sous une chevelure à peine persillée de quelques cheveux blancs. Un visage ni sympathique, ni vraiment antipathique, un visage inexpressif d'introverti.

L'inconnu le salua :
— Bienvenue à Rimitchka, Monsieur... ?
— Qui êtes-vous ? Fit brusquement le professeur, assis sur le bord de sa couchette.
— Xavier du Moulin-de-Mars, je suis le chef de cette colonie. Pardonnez-moi, mais on m'avait annoncé l'arrivée d'un hôte, sans toutefois me dire qui vous étiez.
— Du Moulin-de-Mars... Mais... Vous êtes un criminel ! Toutes les polices du monde vous recherchent...
— Du calme, du calme... Puisque vous êtes ici pour quelque temps...
— Impossible, j'ai un congrès à Budapest dans deux jours. Je dois absolument y être parce que je...
— Oubliez Budapest. Vous me traitez de criminel, mais vous aurez l'occasion de constater par vous-même que je n'ai tué personne. Et vous ne m'avez toujours pas dit qui vous étiez...
— Professeur Théodore Sagnol, titulaire des chaires de physique théorique de l'École Polytechnique et de l'École Normale Supérieure... Et justement je dois faire une communication de la plus haute importance au congrès annuel de la WPFRS...
— Très honoré, Professeur. Bienvenue à Rimitchka. Comprenez que la WPFRS va devoir se passer de vous dans l'immédiat, j'en suis désolé.
— Je suis ici contre mon gré. Je me considère comme prisonnier. Je chercherai à m'échapper à la première occasion et je n'ai rien à vous dire.
— Prisonnier, je n'en sais rien. Je suis juste chargé de veiller à ce que vous soyez bien traité ici et que vous ne manquiez de rien. Quant à quitter la base de Rimitchka ? Faites ce que vous voulez. Je ne suis pas un geôlier ! Mais vous comprendrez vite que nous quitter est une entreprise dont l'enjeu ne justifie sans doute pas les risques. Alors ne me compliquez pas la tâche, voulez-vous ? Coopérez et la vie sera plus facile pour tout le monde. Notamment vous, puisque vous êtes un scientifique, le site de Rimitchka et ce que nous y faisons devrait vous

intéresser. Vous êtes ici sur la seule mine d'hélium-3 du monde. Nous en produisons jusqu'à 700 grammes par jour ! L'appareil qui vous a amené est reparti avec 40 kilos d'hélium-3 dans sa soute. Environ 400 litres, pressurisés à 800 bars.

— Et qu'en faites-vous ?

— Moi, rien, mais mon employeur, l'actionnaire de cette mine, le stocke jusqu'à ce qu'ITER, ou un autre, ait validé la fusion nucléaire comme source d'énergie...

— 40 kilos d'hélium-3... Mais c'est énorme... En termes de fusion nucléaire, ça fait... voyons... 600 millions de mégajoules environ ! C'est l'énergie d'une bombe atomique... Je comprends maintenant pourquoi je suis ici.

— Ah ? Eh bien, pas moi ! Pourriez-vous être plus explicite ?

— Je vous répète que je ne vous dirai rien. Si j'ai bien compris, je suis à l'hôtel et vous êtes l'hôtelier. Nous nous en tiendrons là. À quelle heure servez-vous le dîner ?

— À vingt heures. Vous dînerez avec ma famille. En attendant, je ne peux pas vous laisser quitter cette pièce parce que vous n'êtes pas encore au fait de toutes les consignes de sécurité qui régissent la vie à Rimitchka... Elles sont très strictes, vous verrez, parce que l'environnement auquel vous devrez bien vous habituer, est des plus rigoureux... Et c'est même un euphémisme, comme vous ne tarderez pas à le constater... Mais ne vous inquiétez pas, vous vous adapterez progressivement, nous l'avons tous fait... Ah, oui, je dois faciliter vos travaux de recherche... Alors faites-moi une liste de tous les équipements de labo qu'il vous faut. Et n'hésitez pas à demander, vous avez un crédit illimité... Nous sommes un peu loin de tout, alors soyez complet et n'oubliez rien parce que l'acheminement du matériel peut prendre du temps, mais j'ai ordre de satisfaire toutes vos demandes... D'ici là, je passerai vous chercher juste avant huit heures pour le dîner.

— Mais...

Le professeur n'eut pas le temps de terminer sa phrase, Xavier était déjà sorti.

C'est ainsi que commença le séjour du professeur Théodore Sagnol à Rimitchka. Il tournait comme un ours en cage dans sa cabine de trois mètres sur quatre en se demandant où il pouvait bien être. À sa montre, il vit qu'il s'était écoulé neuf heures depuis leur atterrissage à Mourmansk. Il réfléchissait pour tenter de deviner où il se trouvait :

« Si l'on admet qu'à Mourmansk, le Falcon a sans doute fait le plein, l'escale y aura duré une demi-heure au minimum. Si l'on admet aussi que je suis resté endormi une heure depuis mon arrivée, je me trouve donc à sept heures et demie de vol de Mourmansk, maximum... C'est vaste. Mais mon geôlier m'a dit que les conditions de vie étaient rudes... Il a même parlé de survie. On est donc dans une zone désertique... Ça pourrait aussi bien être le désert de Gobi que des terres arctiques de Sibérie, d'Europe ou d'Amérique... Le bâtiment est métallique. Ça évoque plus les constructions arctiques d'Alaska ou de Thulé que les yourtes Mongoles... À moins que je ne sois sur un bateau ? Mais je ne sens aucune vibration de moteurs... Ou peut-être sur une plateforme offshore ? Le geôlier a bien parlé d'exploitation minière... »

# *GAËLLE*

## ***Rimitchka***

### *Nome, Alaska, à bord du « Polar Bear IV » 15 avril*

Nome ne serait qu'un bourg s'il était en France. Mais pour l'Alaska, c'est une ville. En été, elle accueille même quelques touristes curieux de dépaysement. C'est loin de tout et il n'y a rien. Pourtant, en été, la plaine littorale est verdoyante et fleurie et, on y croise des élans et même, parfois, des ours et des bœufs musqués... La ville elle-même est une juxtaposition de maisons d'un étage en bois ou en fer, des rues à angle droit, quelques boutiques. Le plus grand bâtiment est l'hôpital et, juste après, de l'autre côté de la ville, l'aéroport. Entre les deux, la ville et le port où le Polar Bear IV, ayant trop de tirant d'eau pour entrer dans le bassin, était amarré au môle.

Le Polar Bear IV était un ancien brise-glaces converti en navire de croisière arctique. Deux fois par saison, il faisait une très belle croisière appelée « Le passage du Nord-Ouest » qui empruntait l'itinéraire découvert par Roald Amundsen au tout début du vingtième siècle. La croisière part de Tromsø, dans le nord de la Norvège pour aller jusqu'à Nome, Alaska, à quelque deux cents kilomètres du détroit de Béring. Le navire compte trente cabines luxueuses et la croisière dure trente jours, avec une quinzaine d'escales au Groenland, en terre de Baffin et autres sites plus ou moins portuaires du nord du Canada. La croisière est hors de prix, d'autant plus que l'armateur ne peut la proposer que d'est en ouest pour respecter le trajet d'Amundsen. Depuis quelques années, la fonte de la banquise permet au Polar Bear IV de revenir en Norvège par le nord de la Russie. Deux fois par an, il parcourt ainsi à vide 3500 nautiques par le détroit de Béring et les mers des Tchouktches, de Sibérie Orientale, de Laptev, de Kara et, enfin, la mer de Barents. Selon l'état de la banquise, cela lui prend entre une et trois semaines.

Ces derniers temps, avec l'accélération du réchauffement arctique, la banquise est de moins en moins prise, en sorte que la traversée de retour peut passer plus au nord et dure rarement plus d'une semaine. Le navire reste ensuite au port à Tromsø au moins deux semaines. La compagnie du Septentrion, l'armateur du Polar Bear IV, a donc été ravie de la proposition de la chaîne de télévision La Cinquième de faire une escale à l'île Wrangel pour y débarquer deux journalistes scientifiques pour un reportage... Ça lui permettait de rentabiliser un peu son trajet de retour. L'entretien avait eu lieu un mois auparavant :

— Il faudra que le navire les attende... Combien de temps ?

— Vingt-quatre heures. Quarante-huit au maximum. Nous pouvons vous payer soixante-dix mille dollars...

— Quatre-vingt-dix mille euros ? Marchanda l'armateur. Passer au sud de l'île Wrangel rallonge le trajet et pourrait même faire des difficultés administratives avec les Russes... Ils sont sur les dents actuellement et ils ne nous aiment guère... À ce propos, vous avez l'autorisation de débarquer sur Wrangel ?

— Oui, oui, l'autorisation, nous l'avons, mais c'est au nord de l'île que nous voulons débarquer...

— Au nord ? Mais c'est le sud qui est beau, avec ses montagnes et sa faune uniques au monde... Le nord n'est qu'un immense désert juste parcouru par quelques ours polaires de plus en plus faméliques !

— Justement, c'est ce désert qui nous intéresse... Quatre-vingt mille euros ?

— Quatre-vingt-cinq ?

— Quatre-vingt mille et un reportage sur votre bateau dont vous resterez propriétaire, nous-mêmes n'en garderions que les droits de première diffusion.

— D'accord, mais pour ce prix, vos journalistes n'auront qu'une cabine, ils devront faire leurs lits eux-mêmes...

— Elles-mêmes, ce seront deux femmes...

— Elles-mêmes, d'accord, et prendre leur repas avec l'équipage... Comme le commandant d'ailleurs, parce que le trajet de retour se fait en équipage réduit, bien sûr... Et le chef étoilé qui est aux cuisines pour la croisière ne sera pas là, non plus que le personnel d'entretien des cabines...

— Vous m'envoyez un contrat sur ces bases ? Je vous le retourne signé dans la journée.

— N'oubliez pas d'y joindre la copie des passeports et des visas de vos journalistes.

C'est ainsi que la chaîne de télévision a pu acquérir pour Gaëlle et une cadreuse, Marie-France, un billet pour l'île Wrangel. La lettre anonyme et le comportement bizarre de Kurt Kasslow avaient suffi à décider le rédacteur en chef. La Cinquième a un bureau des voyages bien organisé qui a obtenu les visas pour Wrangel et déniché cette opportunité d'y débarquer depuis le Polar Bear IV.

Nome n'est desservi par aucune compagnie aérienne régulière. Aussi la compagnie du Septentrion affrète-t-elle un Cessna à Alaska Airlines pour transporter, en fin de croisière, les passagers et le personnel navigant commercial jusqu'à Seattle. Comme ce Cessna arrive à vide de Seattle, Gaëlle et Marie-France l'avaient emprunté pour gagner Nome. Après avoir passé deux nuits à l'hôtel Aurora, elles étaient maintenant à bord du Polar Bear IV, accoudées au bastingage à contempler la petite ville avec ses façades colorées et le clocher de l'église en arrière-plan. Il faisait beau, le soleil brillait dans un ciel bien dégagé. Seule une légère brise glacée leur rappelait qu'elles étaient dans le Grand Nord. Il était sept heures du matin. Le soleil se levait, mais il faisait déjà grand jour. Sur le conseil de Gaëlle, Marie-France alla chercher sa caméra dans leur cabine pour faire quelques images dans la splendide lumière arctique. Ça ferait de beaux plans de coupe au montage.

— Que crois-tu que nous allons trouver à Wrangel ? demanda Marie-France. C'est comment une mine d'hélium-3 ?

— Je n'en ai pas la moindre idée. Je me suis documentée et j'ai vu qu'extraire de l'hélium-3 d'une mine était complètement inédit.

— Alors, comment fait-on, quand on ne l'extrait pas d'une mine ?

— On prend du tritium...

— Du quoi ?

— Du tritium, c'est de l'hydrogène en plus lourd : il a le poids de l'hélium-3, mais c'est de l'hydrogène. Il faut ensuite transformer un neutron en proton et ça, je n'ai pas compris comment on faisait... Mais ça a l'air compliqué.

— C'est pour ça qu'une mine, c'est plus simple. On prend du minerai d'hélium-3 et on le raffine...

— Malheureusement, je crains que ce ne soit plus compliqué que ça. L'hélium n'a pas d'affinité chimique. On n'a pas d'oxyde d'hélium comme on a de l'oxyde métallique dans les minerais. Alors, je ne sais pas... Peut-être ont-ils trouvé une poche souterraine d'hélium-3... Nous verrons bien... Et j'espère que le directeur du site nous expliquera... Là, nous arrivons sans être annoncées, juste parce qu'Armand Blot espère faire un scoop avec cette mine dont le propriétaire garde l'emplacement soigneusement secret !

— Tu es sûre que c'est une bonne idée d'arriver à l'improviste ? S'ils ont des choses à cacher, ils pourraient être agressifs...

— Tout le monde sait où nous allons. Le Polar Bear IV nous attendra au mouillage au large et donnera l'alerte si nous ne réapparaissons pas dans les deux jours comme prévu... Non, nous ne risquons rien.

Comme il passait derrière elles, le commandant les interrompit : « Mesdames, je monte en passerelle. Nous allons appareiller. Nous devrions être en vue de Wrangel dans vingt-quatre heures. »

## *Wrangel, côte nord*

Le Polar Bear IV avait mouillé à un mille et demi de la plage. La mer était d'huile, il flottait dessus divers blocs de glace. Les plus gros étaient blanc-bleu et les plus petits d'une transparence cristalline. Les uns étaient le produit de la débâcle de la banquise et les autres venaient d'on ne sait quel glacier, portés jusqu'ici par les courants nombreux et mal connus de la mer des Tchouktches. La côte était bien visible dans l'air clair et froid : une plage blanchâtre recouverte de plaques de neige et rien d'autre. Aux jumelles, Marie-France signala à Gaëlle une ourse polaire avec son ourson, environ deux kilomètres plus à gauche.

– Nous devrons faire attention, dit Gaëlle. L'ours blanc est un dangereux prédateur, spécialement les femelles allaitantes, comme l'est apparemment celle-ci... Il y a deux ans, j'ai fait un reportage sur ces animaux à Churchill, dans le Manitoba. Pendant la saison des amours, les mâles essaient de tuer les oursons pour que les femelles cessent d'allaiter et aient leurs chaleurs. Alors les femelles sont d'une agressivité effroyable pour défendre leur progéniture...

– Charmant !

– Ouais... Mais, de loin, ce sont de belles bêtes !

Pour calmer les inquiétudes de Marie-France, qui redoutait un accueil hostile, Gaëlle était convenue avec le commandant que, quand elle appellerait le Polar Bear IV par radio, si elle prononçait les mots « exploitation minière », il devait donner l'alerte et avertir La Cinquième sans délai.

Les marins s'affairaient maintenant à mettre à l'eau le bateau de débarquement, une sorte de barge avec deux moteurs hors-bord. Les deux scooters et les paquetages de Gaëlle et de Marie-France étaient déjà arrimés dessus. Dès qu'il fut à l'eau, un matelot y prit place et invita les deux passagères à le rejoindre. L'air était froid et sec. Emmitouflées dans leurs anoraks, les deux femmes descendirent l'échelle de coupée et prirent place sur la barge qui démarra aussitôt vers la plage. Il leur fallut une vingtaine de minutes pour atteindre la terre et échouer le petit esquif. Il n'y avait pas de vent et le ressac était faible. Ils échouèrent simplement la barge et débaquèrent.

– Courage, les filles ! Dit le matelot... Vous avez votre VHF... Appelez-nous et je reviens aussitôt vous prendre dès que vous aurez fini votre reportage...

– Mais comment allez-vous rentrer sur le Polar Bear IV ? La barge est échouée... Vous voulez qu'on vous aide à la pousser à l'eau ?

– Merci, c'est gentil, mais non... Vous voyez, elle se remet déjà à flotter toute seule. J'ai l'habitude, ça va aller. Bonne route !

Elles arrimèrent leur barda sur les scooters.

— C'est dans cette direction, dit Gaëlle en regardant le GPS et en prenant des repères sur le profil des montagnes visibles à l'horizon. À vingt kilomètres ! Prête ?
— Prête !

Gaëlle avait, en effet, emporté un kit destiné aux régions sans rien. Un GPS, une boussole gyroscopique à semi-conducteurs pour garder le nord même en zone polaire et un téléphone portable Iridium pour se connecter par satellite, indépendamment de tout réseau cellulaire.

Le marin les vit traverser la plage en soulevant des gerbes d'eau de mer à chaque cahot.

Le sol n'était pas de tout repos. Après la plage où leurs machines dérapaient dans le sable gris, vint une sorte de toundra tout entière faite de creux et de bosses. Elles avançaient très lentement sur une terre inégale où poussaient à peine quelques herbes rases, des mousses et des petites plantes ressemblant à du thym ou de la bruyère. Il y avait aussi, de loin en loin, des fleurs qui apportaient des notes de couleur presque incongrues au milieu de ce paysage en noir et blanc. A fur et à mesure qu'elles avançaient, le sol était de plus en plus recouvert de plaques de neige que le soleil du printemps arctique n'arrivait pas encore à faire fondre.

— Et dire que, vu du bateau, ce désert avait l'air uniformément plat ! cria Gaëlle à Marie-France !
— Oui ! La selle de mon scooter est en train de me ratatiner les fesses !
— Fais comme moi, ne reste pas assise... Tiens-toi sur les pieds jambes fléchies... Sinon tu ne pourras plus t'asseoir avant longtemps ! Tu veux qu'on fasse une pause ?
— Je n'osais pas te le demander !
Elles s'arrêtèrent et Gaëlle, consultant le GPS de son smartphone, dit :
— Nous sommes à mi-chemin. Il reste encore un peu plus de onze kilomètres... On devrait apercevoir la mine, je pense.
— Tiens, voici les jumelles.
— C'est curieux, fit Gaëlle en scrutant l'horizon aux jumelles. Je ne vois rien... Juste une sorte de grosse isba au flanc d'une colline... Mais aucune trace d'activité. Curieux...
— C'est comment, de l'hélium-3 ? On devrait voir au moins des réservoirs de stockage.

— C'est un gaz qui se conserve sous pression élevée. En plus de cela, toute l'énergie du monde pourrait être produite avec deux ou trois kilos d'hélium-3 par jour, moins de 30 litres à 800 bars. Alors, tu comprends, les réservoirs ne sont sans doute pas bien gros et, à cette distance, on ne les voit pas ! Mais ce qui m'inquiète, c'est que je devrais voir du mouvement, de la fumée... Enfin des signes d'activité... Ou même seulement des signes de présence humaine...

— En fait, dit Marie-France qui lui avait repris les jumelles et observait à son tour, cette isba semble inhabitée... Et on ne voit rien à côté. Pas de derrick de forage, pas de chevalement, rien qui évoque une activité souterraine... Bizarre !

— Allons-y... J'ai hâte de voir à quoi ressemble une mine d'hélium !

Au fur et à mesure qu'elles s'éloignaient de la mer, il y avait de plus en plus de neige. Quand elles arrivèrent devant ce qu'elles avaient appelé l'isba, le sol était presque entièrement couvert de neige. Elles étaient devant une maison d'un seul niveau, en bois, longue d'une vingtaine de mètres, à la façade peinte en blanc un peu décrépi, bâtie sur le flanc d'une petite colline, contrefort avancé des montagnes qui barraient l'horizon. Cette maison paraissait ancienne. Mais de mine, point. Pas de carreau de mine, pas de clôture, et surtout personne en vue... Certes, quelques traces de pas étaient visibles dans la neige, mais elles n'évoquaient en rien la fébrilité d'une exploitation minière.

À dix mètres de la maison, un panneau portait, en russe :

RIMITCHKA
Fédération de Russie
District autonome de Tchoukotka
Concession minière n°09002017001
Accès interdit.

— C'est bien là, nous sommes arrivées, dit Gaëlle, mais il n'y a pas grand-chose en fait de mine !

— Ecoute, Gaëlle, laisse-moi faire des images. Un paysage lugubre et grandiose, une lumière incroyable... C'est un rêve de vidéaste... On fera un montage sympa et tu feras des commentaires off...

— Bonne idée, vas-y. Moi, je vais essayer de regarder à travers les fenêtres si on peut apercevoir l'intérieur de l'isba... Parce que des commentaires off sur des images de paysage sans rien, ça ne suffit pas à faire un reportage !... En tout cas pas à La Cinquième !

Tandis que Marie-France extrayait sa caméra de son sac, Gaëlle s'approchait de la porte de l'isba qui s'ouvrit soudain sur un personnage armé d'une carabine, vêtu d'une combinaison arctique et coiffé d'une épaisse chapka crasseuse. Il dit (en ce qu'en comprit Gaëlle) :

— Chtovi ? Chtovi gélatine ? Chégo Tikochech ?

— Bonjour, Monsieur, nous sommes journalistes dit-elle en anglais, puis en russe...

Il répéta plus lentement, et c'est alors que Gaëlle identifia qu'il parlait russe avec un accent épouvantable :

— чего ты хочешь ? Здесь это запрещено (Tchego Ti Kotchech ? Zdièss éta Zapriechieno) ? Que voulez-vous ? C'est interdit ici.

Elle tenta d'entamer le dialogue en russe, mais l'individu faisait mine de ne pas la comprendre. Il se mit à parler vite. Bien qu'émaillé de quelques mots russes, son sabir n'était certainement pas du russe. En fait, se dit-elle, il parle sûrement tchouktche, le dialecte de la Tchoukotka... Mais elle avait longuement lu la documentation avant de partir... Apparemment, il se payait leur tête parce que le Russe est parlé dans toute la Fédération de Russie. C'est obligatoire... Le tchouktche est à la Tchoukotka ce que le breton est à la Bretagne... C'est encore la langue maternelle d'une minorité, mais ce n'est pas la langue véhiculaire... Alors, elle demanda à Marie-France de filmer, puis elle s'adressa au Tchouktche, en russe.

— Vous comprenez le russe. Je vous demande de parler russe... Lentement, si vous voulez... D'accord ?

— Oui, russe... Je suis tchouktche, je parle aussi russe...

— Nous sommes journalistes et nous voudrions voir la mine...

— Oui... Mine... Ici mine d'hélium...

— Hélium-3, oui, je sais, mais où ?

— Hélium-3. Oui, très précieux !

— Où ? Où est la mine ?

— Ici, c'est la mine. Interdit d'entrer. Mine.

— Et les mineurs ? Le personnel d'exploitation ?

— Personnel... Oui... C'est moi le personnel...

— Mais vous n'exploitez pas une mine à vous tout seul...

— Tout seul, je tout seul à Rimitchka. Ici désert de Rimitchka. Je tout seul sur désert.

— Et l'hélium, où est l'hélium ?

— Ici, sous-sol Rimitchka, dit-il en désignant le sol à ses pieds... hélium... Beaucoup hélium...

— Et vous en avez déjà extrait ?

— Extrait ? Non... Pas encore machines... Bientôt machines. Ingénieurs annoncent machines arriver.

— Ingénieurs ? Vous savez leur nom ?

— Kasslow, ingénieur Kasslow. Kasslow m'a recruté. Il m'a installé ici. Il paie mon salaire. Ma famille va me rejoindre... Bientôt... Quand on apportera les machines... Et les ouvriers viendront aussi. Il y aura beaucoup d'ouvriers... Ici, à Rimitchka... Riches... Nous serons riches à cause d'hélium !

— Pouvons-nous entrer et visiter l'intérieur...

— Ici, chez moi... Interdit entrer... Ingénieur a dit...

— Mais si c'est chez vous, c'est vous qui pouvez nous autoriser à entrer.

— Oui... Oui... Entrez. Venez boire le thé.

C'est ainsi qu'enfin, les deux femmes entrèrent. Il faisait à peine moins froid que dehors. C'était une grande salle qui occupait à peu près les deux tiers de la longueur de la maison. Il y avait quelques meubles sommaires. Une table, quelques chaises. Un imposant poêle en céramique dans un coin était apparemment éteint.

— Vous ne chauffez pas ?

— Non... Soleil... Alors pas chauffer.

Seul un samovar fumant posé sur la table apportait un peu de chaleur. Il servit trois verres de thé brûlant. Il était bon et cela détendit l'atmosphère. Ils purent parler à bâtons rompus. Le dialogue était si difficile que Gaëlle fit signe à Marie-France qu'elle pouvait arrêter de filmer... Cela contribua aussi à détendre l'atmosphère... Gaëlle, peu à peu, réussit à le faire laborieusement accoucher de son histoire.

Il venait d'Intchooun, localité côtière du nord de la Tchoukotka, où on l'appelait Irvytgyr. Il était né plus à l'est et il était arrivé seul avec sa mère à Intchooun quand il avait six ans... Sa mère était morte peu après leur arrivée. Il avait grandi dans une famille d'éleveurs de rennes. Ce sont eux qui l'avaient appelé Irvytgyr[1] parce qu'ils supposaient qu'il venait de la mer. Il avait vécu de chasse, de pêche et de quelques rapines... Il s'était marié et il avait même un enfant. Mais sa vie de marginal lui avait valu d'être mis en prison. Un jour, il avait reçu son ordonnance de libération et, à la sortie de la prison, il était attendu : sa femme et son fils étaient accompagnés par des gens riches, dans une grosse voiture de riches. Il y avait l'ingénieur Kasslow, un Russe, accompagné d'un Tchouktche qui n'a pas dit son nom. Ils lui ont proposé un travail sérieux et très bien payé. Il serait le gardien de la mine de Rimitchka... Ils lui avaient expliqué qu'il devait aller sur le site où il vivrait seul plusieurs mois avant que ne commence l'exploitation de la mine... Ils verseraient un salaire à sa femme et lui, à Rimitchka, il n'aurait besoin de rien... Ils lui avaient expliqué ce qu'était l'hélium, mais il n'avait pas tout compris. Quand ils lui eurent dit que Rimitchka

[1] *Irvytgyr désigne le détroit de Béring en tchouktche.*

était un désert sur une île, il avait eu un peu peur, mais ils l'avaient rassuré en lui promettant qu'il ne manquerait de rien... De fait, chaque semaine, un hélicoptère lui apportait tout ce qu'il demandait pour manger, boire, se vêtir, se soigner, et même quelques magazines... Maintenant, il était là et il s'ennuyait un peu. Il lui était interdit de chasser et cela le frustrait parce qu'il voyait parfois passer des troupeaux de bœufs musqués et des ours polaires qui parcouraient le désert, mais il n'avait pas le droit de les tirer. Il attendait l'arrivée de sa famille et des personnels qui exploiteraient la mine d'hélium.

— Mais ils n'ont pas encore exploité ?

— Non... Pas encore... J'attends l'arrivée de ma femme et de mon fils. Ils viendront avec les mineurs d'hélium.

— Vous n'avez pas d'hélium ici ?

— Oui, il y a de l'hélium, dans la terre, pas encore extrait...

— Avez-vous déjà vu de l'hélium ?

— Non, c'est comme l'air... Invisible...

— Et une bouteille d'hélium, vous en avez déjà vu ?

— Oui, oui, attendez...

Il chercha dans une pile de vieilles revues et montra la photo d'une bouteille industrielle de type huit litres acier avec l'épaule peinte en brun jaune... Une banale bouteille d'hélium pour gonfler des ballons...

— Oui, d'accord... C'est une photo. Avez-vous déjà vu une vraie bouteille, pas une photo ?

— Non, jamais. Pas encore extrait... Mais... Attendez...

Il sortit dans la pièce d'à côté et en revint avec un poste de soudure à l'acétylène...

— Vous voyez, c'est comme ça, dit-il en montrant la bouteille d'acétylène...

— D'accord, d'accord, mais vous pourriez avoir des bouteilles d'hélium vides en attendant d'être remplies avec l'hélium-3 que l'on va extraire ici...

— Non, non, pas encore. Tout le matériel viendra avec les mineurs... Avec ma femme et mon fils...

Gaëlle était dubitative. Elle se rappelait les paroles de Kurt Kasslow : « Je possède déjà des stocks d'hélium-3 et je souhaite continuer à en extraire ». Fanfaronnade ? Il n'avait pas l'air d'un fanfaron... Alors d'où viendraient ces prétendus stocks, puisqu'ils ne venaient pas de Rimitchka ? Cela ne collait pas du tout. Prenant prétexte de ce qu'avait dit Irvytgyr sur les ours blancs et les bœufs musqués, elle suggéra à Marie-France de prendre des images de paysage depuis le haut de la colline. Irvytgyr proposa de les accompagner. Gaëlle déposa son sac et prit le Tchouktche en croupe sur son scooter. Au sommet de la colline, à cinq cents mètres de l'isba, le paysage lugubre et plat leur apparut dans l'immensité de sa désolation blanche. Sous un ciel bleu intense à peine moucheté de quelques cirrus, la plaine s'étendait jusqu'à l'horizon au nord et jusqu'à la montagne au sud. À deux kilomètres environ, cinq bœufs musqués fouillaient la neige paisiblement pour brouter les rares plantes et lichens qu'il y avait dessous. De l'autre côté, ils virent un ours blanc solitaire.

— Ours mâle, expliqua Irvytgyr. La saison des amours commence. Les femelles qui allaitent sont agressives pour défendre leurs oursons Alors les mâles errent seuls à la recherche d'une femelle sans portée.

Marie-France filmait, tandis que Gaëlle explorait l'immensité désertique aux jumelles. L'isba d'Irvytgyr était apparemment la seule construction humaine au milieu de ce désert... Rien d'autre, en tout cas rien de visible. Aucun doute, elles étaient bien à Rimitchka, c'est écrit... Mais alors, si l'hélium-3 de Kasslow ne vient pas de Rimitchka, d'où vient-il ? Et s'il a déjà une source d'hélium-3, pourquoi Rimitchka ? Elle était perdue dans ses pensées quand son téléphone satellite sonna au fond de son sac à dos... Elle était surprise parce que ce téléphone Iridium, personne, hormis son rédacteur en chef n'avait son numéro à cause du prix exorbitant des communications[1]. Le temps de l'extraire du fond de son sac et de décrocher, elle eut la surprise d'entendre :

— Bonjour, Gaëlle, Saint-Elme à l'appareil...

— Bonjour, général... Vous ne devinerez jamais où je suis...

— Vous n'êtes pas sur l'ile Wrangel ?

— Mais comment savez-vous ? ... Ah oui... Armand Blot, n'est-ce pas ?

— Et je parie que vous n'avez trouvé qu'un désert...

— Perdu ! J'ai trouvé une mine appelée Rimitchka... Enfin, juste une future mine... Il n'y a qu'une grosse isba gardée par un Tchouktche.

— À vos souhaits !

— Non, un Tchouktche de la Tchoukotka... Un brave homme un peu fruste, qui est là pour attendre le début de l'exploitation de cette mine.

— Il risque d'attendre longtemps...

— Qu'est-ce qui vous fait dire ça ?

—Rien... Oubliez... C'est secret-défense... En attendant, on dit que Wrangel est une île sauvage avec une faune et une flore exceptionnelles et protégées... J'espère que vous avez fait des images, ça fera au moins un beau reportage !

— En fait, je suis au nord de l'île. C'est le mauvais côté... C'est un désert encore tout couvert de neige en cette saison, et il n'y a rien d'exceptionnel...Pour tout dire, il y n'a même juste rien de rien : quelques herbes rases, deux aigles, un ours blanc et cinq bœufs

---

[1]*Avec ces téléphones satellite, c'est celui qui reçoit la communication qui la paie.*

musqués, c'est à peu près tout ce que j'ai vu... Il n'y a même pas de quoi faire un vingt-six minutes !

— C'est dommage pour votre reportage, mais, pour moi, ça tombe bien, j'ai besoin de vous d'urgence. Vous êtes la seule à connaître Rimitchka à Wrangel. Faites-en aussi des photos, le plus possible... Dès que nous nous verrons, je vous en dirai plus... Et je vous promets un scoop.

— Je ne suis pas de retour à Paris avant une semaine. J'ai encore au moins quatre jours de traversée avant d'arriver à Tromsø en Norvège... C'est le bout du monde... Puis Oslo et Paris... Une bonne semaine en tout.

— À bord de quel bateau voyagez-vous ?

— Le Polar Bear IV... Un bateau de croisière.

— De luxe... Vous ne vous refusez rien !

— Non, dans le sens Alaska-Norvège, il rentre à vide et je voyage avec l'équipage...

— Bon, eh bien laissez-le rentrer à vide.

— J'ai une coéquipière...

— Très bien, elle reprendra seule le bateau. Vous, vous resterez à Wrangel. Quand vous serez sur la plage, envoyez-moi vos coordonnées GPS. On vient vous prendre dès que votre bateau sera reparti...

— Vous envoyez un hélicoptère ? Mais nous sommes sur une île arctique de Sibérie perdue au fin fond de nulle part !

— Non, un sous-marin. Le Suffren patrouille actuellement en Arctique. Il sera là dans quatre heures. Faites en sorte que le Polar Bear IV soit parti. Le sous-marin ne fera pas surface tant qu'il y aura un autre bateau en vue.

— Journalistiquement, qu'est-ce que vous m'apportez en échange ?

— Je ne peux pas vous en dire plus au téléphone, mais, journalistiquement comme vous dites, ce que je vais vous offrir vaut largement vos ours et vos bœufs musqués ! Et en plus, cerise sur le gâteau, je pourrai vous dire où est Charles, ce qu'il fait et quand il reviendra.

À ces mots, une onde de bonheur la traversa. Elle se rapprocha d'Irvytgyr et de Marie-France.

— Bon, tout ce paysage est splendide... Mais nous étions venus voir une mine d'hélium-3... Il n'y a qu'un projet de mine. On a bien filmé l'isba et le paysage... Mais un projet de mine, ça ne fera même pas un projet de reportage... Quant à Irvytgyr, il ne sait rien. Inutile de perdre notre temps ici... J'appelle le Polar Bear IV pour leur demander de venir nous reprendre au même endroit dans trois heures...

— Plutôt quatre heures, le temps de déposer Irvytgyr et de reprendre notre barda...

Quatre heures et demie plus tard, elles étaient sur la plage avec leurs scooters. Le bateau de débarquement arrivait avec le matelot qui les avait débarquées le matin. Quand les scooters et les bardas furent sur le bateau, Gaëlle dit au matelot :

— Pouvez-vous me rendre mon sac. Je reste à terre. Partez sans moi !

— Quoi ? ! ! Fit Marie-France qui était sur le point d'embarquer.

— Oui. Je suis certaine qu'ils vont bientôt venir exploiter cette mine... C'est impossible autrement. Je veux les voir. Je reste. Pas de questions, s'il te plaît.

— Mais... Tu n'as...

— Chut ! Pas de questions ! Au revoir ! Puis, elle chuchota à l'oreille de sa collègue : reste à l'arrière du bateau et observe la plage aux jumelles, tu ne seras pas déçue ! ...

Une heure plus tard, le Polar Bear IV était déjà à l'horizon quand un sous-marin fit surface à moins d'un mille de la plage. Un Zodiac avec deux marins vint chercher Gaëlle. À bord, elle fut accueillie par le capitaine de vaisseau Parcemont :

— Bienvenue à bord du Suffren, Madame Le Couëdic. On m'a demandé de vous conduire à Barrow... J'ai consigne de ne pas parler de votre mission et de vous traiter en VIP. Excusez-moi, nous devons plonger sans tarder... Nous n'avons pas le droit d'être dans les eaux russes.

Il s'adressa à l'équipage :

— Puissance à cinquante, faites plonger et venir à vingt mètres.

— Merci, commandant... répondit Gaëlle, mais qui est ce Barrow ?

— Ce n'est pas une personne, c'est ville pétrolière au nord-ouest de l'Alaska. En fait elle porte maintenant un nom inuit à coucher dehors...

— Utkjagvik, commandant dit une jeune officier.

— Merci, lieutenant... Ah ! je vous présente l'enseigne Claire Stohrer... Claire est notre midship. Elle va vous faire les honneurs du quartier des femmes et vous permettre de vous rafraîchir avant le repas que vous prendrez avec nous au carré des officiers. Nous serons à Utkia... machin... enfin, Barrow, dans une quinzaine d'heures. Un avion du CFAP[1] vous y attendra pour vous amener à Paris... Mais je vous connais. Je vous ai déjà vue sur la Cinquième. Vous êtes journaliste, n'est-ce pas ?

Il fut interrompu par l'officier de quart

— Immersion vingt mètres

— Ouvrir les purges, route au sept-zéro, puissance quatre-vingt-cinq, dit le commandant.

---

*1 CFAP : commandement de la force aérienne de projection, anciennement COTAM (transport aérien militaire)*

— Toutes purges ouvertes, la barre à droite dix entendit-il.

— Oui, c'est bien moi dit Gaëlle une fois que le commandant en eut terminé avec la manœuvre... Ne me demandez pas ce que je fais ici : d'abord nous n'avons pas le droit d'en parler et, de toute façon, je ne le sais pas moi-même !

— Vous étiez en reportage dans le désert de Wrangel ?

— Oui, les animaux, la nature, tout ça... Un peu décevant : il n'y a rien !

— On parlera au carré. En attendant, je vous laisse avec la lieutenant Stohrer...

— Voulez-vous me suivre, Madame...

— Gaëlle, s'il vous plaît, Lieutenant

— Claire, s'il vous plait... Vous avez une couchette où vous pourrez vous allonger... Vous ne restez qu'une demi-journée à bord, mais vous êtes sans doute fatiguée... Et puis... Vous savez, l'exfiltration de personnels fait partie des missions des SNA [1], vous n'êtes pas la première mais la plupart des marins n'aiment pas beaucoup voir des civils déambuler.

— Très bien, Claire... Je me ferai discrète. Au fait, quelle heure est-il ?

— L'heure de surface ne signifie rien ici, en Arctique, où nous passons notre temps à franchir des fuseaux horaires et la ligne de changement de date...

— Je voulais dire quelle heure est-il à bord ?

— À bord, il est 11 heures trente du matin. Nous déjeunons au carré dans une heure. Nous arriverons au port où nous vous déposerons vers deux heures ou deux heures et demie du matin... cela dépendra des courants... Heure du bord... J'ai fait le calcul, ce sera ce matin même à cinq heures GMT. Si tout va bien, vous serez à Paris dans la nuit de demain à après-demain.

— Merci de ces précisions.

— Alors, à dans une heure au carré... D'ici là, j'ai quelques bouquins, alors si vous voulez de la lecture...

— Où est le carré ?

— Juste là, vous prenez la coursive à droite et vous y arrivez. Vous savez, dans un sous-marin, c'est difficile de se perdre.

Une fois seule, en attendant l'heure du repas, Gaëlle s'avoua à elle-même qu'elle était terriblement impatiente de savoir enfin où était Charles. Il lui arrivait souvent de disparaître pour des missions classifiées secret-défense. Mais disparaître comme cela, c'était la première fois : le matin il était là, normal, et l'après-midi, la DGSE

---

1 *Sous-marins nucléaires d'attaque.*

téléphonait pour dire qu'il partait pour plusieurs mois sans plus d'explication ni sur ce qu'il allait faire ni où il allait le faire… Et depuis trois mois, pas un courriel, pas un texto, pas un appel téléphonique… Rien ! Il lui manquait terriblement. Enfin, Saint-Elme allait lever un coin du voile du secret, comme il dit… Il était apparemment pressé et il mettait les moyens ! Un sous-marin, un avion du CFAP !

# *CHARLES*

## ***Trois mois plus tôt***

### *DGSE, 15 janvier.*

Que s'était-il donc passé trois mois plus tôt quand Gaëlle avait attendu en vain le retour de Charles pour dîner chez eux ? Revenons à cette journée du 15 janvier, à la DGSE.

Charles Longhieu était un robuste quadragénaire à la musculature impressionnante d'ancien pilier de rugby. Le visage carré et ouvert, une chevelure d'un noir que ne venait encore entacher aucun cheveu blanc, un regard droit et direct, Charles était de ceux qui inspirent naturellement une sympathie respectueuse. Gaëlle et lui s'étaient rencontrés voici plusieurs années au hasard[1] de leurs professions aventureuses et ne s'étaient plus quittés depuis... Pas quittés, pour autant que ces mots aient une signification pour eux que leurs métiers envoyaient régulièrement aux quatre coins du monde. Elle, la journaliste, grande reporter, et lui, officier supérieur à la DGSE. Mais sous la carapace un peu rugueuse de l'officier, Charles était un indécrottable romantique, amoureux de Gaëlle, comme Tristan d'Iseut, Philémon de Baucis ou Rodrigue de Chimène.

Ce 15 janvier, il se dirigeait vers le bureau de son supérieur et ami le général de Saint-Elme. Charles avançait de cette démarche athlétique et nonchalante qui lui était habituelle et qui traduisait parfaitement son caractère à la fois cool et résolu. En entrant dans le bureau, il espérait que cet entretien ne durerait pas trop longtemps, parce qu'il avait hâte de retrouver Gaëlle à Sèvres et que cette neige qui commençait à tomber n'allait pas améliorer les conditions de circulation. Il ignorait encore à quel point cet espoir allait être déçu.

Sur le bureau du général de Saint-Elme, juste quelques stylos, un ordinateur portable « MacBook » et un sous-main de cuir grenat sur lequel était posé un dossier étiqueté « Milankovič » frappé de ce large tampon rouge que Charles Longhieu connaissait bien. Un tampon rectangulaire portant en gros caractères « *Secret Défense* » et, en petits caractères « *Toute personne en possession de ce document sans avoir*

---

*1 Voir « L'Ambassadeur » du même auteur*

*qualité pour en connaître est passible des peines et sanctions prévues par la loi pour les crimes et délits d'atteinte à la sûreté de l'État* ».

Charles s'assit sur un siège visiteur.

— Ah ! Colonel Longhieu, Je veux vous parler du dossier « Milankovič ». Vous connaissez ?

— Milankovič ? Cela ne me dit rien... Qui est-ce ?

— Peu importe qui était Milankovič... C'était un scientifique serbe, je crois, mais c'est surtout le nom de ce dossier. Je ne suis pas étonné que vous n'en ayez jamais entendu parler : il est classifié à un très haut niveau de secret et je ne l'ai constitué et classifié qu'hier... Dites-moi, Charles, voici maintenant pas mal d'années, vous étiez en formation à Cologne, je crois.

— Oui, au centre des astronautes européens. C'était dans une autre vie...

— Et pourquoi n'êtes-vous pas astronaute alors ?

— C'est une question un peu indiscrète...

— Alors n'y répondez pas, mais dites-moi au moins où vous en étiez de votre accession au corps des astronautes européens.

— C'est une question indiscrète, mais je vais vous répondre franchement. Une fois formés, les astronautes végètent dans l'attente d'être affectés à un vol. Certains ne voleront que dans très longtemps, d'autres partiront même en retraite sans avoir volé... L'affectation des astronautes aux missions est faite sur des critères politiques et médiatiques au moins autant que sur les aptitudes ou les compétences acquises au cours de la formation... Et, vous me connaissez, je n'ai aucun goût pour les salamalecs des antichambres politiques et avaler des couleuvres n'est pas mon sport favori. Alors quand vous m'avez contacté pour travailler pour la DGSE au sein du réseau des conseillers militaires de nos postes diplomatiques, j'ai sauté sur l'occasion. J'étais capitaine à l'époque et non seulement je montais en grade, mais encore, à défaut d'exercer un commandement, j'avais au moins une véritable activité. Je regrette certainement de n'être jamais allé dans l'espace, mais je ne regretterai jamais d'avoir quitté ce milieu étouffant des astronautes en éternelle attente de mission.

— C'est bien ce que je pensais... Mais vous avez suivi toute la formation d'astronaute ?

— Oui et j'étais un astronaute en attente de mission, jusqu'à ce que je démissionne pour vous rejoindre.

— Et vous seriez capable d'aller dans l'espace ?

— Je... Euh... Techniquement oui... D'ailleurs, je me suis engagé à faire chaque année un stage d'entretien à Cologne parce que la formation des astronautes coûte cher à l'ESA qui ne veut pas qu'elle se perde. Mais administrativement non, en démissionnant, j'ai perdu toute priorité dans mes droits à aller dans l'espace... Alors, quand mon tour viendra, je serai mort de vieillesse depuis longtemps !

— Et la lune ?

— Quoi, la lune ?

— Vous seriez apte à aller sur la lune ?

— En voilà, une question ! ... Je ne sais pas... Sans doute, oui... Un séjour sur la lune est réputé moins éprouvant qu'un séjour en orbite... Et... Mais cela fait un demi-siècle que personne n'y est allé et aucun vol lunaire n'est prévu avant au moins deux ans... Et je suis sûr que, dès qu'un tel vol habité sera annoncé, ils vont tous intriguer comme des malades pour en être...

— Lisez cela et dites-moi ce que ça vous inspire.

Il sortit deux feuillets du dossier Milanković et les tendit à Charles.

*Analyse des incidents survenus aux satellites en orbite lunaire au cours des années 2021 et 2022*

*Classification : Secret défense*

*Analyste : Thibaut Dunabla.*

*Sources :*

*XK/DGSE Washington mili : 321/2021 du 14 février 2021 - 907/2021 du 18 décembre 2021 - 281/2022 du 1er septembre 2022 - 007/2023 du 2 janvier 2023*

*AR/DGSE Pékin mili : 1827/2022 du 29 décembre 2022*

*VD/DGSE Moscou mili 101/2022 du 18 janvier 2022 - 104/2023 du 15 janvier 2023*

*PT/DGSE ESA 005/2023 du 31 janvier 2023*

*La durée de vie des satellites topographiques lunaires des quatre constellations NASA (40 satellites), CNSA (60 satellites), ESA (27 satellites) et Roskosmos (22 satellites) était estimée entre quinze et vingt ans. Pourtant chacune des quatre flottes a perdu une part notable de ses satellites en trois ans. On trouvera en annexe 1 la liste des satellites perdus et leurs orbites respectives au moment de leur perte. Les satellites communiquent leurs observations en temps réel lorsqu'ils sont en vue de satellites géostationnaires terrestres. Quand ils sont au-dessus de la face cachée de la lune, ils ne voient aucun satellite géostationnaire et ils enregistrent les données pour les transmettre dès qu'ils réapparaissent de l'autre côté du disque lunaire. On constate que les satellites qui se perdent le font toujours au-dessus de la face cachée de la lune, il est donc impossible de savoir comment, puisqu'alors ils ne transmettent rien.*

*En annexe 2 au présent rapport, on a calculé des corrélations entre la perte des satellites et leurs orbites, altitude et inclinaison. Tout se passe comme s'il existait une sphère qui détruirait les satellites qui la traversent. Cette sphère aurait un rayon de l'ordre de 150 kilomètres et serait centrée sur un point situé dans le secteur sud du cratère Milankovič. Ce cratère a été cartographié par des satellites orbitant à 620 kilomètres au-dessus du sol et rien de particulier n'y est visible, sinon une forte anomalie magnétique. On trouvera en annexe 3 au présent rapport les photographies de ce site. Aucune anomalie des champs électrique et gravitationnel n'a été observée, comme on peut le constater sur les relevés figurant en annexe 4 au présent rapport. Quant à l'anomalie magnétique, selon les experts, elle résulte très probablement de la présence d'un gisement de métaux ferromagnétiques et ne semble pas, à elle seule, de nature à nuire à un satellite.*

*Le 6 janvier 2023, deux satellites étaient en vue de ce point. Le premier, le nouveau satellite sélénodésique « Lunar orbiter CX-21 » orbitait à 620 kilomètres d'altitude. Il a reçu une courte impulsion radioélectrique de niveau très élevé quand il se trouvait à la verticale du pôle Nord. À ce moment le second, le satellite de l'ESA Moon-V58 orbitant très bas (18 kilomètres) était censé survoler le cratère Schjellerup, puis le cratère Karpinsky et le cratère Ricco. Mais il ne réapparut jamais aux récepteurs terrestres. L'analyse de la forme d'onde reçue par Lunar-Orbiter n'a pas été possible. L'impulsion, d'une durée de 4,78 microsecondes, était émise à un niveau si élevé qu'elle a saturé les LNB de réception.*

*La conclusion est que les satellites perdus, en tout cas ceux de l'ESA, la constellation des Moon-V, ont été détruits par un phénomène inconnu de nature radioélectrique. Tout porte à croire que ce phénomène a une portée destructrice de l'ordre de 100 à 150 kilomètres et qu'il aurait pour origine le sud du cratère Milankovič. Les photographies de cette zone prises depuis les satellites en orbite lunaire moyenne (plus de 400 km) n'y montrent rien de particulier et les satellites qui ont pris des photographies depuis une orbite basse ont disparu. L'hypothèse d'un rayonnement comparable à une IEM[1]-HA est la plus répandue dans les agences spatiales. Il pourrait être causé par un phénomène d'origine volcanique ou tellurique inconnu, ou encore par des interactions du champ magnétique avec des*

---

*1 IEM-HA : L'impulsion électromagnétique de haute altitude est un phénomène provoqué par un explosion nucléaire hors troposphère terrestre émettant des particules alpha et beta qui s'enroulent en hélice à grande vitesse autour des lignes du champ magnétique terrestre émettant ainsi une brève mais gigantesque onde électromagnétique capable de détruire toutes les puces électroniques qu'elle rencontre.*

*particules du rayonnement solaire, comme les aurores boréales terrestres.*

— C'est énorme, dites-moi ! Un phénomène inconnu... Et les satellites qui s'en approchent sont détruits...

— Inconnu, oui. Donc inquiétant car nous sommes à la veille de relancer officiellement les vols lunaires. Et, indépendamment du coût de la perte de tous ces satellites, tout ce qui est inconnu doit être considéré comme un risque potentiel pour les futures missions lunaires.

— Mais est-on sûr que ce phénomène n'est pas créé par l'homme ?

— Il n'y a personne sur la lune, et les quatre grandes agences spatiales sont toutes victimes du phénomène... Il est donc peu vraisemblable que ce phénomène soit artificiel, mais nous n'excluons pas qu'une puissance mal intentionnée ait déposé là une sorte de bombe électromagnétique... Nous devons savoir ce qu'il en est mais il est impossible de voir quoi que ce soit à partir des « Lunar-Orbiter-CX ». Malgré l'excellente optique dont ils sont dotés, ils passent trop haut et les photos qu'ils prennent ne nous ont pas permis de voir quoi que ce soit d'anormal sur cette zone....

— Ça prouve bien que l'origine du phénomène est naturelle, sans doute électro-tellurique, non ?

— Oui, à 99%, mais nous nous intéressons à ce phénomène parce que, naturel ou pas, il est une menace pour les missions lunaires, et que, même naturel, certains pourraient être tentés de le reproduire artificiellement et enfin parce que, même si c'est très improbable, il pourrait être produit par un petit objet qui aurait été déposé sur le sol lunaire par une puissance spatiale pour expérimenter ce qu'il faut bien appeler une arme.

— Petit comment ?

— Un mètre, peut-être : les Lunar-Orbiter-CX grossissent assez pour permettre de distinguer, par exemple, les restes des missions Apollo des années 70... Alors, ça peut être quelque chose d'enfoui dans le régolithe avec juste un affleurement métallique au sol pour diffuser un rayonnement électromagnétique...

— Mais qu'est-ce qui déclenche ces ondes tueuses de satellites ?

— Allez savoir... En tout cas pas les émissions de ces satellites puisqu'ils sont en silence radio quand ils survolent la face cachée de la lune...

— Donc, il s'agit sûrement d'un phénomène naturel ?

— C'est la thèse que les scientifiques privilégient, bien sûr. Sans doute, comme vous le suggérez, de très violents courants telluriques sporadiques qui provoqueraient l'émission d'ondes radioélectriques... Une sorte de volcan électromagnétique qui, au lieu de lave, projetterait des rayonnements. Même d'origine naturelle, ce phénomène est potentiellement une menace. Il faut en savoir plus. Et, parce que nous n'excluons pas qu'il soit le fait d'une volonté malveillante, nous avons décidé, la CIA et nous, de prendre les choses en main. La NASA et l'ESA ont beaucoup rechigné, mais elles ont admis toutes les deux que, même d'origine naturelle, si un ennemi était capable de domestiquer cette force, il serait une menace majeure pour toute activité lunaire. Tout ceci est donc classifié au niveau « Très Secret Béryl ».

— Béryl ? C'est nouveau, ça...

— Oui, c'est une nouvelle catégorie de secret défense concernant les questions lunaires.

— C'est contraire aux traités, parce qu'aucune activité militaire ne peut avoir lieu sur la lune... Enfin, c'est ce que je crois me rappeler...

— Absolument. C'est un peu pour ça que Béryl est un niveau de secret très élevé. Mais, a priori, nous n'allons pas combattre sur la lune. C'est juste que ni la NASA ni l'ESA n'ont une vraie culture du secret. Et même bien au contraire, puisque leurs budgets respectifs dépendent de leur notoriété dans l'opinion publique... Alors, il fallait trouver une procédure de secret sérieuse... Et les services de renseignement sont les seuls à en avoir une !

— Bon, mais alors, moi, que puis-je faire de ce dossier ?

— Vous ? Mais partir pour la lune, bien sûr !

— Hein ? La lune...Mais personne n'y a plus été depuis cinquante ans ! Et aucun vol lunaire n'est programmé avant au moins deux ans !

— Si, mais c'est secret défense niveau béryl, donc personne ne le sait. La NASA et l'ESA montent en ce moment même une expédition commune pour gagner la zone du sol lunaire d'où semble émaner le phénomène. Cette expédition scientifique franco-américaine sera dirigée par un officier du renseignement à cause des possibles implications du phénomène en matière de sécurité et surtout parce qu'il faut un responsable habitué au secret. La NASA étant beaucoup plus tributaire de l'opinion publique que l'ESA, elle ne souhaite pas financer ce volet secret de la mission. Elle va envoyer deux scientifiques, dont au moins un prix Nobel !

— Il n'est pas nécessaire d'être pilote pour devenir astronaute, chez eux ?

— Chez nous non plus, depuis plusieurs années...

— Oui, c'est vrai, et je l'ai assez déploré quand il en a été décidé !

— Mais vous, vous êtes pilote, astronaute et officier du renseignement...

— Alors, le volet secret, c'est moi qui l'assumerai, c'est ça ?

— Non seulement ça, mais étant le plus ancien dans le grade le plus élevé, c'est vous qui commanderez cette mission. Elle sera composée de trois scientifiques, deux Américains et un Européen, et de vous pour diriger l'équipe…

— Mais comment ? Quand ? Il n'y a pas de lanceur lunaire opérationnel… Ni les Russes ni les Américains, ni nous n'avons les moyens d'aller sur la lune, même si tout le monde y travaille.

— Space-X dispose de ce type de lanceur

— Ça se saurait… Ce sont eux qui sont le plus près d'y parvenir, mais ils n'auront rien avant la fin de l'année prochaine… Et encore, si tout va bien !

— Vous l'ignoriez ? Officiellement, Space-X lance les premiers vols lunaires l'année prochaine. Mais ils sont techniquement prêts depuis plus d'un an. Ils ne savent pas encore faire alunir et redécoller leur énorme « Starship », mais et ils envoient régulièrement des Starships non habités qui reviennent atterrir sans encombre après avoir fait alunir et redécoller, puis récupéré une navette lunaire…

— Alors nous allons être des cobayes ?

— Rassurez-vous, tous ces vols d'essai sans passagers sont revenus sur terre avec succès. Officiellement, votre vol sera juste un vol orbital terrestre.

— Mais alunir en un point où se produisent des phénomènes inconnus si violents qu'ils sont comparables à l'IEM-HA…

— Il n'en est évidemment pas question. La mission sera déposée dans le cratère Peary, à 50 kilomètres du pôle Nord, sur un des points les plus au nord visibles depuis la terre. C'est à 500 kilomètres de la zone dangereuse… Vous vous y rendrez à bord d'un gros « Lunar Rover » spécialement conçu pour que vous puissiez rouler « en manuel » si l'électronique venait à être défaillante… Parce que tout porte à croire que c'est l'électronique que ce phénomène inconnu détruit sur les satellites.

— Vous ne pouvez pas prévoir d'en durcir[1] l'électronique à l'IEM ?

— Le Rover est durci, bien sûr, mais il est durci aux caractéristiques d'une IEM terrienne, c'est à dire provoquée par l'interaction de particules rapides et du champ magnétique terrestre. Comme on ne sait rien de ce qui provoque ce phénomène sur la lune, on ne peut pas préjuger que ce durcissement sera efficace contre lui…

— Charmant… Nous risquons de nous retrouver seuls sans moyens de communication sur la face cachée de la lune.

— C'est un peu ça. Votre mission est de parcourir ces cinq cents kilomètres sur la face cachée de la lune…

---

*1 L'électronique militaire est dite durcie en ce qu'elle est capable de résister à une IEM-HA. Il en est de même des équipements électroniques civils dits « sensibles » au sens de la défense nationale, comme ceux qui équipent les réseaux d'électricité, de télécommunication ou de distribution d'eau.*

— Mais il n'y a pas d'autoroute sur la lune...

— Non et votre rover n'est pas non plus une voiture de course. Les spécialistes estiment qu'il vous faudra environ un mois en roulant en permanence.

— Charmant...

— Tout au long du trajet, des appareils de mesure enregistreront le rayonnement électromagnétique, afin de permettre aux trois savants d'identifier la menace et de l'analyser avant d'arriver jusqu'au point d'où elle semble venir. Là, ils en feront une analyse scientifique aussi complète que possible. Puis vous vous signalerez pour qu'on vous récupère pour le vol de retour.

— On se signalera comment, si l'électronique est morte ?

— Dans ce cas, il vous faudra regagner votre point de départ sur le cratère Peary. Comme il faut prévoir le pire, vous y aurez déposé des dispositifs pyrotechniques que vous activerez et qui seront visibles de la terre. Plusieurs observatoires surveilleront le versant nord du cratère Peary en permanence dès votre alunissage.

— Mon entraînement spatial date de plusieurs années... Je n'ai pas été très assidu aux entraînements annuels, pourtant obligatoires... Je crains de...

— C'est un ordre. Vous reprenez l'entraînement. De toute façon, avec les vaisseaux actuels, l'entraînement nécessaire est bien moindre que celui que vous avez subi pour votre propre formation. Votre tâche sera essentiellement de superviser l'entraînement de votre coéquipier européen. Le lancement est prévu dans un mois et demi.

— Et...

— Et vous partez tout de suite.

— Mais...

— Un problème ?

— Oui... Et Gaëlle ? Je dois au moins l'avertir...

— Je m'occupe de tout. Cette mission est très sensible. Vous êtes au secret à partir de maintenant. Vous partez pour Cologne retrouver et entraîner votre coéquipier au centre d'entraînement de l'ESA où vous séjournerez sous une fausse identité.

— Qui seront les membres de la mission ?

— Ce n'est pas encore décidé. Pour l'Européen, c'est l'ESA qui décidera. Pour les Américains, je ne sais pas encore, mais ce seront des sommités... Il y aura au moins un prix Nobel, c'est le seul point qui est déjà acté... Ce qui compte, pour eux, c'est surtout la visibilité médiatique au retour de la mission. En réalité, vous aurez surtout besoin d'exploiter leurs facultés intellectuelles et leurs connaissances parce qu'ils devront pouvoir analyser le phénomène sans avoir à accéder à des bases de données scientifiques en ligne : on doit prévoir le pire, c'est à dire une coupure des liaisons radio avec la terre. Sinon, ils n'ont besoin que d'une bonne forme physique et d'un solide sens pratique, le reste leur sera enseigné en formation intensive astronautique.

— Alors j'aurai sous mes ordres une escouade d'universitaires chenus... Pardonnez-moi, mais c'est n'importe quoi !

— Tout d'abord, les vols spatiaux d'aujourd'hui sont bien plus faciles que naguère. Votre entraînement est celui d'un commandant de bord, vos équipiers n'ont pas besoin de tant. Pour ce qui est des savants chenus rassurez-vous, leur condition physique est, pour les Américains comme pour nous, un critère de choix majeur ! Vous n'aurez pas de vieux birbes, comme vous semblez le craindre.

— Bon... Donc à Cologne, j'aurai seulement à me familiariser avec les commandes des engins Space-X et à former mes équipiers...

— Les Américain se formeront à Houston. À Cologne, il n'y aura que votre équipier européen et vous. Quant à vous familiariser avec Space-X, vous aurez un simulateur à Cologne pour le lanceur et ce sera à Boca Chica Beach, au Texas, que vous prendrez en main la partie purement lunaire du vol... En tout cas, c'est ce que nous a assuré l'ESA.

— Bien compris... À vos ordres !

— Vous ne devez plus avoir de contact avec l'extérieur jusqu'à votre retour. Je préviens Gaëlle que vous partez en mission secrète pour trois mois et qu'elle ne doit pas chercher à vous contacter... Ce n'est pas la première fois que ça lui arrive, non ?

— Trois mois, sans qu'elle sache la moindre chose ni de la zone où je serai, ni de ce que j'y ferai, je crois bien que c'est la première fois, si.

— Il faut une première fois à tout... Votre ordre de mission, une avance sur frais ainsi que des instructions précises vous attendent au bureau des opérations. Vous échangerez aussi vos papiers d'identité contre un passeport de service.

— À vos ordres...

Charles, habitué aux missions les plus improbables, sortit du bureau du directeur pour gagner le bureau des opérations. Il partait pour la lune comme il serait parti pour n'importe où. Il voulait donner cette impression, mais en réalité, il était terriblement excité à l'idée de partir pour l'espace, et surtout pour la lune. Il serait l'un des premiers humains depuis plus d'un demi-siècle !

## *Cologne, Centre des astronautes européens, 16 janvier.*

Le directeur de l'EAC[1] était un Suisse jovial au visage replet, au front un peu dégarni et atteint d'un début d'embonpoint. Il se leva pour accueillir Charles.

— Colonel Longhieu ! Ravi de vous rencontrer enfin, après tout le bien que j'ai entendu de vous, tant par votre hiérarchie que par le directeur de l'ESA[2] ! Vous allez rester parmi nous pendant trois semaines avant de partir pour Boca Chica Beach, et tout ça dans le secret le plus absolu.

— Oui, il paraît... Le secret est important, mais je ne vous cacherai pas que je suis très excité à l'idée de partir non seulement pour l'espace, mais même pour la lune !

— Je ne vous cacherai pas, moi non plus, que le secret est aussi très important pour la cohésion du corps des astronautes européens... Vous avez perdu toute priorité en quittant le corps, et pourtant vous allez partir pour une mission que le monde entier vous enviera... Si ça se sait, il y aura de la bronca dans mes propres rangs. Donc, officiellement, vous êtes ici pour votre mise à niveau annuelle et c'est tout. Évitez aussi de trop traîner à la cantine ou dans les couloirs. Moins vous parlerez, moins vous aurez d'occasions de vous trahir !

— D'accord, Monsieur le Directeur, d'accord. Je ne connaîtrai l'identité des équipiers américains qu'à Boca Chica, mais puis-je au moins rencontrer enfin mon coéquipier européen ?

— Ah, oui, elle attend à côté.

— Elle ? c'est une coéquipière ?

— Oui, je vais vous la présenter... Sur le plan scientifique, c'est une sommité... Docteure en physique des particules... Auteure de nombreuses publications sur les relations entre l'homme et la matière... Elle...

— Attendez, je... fit Charles.

— Oh merde, un barbouze ! l'interrompit une voix féminine derrière lui.

— Pauline Dummoulin, fit Charles !

La jeune femme qui entrait d'un pas vif et souple avait un visage carré encadré par des cheveux bruns mi-longs. Un regard à la fois décidé et espiègle éclairait la moue d'étonnement qu'avait provoquée chez elle la vision de Charles.

— Dites-moi, Directeur, reprit-elle, on m'a dit que j'allais être sous les ordres d'un véritable cosmonaute... Et vous me présentez un

*1 Centre des astronautes européens*

*2 L'Agence spatiale européenne.*

militaire... Et même un barbouze... Vous savez que c'est un espion professionnel ? ... Non, non, non... Ça ne va pas du tout... Il n'y a rien à espionner sur la lune, puisqu'il n'y a plus personne depuis cinquante ans... Je veux bien y aller... Mais sous les ordres d'un barbouze obtus, pas question ! Trouvez-moi quelqu'un d'autre !

— Vous vous connaissez ? Fit le directeur interloqué.

— Oui[1], fit Charles... Pauline, je reconnais bien là ton franc-parler, mais, je te rassure, je suis un spationaute diplômé. Et puis, la constitution des équipages, ça ne relève pas de nous.

— Spationaute, mon cul ! Il faut un lunonaute pour aller où nous allons !

— Sélénonaute, non ? En tout cas, chut ! Pauline, nous n'avons pas le droit de parler de notre mission.

— Même devant lui ? Tu sais qu'ici, c'est lui le big boss ! Et lui au moins, c'est un civil.

— Je confirme ce que dit le colonel Longhieu, intervint le directeur, je n'ai pas à connaître le but de votre mission. Je sais que vous allez sur le cratère Peary et c'est tout. D'ailleurs, à part vous je suis le seul, ici, à savoir que vous allez sur la lune !

— Ouais... Enfin, je dis ça, mais, au fond, il est quand même pas trop mal, ce vieux barbouze... Un peu néandertal, si vous voyez ce que je veux dire, mais pas mal. Avec moi pour le surveiller, je vous rassure, directeur, il ne devrait pas faire trop de conneries... À propos, Charles, tu es toujours avec ma copine Gaëlle ?

— Toujours, vois-tu... Et toi, toujours au Chili avec ce jeune capitaine ? (Clin d'œil vers le directeur).

— Perdu ! Il n'est plus au Chili, mais au Vietnam... Et puis, non, nous ne sommes plus ensemble. Il est toujours pitaine et toujours espion, et en plus, il devenait con. C'était trop pour moi... Bon, arrêtez de flipper, Directeur, on va y aller, sur la lune... Même si c'est un barbouze qui pilote... Et puis, barbouze pour barbouze, j'aurais pu tomber plus mal ! Mais la prochaine fois, prévenez-moi... Juste le voir ici, ce va-t-en-guerre, ça m'aurait déjà fait un choc, mais savoir que je dois l'accompagner sur la lune, et même que c'est lui qui va piloter, imaginez le stress ! Bon, allez, Directeur, vous vous êtes tout dit, Charles et vous ? Alors on se bouge... On est là pour s'entraîner, pas pour papoter... Ne perdons pas de temps ! Allons !

Alors que Pauline était déjà dans le couloir, Charles serrait la main du directeur.

— Elle est toujours comme ça... Je la connais bien... Incontrôlable...

---

*1 Voir « Shavas » du même auteur*

— Elle n'est ici que depuis hier, mais j'ai eu l'occasion m'en rendre compte... Bon courage !
— Dans l'action, en revanche, elle n'est pas mauvaise... Pour une civile...

## *Boca Chica Beach, Space-X, 7 mars*

Boca Chica est une très belle plage du Texas, qui s'étend de l'embouchure du Rio Grande jusqu'à la célèbre plage de South Padre. Bien que moins connue que la plupart des autres plages texanes, c'est quand même une merveilleuse plage de sable fin sur les eaux turquoise du golfe du Mexique. Le littoral et l'arrière-pays constituent le parc national de Boca Chica, remarquable réserve de faune et de flore.

Mais juste derrière la dune plantée d'oyats qui fait la limite entre le domaine maritime et l'arrière-pays, se trouve le pas de tir des fusées Space-X, les lanceurs les plus performants de leur génération. Si l'on continue la route de la plage sur deux kilomètres vers l'arrière-pays, on parvient à la base technique de Space-X. C'est là que sont assemblées les fusées qui décollent et atterrissent sur le pas de tir. Ces deux enclaves, pas de tir et base technique constituent « Starbase ». Ce complexe de haute technologie peut paraître incongru dans un parc naturel, mais sans les ressources financières qu'il verse au titre de mécénat à l'état du Texas, celui-ci n'aurait pas les moyens de subvenir aux énormes besoins financiers d'un parc national comme celui de Boca Chica. Starbase et le parc national sont, en quelque sorte, une symbiose économico-écologique.

Dès leur descente d'avion, Charles et Pauline furent accueillis par le directeur de Starbase, un trentenaire alerte et souriant.
— Bienvenue chez Space-X ! Je suis Ethan Korsteen, je suis le boss. Avez-vous fait bon voyage ?
— Excellent, merci, mais vous... fit Charles
— Vous vous demandez comment on peut diriger un complexe pareil à trente ans, n'est-ce pas ?
— ...
— C'est bien une question d'européen, ça... Je sais, ça vous fait toujours ça, les gars du vieux continent ! Eh bien ici, nous sommes au Texas et c'est comme ça. Bienvenue à la base de Boca Chica. Le Département d'État m'a dit que vous étiez les passagers les plus secrets que j'aie jamais eu à accueillir et que votre vol serait le plus urgent que j'aie jamais eu à planifier ! Alors, au boulot, je vous fais rencontrer vos

instructeurs et vous allez tout de suite définir avec eux votre programme d'entraînement. Vous décollez dans moins de six jours, vous n'avez pas de temps à perdre !

— Holà, dites, boss, l'interrompit Pauline, c'est qu'on n'est pas des machines, nous... Et si on est secrets, c'est juste à cause du barbouze de colonel que voilà... Moi, je m'en fous, c'est pas moi qui pilote. Mais vous croyez qu'en six jours, vous aurez appris à ce militaire primaire comment piloter vos engins ?

— Oui, oui, rassurez-vous, répondit-il en riant, pour le spationaute qu'il est, ce sera un jeu d'enfant... Mais ne croyez pas que vous allez vous tourner les pouces... Même si vous ne serez pas pilote en titre, vous devrez aussi suivre l'entraînement. Dans un équipage il faut qu'il y ait au moins deux personnes qui sachent piloter. Or vous ne serez que deux dans la navette lunaire... concluez vous-même !

— Et les deux yankees qui doivent venir avec nous ?

— Ils voyageront sur le même lanceur, mais pas la même navette... Vous ferez quelques tours en orbite autour de la lune pendant qu'ils se poseront avec la navette et qu'ils déchargeront le Moon Rover. Puis la navette redécollera pour venir vous rechercher, vous et le reste du fret, les vivres, les batteries, l'oxygène et tout ce qui sera nécessaire à votre voyage. De toute façon, la navette ne peut transporter que deux personnes et du fret.

— Cool ! Fit Pauline, et on rentre comment ?

— La navette restera sur le sol lunaire pendant votre mission qui doit durer entre un et deux mois m'a-t-on dit... Mais on ne peut pas laisser le lanceur en orbite si longtemps, alors il reviendra ici. Contrairement aux autres lanceurs du marché, les nôtres rentrent de mission, atterrissent et repartent en mission... Donc on vous le renverra, lui ou un autre, dès que vous serez prêts à rentrer. D'ailleurs l'essentiel de votre entraînement consistera à apprendre à bien maîtriser la manœuvre de la navette : alunissage, décollage et surtout arrimage et désarrimage au lanceur.

— Mais si vos lanceurs atterrissent, pourquoi une navette lunaire ? Vous pourriez faire alunir le lanceur lui-même... Demanda Charles

— On y travaille, mais actuellement le lanceur capable d'alunir et de redécoller de la lune pour rentrer directement atterrir à Boca Chica n'est pas encore au point. Un prototype non habité sera lancé à la fin de l'année prochaine. Mais personne n'est sûr que son bilan énergétique vaille les efforts de R&D qu'il demande. Actuellement, le lanceur est placé en orbite lunaire et il est doté d'une navette chargée d'ergols suffisants pour faire six allers-et-retour avec chacun trois tonnes et demie de charge utile à l'aller et trois cents kilos au retour... A l'alunissage, elle transportera deux personnes avec le Rover puis deux autres avec tout le reste, et, pour le retour, vous laisserez tout sur la lune.

— Trois cents kilos ! Fit Pauline... Même avec le barbouze... Vous me prenez pour qui ? Je ne pèse pas soixante kilos ! Je vous trouve gonflé avec vos insinuations...

— Trois cents kilos, c'est le maximum... Et n'oubliez pas votre combinaison lunaire...

— Ah oui, la combinaison... On en avait à l'entraînement à Cologne... Elle pesait quatre-vingts kilos !

— Les nôtres sont plus légères, Cinquante-cinq kilos... Mais, avec vous dedans, ça fait quand même cent quinze kilos, vous voyez !

— On va avoir à porter ça pendant plus d'un mois... Vous vous rendez compte !

— Sur la lune, il ne pèsera que neuf kilos... Sportive comme je vous sais, ça ne devrait pas vous poser de problème !

— OK, boss, conclut Pauline... Ils sont où nos instructeurs et nos compagnons de voyage américains ? Parce qu'on cause, on cause et le temps passe... On a une fusée à prendre, nous ! Allez, remue-toi, le barbouze, on y va !

Charles fit à Ethan Korsteen une mimique mi-amusée mi-désabusée et tous trois sortirent vers le bâtiment d'entraînement.

## *Nord du cratère Peary, douze jours plus tard*

Dave Sanders et Liam Blunt avaient aluni depuis douze heures. Ils étaient tous deux de jeunes trentenaires athlétiques. Dave était enseignant chercheur à l'université de Princeton, dans le New Jersey. Il avait obtenu le prix Nobel de physique pour ses travaux sur les dipôles astraux et la probable future inversion des pôles magnétiques terrestres. Il avait analysé les courants électriques qui circulent sous le manteau terrestre et constaté que l'affaiblissement du champ magnétique terrestre et l'accélération de la dérive du pôle Nord magnétique était le prélude à une annulation, puis une inversion des pôles magnétiques de la terre. Il avait modélisé tout cela et Liam Blunt, professeur à l'université de Stanford, a appliqué le modèle de Sanders à la lune, dont l'activité tellurique est moindre que celle de la terre. Il a théorisé l'existence de probables zones de forts gradients de champ magnétique susceptibles de provoquer de violentes « éruptions » d'ondes électromagnétiques. Tous deux avaient subi une formation accélérée d'astronautes et un entraînement spécial pour cette mission.

Ils avaient aluni sur une sorte de plateau à une vingtaine de kilomètres du pôle Nord, sur la chaîne de montagnes qui domine de quelque trois mille mètres le fond du cratère Peary. Le ciel était d'un noir absolu, profond. Une vision du néant, piqueté d'étoiles glacées et immobiles, sans cette espèce de vie que le scintillement leur donne sur terre. Le sol à leurs pieds et les montagnes, proches et lointaines, étaient noirs et blancs sans rien de ces chatoiements de couleurs qui rendent si beaux les paysages terrestres, même les plus arides. Le soleil, très bas sur les montagnes qui formaient l'horizon à 75 kilomètres au sud, portait au sol des ombres si noires et si longues qu'elles paraissaient fantasmagoriques. À leurs pieds, le fond du cratère était invisible, plongé dans l'obscurité... Et même une obscurité éternelle : si proche du pôle, le sol du cratère n'est en effet jamais éclairé par le soleil et, la lune n'ayant aucune atmosphère pour diffracter la lumière solaire [1], la plaine apparaissait comme une sorte de vaste lac uniformément noir.

La navette qui avait amené les deux Américains depuis le lanceur Space-X « Starship » resté en orbite lunaire, était repartie en pilotage automatique pour amener, à leur tour, Charles et Pauline. Elle venait de se poser à cent mètres.

Charles regardait maintenant le paysage avec une émotion qui le clouait sur place... Il était là, sur le premier barreau de l'échelle et ne parvenait pas à se décider à descendre les sept échelons jusqu'au sol lunaire... Il se rappela tout à coup ses ambitions quand, jeune lieutenant, il était parti rejoindre le corps des astronautes européens avec, dans la tête, des rêves tout remplis d'étoiles... À cette époque, il n'osait même pas s'imaginer sur la lune... Et aujourd'hui, alors que son rêve était mort étouffé par les pesanteurs administratives, voilà qu'il y était, sur la lune... Il ne réalisait pas encore complètement ce qui lui arrivait ! Tout à coup, la voix de Pauline résonna dans le casque de son scaphandre lunaire. « Alors, colonel, on rêve ! Allez, on se bouge, on a du taf ! ». Il hocha vivement la tête pour se ressaisir et descendit l'échelle en murmurant pour lui-même « J'y crois pas ! Je vais me réveiller ! »

Mais, Pauline avait raison, l'heure n'était ni à la contemplation de ce paysage incroyable, ni aux spéculations onirologiques. Les deux savants américains avaient passé leur temps, depuis leur alunissage, à assembler le rover. C'était une sorte de gros fourgon avec six énormes roues latérales dotées de pneus un peu étranges faits de lames de

*1 NdA : comme le fait le ciel bleu sur la terre*

ressorts métalliques. La cabine de pilotage était ouverte, au contraire de la cellule-vie pressurisée à l'arrière avec deux couchettes, une douche et une kitchenette.

Le principe était de fonctionner par équipages alternés. Chacun des deux équipages piloterait le rover tour à tour pendant que l'autre se reposerait. Ainsi il y aurait en permanence deux astronautes en scaphandre lunaire. Il faut savoir, en effet, qu'on n'entre pas dans une combinaison lunaire comme dans un jogging : revêtir un scaphandre de sortie peut prendre jusqu'à une heure au début de l'entraînement... Et en sortir à peu près autant... Les astronautes les plus entraînés, ce qui n'était pas encore le cas des membres de cette mission, le font en quinze minutes dans le meilleur des cas.

Maintenant, les deux Américains finissaient de configurer les appareils de mesure qui allaient enregistrer et transmettre, tout au long de leur mission, les données essentielles à leurs investigations : champ radioélectrique, flux de particules solaires, gravité, champ magnétique et autres... Dix minutes plus tôt, un buzzer avait retenti à leurs oreilles les avertissant du retour de la navette repartie chercher les deux Français... Ils l'avaient vue apparaître, toute brillante de ses rétrofusées et se poser très exactement au point prévu, dans une poussière de régolithe qui était retombée très vite, en l'absence d'air pour la maintenir en suspension. Ils avaient remarqué, sans surprise parce qu'ils l'avaient eu eux-mêmes, le temps d'arrêt de Charles en haut de l'échelle...

— Salut, les Frenchies, votre carrosse est prêt ! Nous vous attendions...
— Ouaouh ! C'est ça la lune ? Fit Pauline en sortant à son tour de la navette... Pas un arbre, pas un brin d'herbe... Tout en noir et blanc... Lugubre !
Elle était fascinée par le ciel plus noir que noir, les étoiles d'une fixité glaciale, le paysage sans couleurs... Sinistre... Mais elle se ressaisit très vite et, son naturel provocateur reprenant le dessus, elle ajouta :
— Dites, les Ricains, j'espère que vous vous êtes bien amusés tout seuls ici, parce que, maintenant, fini de rire, le colonel prend les choses en main... Et ça rigole pas !
— Dis-moi, Pauline, fit Charles, tu ne trouves pas que tu en fais beaucoup ? Vous êtes trois scientifiques et vous avez à collaborer. On doit décharger les impedimenta dans le rover et on a cinq cents kilomètres à faire dans ce paysage en noir et blanc, comme tu dis...
— Bien colonel, fit Pauline en feignant un garde-à-vous improbable, engoncée dans sa combinaison.

— Avez-vous remarqué, reprit Charles à l'attention des deux Américains, des anomalies dans les paramètres que vous mesurez avec les enregistreurs, dans le rover ?

— On vient de mettre en marche le matériel de mesure, mais, pour le moment, rien : les champs et les rayonnements sont conformes aux prévisions... En plus des émissions de la terre, juste les *deep space radiations*.

— Ce qu'il faut surveiller, ce sont des anomalies ponctuelles violentes, n'est-ce pas ?

— Oui, ce que nous avons appelé des éruptions électromagnétiques... Mais non, nous n'avons rien mesuré de tel. En fait l'épicentre du phénomène que nous cherchons se situe à cinq cents kilomètres... Et, à moins que l'origine n'en soit sur le sommet d'une montagne, nous ne devrions rien voir avant d'avoir atteint le cratère Plaskett...

— Dans dix jours au mieux... répondit Charles... Et si l'itinéraire qu'ils nous ont dessiné ne présente pas, *in situ*, d'obstacle imprévu... Et si le système de navigation marche... Et si...

— Stop dit Pauline ! On y va et on verra. Pas la peine de se faire du mauvais sang avant...

— Il n'empêche que le délai maximum pour Plaskett est de vingt jours. Si nous ne l'avons pas atteint en vingt jours, nous devrons rebrousser chemin, nous n'aurions pas assez de vivres et d'oxygène pour gagner Milankovič et retour. La mission aura échoué.

Deux équipages se constituèrent spontanément, pour piloter le rover à tour de rôle ; l'un composé de Pauline et de Dave Sanders et l'autre de Liam Blunt et Charles. Liam et lui avaient déjà remarqué, à Boca Chica, que Dave n'était pas insensible au charme exubérant de Pauline et que cette attirance semblait partagée... La NASA et l'ESA avaient défini un itinéraire sur la base des relevés 3D les plus précis du sol lunaire. Elles avaient également précisé les huit passages de cols de montagnes où ils devraient déposer les huit balises-relais qui leur permettraient d'avoir une liaison radioélectrique avec une borne radio laissée à Peary qui, elle, communiquait avec la terre. En effet, depuis la face cachée de la lune, aucune liaison radio directe n'est possible avec la terre. Ils avaient aussi mis au point un dispositif de sélénolocalisation basé sur les étoiles, parce que sur la lune, on les voit jour et nuit. Une IA analyse le ciel en permanence, un gyroscope-laser conserve le référentiel spatial et une horloge au rubidium le référentiel temporel. Avec cela, ils connaîtraient leur position en permanence, à quelques mètres près... Charles connaissait par cœur leur destination : quelque part du côté des cratères Ricco, Karpinsky et Milankovič...

## *Sud du cratère Plaskett, 2 avril*

Le voyage durait depuis deux semaines. Le sol lunaire chaotique les obligeait à de fréquents retours en arrière. Ils progressaient lentement, mais ils progressaient. Le soleil éclairait les paysages mornes et glacés d'une lumière crue dans laquelle les parties éclairées étaient d'un blanc vif et les ombres, d'un noir impénétrable. La verrière des casques filtrait la lumière et c'était bien venu parce que, sans cela, certaines roches au soleil auraient été carrément éblouissantes.

L'itinéraire qui leur avait été dessiné se révélait plutôt bien étudié. Charles se promettait d'en faire le compliment aux sélénographes dès son retour. Si l'on excepte une zone de chaos rocheux qui les a retardés de près de dix heures, le rover avançait cahin-caha, mais sans difficulté insurmontable. Il faut dire que ses énormes roues si particulières et ses tolérances à la pente et au dévers lui permettaient de passer à peu près partout. À l'intérieur, il valait mieux être sanglé sur sa couchette sous peine de rouler par terre... On dit que la lune est silencieuse parce qu'il n'y a pas d'atmosphère pour transmettre les sons. Ce n'est pas vrai de l'intérieur du rover. Les pneus formés de lamelles métalliques faisaient un bruit grinçant qui se transmettait à l'intérieur de la cabine et obligeait les astronautes à utiliser des bouchons d'oreille pour dormir.

Pourtant, quand c'était à Pauline et Dave de se reposer, ils n'avaient pas toujours le cœur à se sangler sagement sur leurs couchettes respectives. Ils se blottissaient dans l'une des deux et alors ni le bruit ni les cahots n'étaient de nature à perturber leurs ébats amoureux. Les fortes pentes et les dévers que franchissait le rover leur faisaient découvrir des positions que même les auteurs du Kama-Soutra n'auraient jamais osé imaginer, des positions si incongrues que leurs gémissements de plaisir en étaient parfois interrompus par des fous rires inextinguibles... Plus d'une fois, lors d'un changement d'équipage, à voir leurs yeux chassieux et énamourés, leur mine fatiguée, et les sourires échangés, Charles et Liam avaient confirmation qu'ils n'avaient pas dû beaucoup dormir pendant leur quart de repos.

Ils avaient franchi la chaîne de montagnes de Plaskett-nord par une sorte de brèche dont la hauteur au-dessus de la plaine est d'à peine mille mètres, alors que, partout ailleurs, la ligne de crête culmine entre mille cinq cents et deux mille mètres. La traversée du cratère du nord au sud a pu être faite à vive allure : son sol est mollement ondulé de petites dunes juste parsemées de rochers que les grosses roues du rover franchissaient sans qu'il soit nécessaire de vraiment ralentir… Mais, parler de vive allure est assez relatif, à bord d'un engin dont la vitesse maximale est de dix kilomètres-heure.

Ils arrivèrent bientôt au pied des montagnes de Plaskett-sud, Charles et Liam se préparèrent à prendre les commandes du rover. Charles au pilotage et Liam à la navigation. L'itinéraire remontait ce qui ressemblait à une ancienne coulée de lave jusqu'à un plateau qui s'étendait jusqu'aux cratères Milankovič et Ricco. En leur passant les commandes, Dave Sanders leur dit :

— Il faut bien surveiller les instruments parce que nous approchons de l'épicentre… Je vous suggère de regarder le ciel devant nous. Il n'est pas impossible qu'un rayonnement de l'ampleur que nous attendons soit accompagné de phénomènes lumineux en plus d'électro-magnétiques.

— D'accord, répondit Charles. Nous aurons un œil sur le ciel et un autre sur les appareils de mesure… Vous, dedans, ajouta-t-il malicieusement, le hublot est trop petit mais vous avez les écrans des appareils de mesure, gardez donc aussi un œil dessus si vous ne dormez pas… Ça vous occupera…

— Nous dormirons…

— C'est ça, c'est ça…

Une fois Pauline et Dave installés à l'intérieur, ils repartirent avec Charles aux commandes. Ils gravissaient les dernières pentes rocheuses avant le plateau quand Liam remarqua une lumière dans le ciel…

— Là, devant, à une heure, regarde, dit-il…

Ils voyaient tous les deux une lumière plus intense qu'une étoile qui semblait s'élever tout droit au-dessus de l'horizon. Au bout d'environ une minute, elle passa au-dessus d'eux légèrement sur leur gauche…

— Que disent les mesures de champ électromagnétique ? Demanda Charles par l'interphone à Pauline et Dave à l'intérieur.

Il entendit un léger brouhaha et Pauline lui répondre, d'une voix un peu absente :

— Euh… Le champ électromagnétique…

— Oui, oui… Que dit l'analyseur ?

— Un très faible champ gaussien centré sur 3000 Mégahertz. Cela émane de cet astre parce qu'il a crû jusqu'à ce qu'il soit au-dessus de nous et, maintenant, il est en train de disparaître… Si j'en crois la carte, il venait du cratère Ricco et se dirigeait vers la zone d'où nous venons.

— Ce pourrait être l'origine du phénomène électromagnétique que nous recherchons ?

— Non, non, sûrement pas... Ce champ électromagnétique ne ressemble en rien à ce que nous cherchons. Nous cherchons un champ énorme pendant une durée de cinq microsecondes. Le champ que j'ai mesuré n'était pas exceptionnellement fort et il s'est maintenu pendant toute la durée du passage de la chose, environ deux minutes.

— C'est suspect : un phénomène qui vient d'où nous allons et se dirige vers d'où nous arrivons... À ton avis, Pauline, que peut-il être ce phénomène ? Une comète ? Une étoile filante ?

— Une étoile filante, sûrement pas. Il n'y a pas d'atmosphère, alors les astéroïdes qui arrivent sur la lune ne brûlent pas. Quant à une comète, c'est un phénomène lointain. Il est visible bien plus longtemps que les quelques minutes que cette chose a mises à nous survoler. De toute façon, je n'ai pas connaissance d'une comète visible à l'œil nu ces jours-ci. De plus, la vitesse de ce que nous avons vu évoque un passage à basse altitude : nous avons vu cette lumière arriver de plus en plus vite jusqu'au-dessus de nous, puis s'éloigner de moins en moins vite derrière nous... J'attends que notre logiciel d'observation du ciel nous donne la trajectoire, mais, selon moi, son altitude n'excédait pas quelques milliers de mètres... Ce n'est sans doute pas un astre.

— Une sonde spatiale d'origine humaine ?

— Non, pas une sonde... Une sonde n'émet pas de lumière... Non...

— Une navette lunaire comme la nôtre alors ? Et nous aurions vu le feu des tuyères ?

— C'est une hypothèse que nous ne devons pas négliger...

Ils entendirent alors la voix de Pauline. De l'intérieur de la cabine, elle avait suivi toute la conversation :

— Ha ha, militaire, tu jubiles, n'est-ce pas ? Cette hypothèse si invraisemblable que même les barbouzes yankees n'ont pas jugé utile de la prendre en considération... Pourtant la CIA est paranoïaque par nature. L'hypothèse qui a justifié la présence d'un barbouze inutile comme chef de mission semble se vérifier... Il y a des gens qui envoient des choses sur la lune dans ce secteur...

— En tout cas, dit Charles, il est maintenant tout à fait vraisemblable que nous cherchons quelque chose d'origine humaine. Il y a, quelque part devant nous, à cent ou cent cinquante kilomètres, une sorte de bombe électro-magnétique qui détruit l'électronique de nos satellites. Soit cette bombe est d'origine humaine, soit il y a déjà d'autres hommes qui s'y intéressent. Dans tous les cas, prudence. À partir de maintenant, chaque fois que nous devrons franchir un col avec le rover, c'est à pied que nous irons déposer la balise-relais. Comme ça, nous pourrons observer ce qu'il y a derrière sans que le rover risque d'être vu d'en bas.

— Mais ça va nous ralentir...

— Oui, mais c'est un ordre. Devant nous, l'environnement est passé de présumé neutre à possiblement hostile. C'est à moi de prendre les décisions de sécurité.

— Oh, pardon ! À vos ordres, colonel ! dit Pauline boudeuse. Alors on sort les armes de leur coffre ?

— Non, non, ce n'est pas utile... Ou, en tout cas, pas encore !

Il faut dire que le fait de leur avoir fait embarquer quatre armes de poing avait soulevé une vive contestation de l'équipage, Charles compris... Mais la CIA et la DGSE étaient tombées d'accord, a minima, sur cette mesure de prudence qui, pourtant, les mettait carrément en contravention avec le Traité de l'Espace.

Pour des raisons de discrétion, le système de communication avec la terre avait un flux numérique infime et suffisait tout juste à envoyer les paramètres de la mission en temps réel. Toutefois, on pouvait l'interrompre en cas d'urgence pour de courts messages de texte.

*De : Mission lunaire*
*À : DGSE*
*À : CIA*
*Nous avons été survolés par un objet lumineux inconnu. Trajectoire sud-nord. Altitude estimée 10000 à 12000 pieds en montée.*
*Signé : Ch. Longhieu./.*

Tandis que le rover repartait, Liam surveillait l'écran, mais il n'y eut pas de réponse.

— Nous arrivons en haut de la montée. Nous sortons du cratère Plaskett. Je vais jusqu'au au col à pied. Passe-moi la balise, Liam, veux-tu ?

— Laisse-moi y aller, pour une fois ! C'est moi le navigateur...

— D'accord, si ça te permet de te dégourdir les jambes...

Liam descendit du rover avec la balise à la main. Il marcha trois cents mètres environ. Il s'arrêta en haut du dernier raidillon, posa la balise sur un rocher, déplia son panneau solaire et observa longuement le paysage aux jumelles avant de revenir au véhicule de cette démarche à la fois pataude à cause de la combinaison et aérienne à cause de la faiblesse de la pesanteur.

— Derrière le col, il y a une descente en pente douce suivie d'une plaine chaotique... On va être secoués ! Mais rien à signaler jusqu'aux montagnes de Milankovič. Quant au cratère Ricco, notre prochaine montagne, on le voit déjà à l'horizon, à droite de Milankovič. Aucune trace d'activité humaine.

Leur itinéraire évitait le cratère Milankovič à gauche et leur faisait traverser le cratère Ricco qui constituait la partie nord de la zone où on pouvait situer l'épicentre de la bombe électromagnétique...

## *Cratère Ricco, 16 avril*

Ils étaient au milieu du cratère Ricco, Charles aux commandes et Liam à la navigation, quand Pauline, à l'intérieur de la cabine et Liam, à côté de Charles, s'écrièrent en même temps

— IEM ! Là !

L'enregistreur venait de mesurer une impulsion d'ondes électromagnétiques d'une énergie énorme et d'une durée de 4,4 microsecondes. Son intensité était telle que les appareils de mesures, saturés, n'ont pu enregistrer que la durée de l'impulsion, pas son énergie... Ils notèrent la date et l'heure GMT. Apparemment leur électronique avait résisté à l'exception d'un interphone entre la cabine et le poste de pilotage. Un test de continuité leur montra que les balises n'avaient pas été affectées et que la liaison radio avec la terre restait opérationnelle. La terre avait donc vu l'impulsion.

Ils poursuivaient leur route qui traversait diamétralement la plaine du cratère. Quand ils abordèrent les premiers contreforts des montagnes de Ricco-sud, ils virent que ces dernières étaient bien plus abruptes qu'il n'y paraissait sur leurs cartes. L'itinéraire que leur avaient prévu les services était impraticable à cause de failles qui n'y figuraient pas et qui coupaient leur route. Ils durent rebrousser chemin à deux reprises avant de trouver une voie qui leur permette de gagner un autre col, plus à l'est, par lequel ils pourraient sortir du cratère. À cent mètres du col, ils arrêtèrent le rover. Il fallait faire la reconnaissance à pied et déposer la balise en même temps qu'on changerait d'équipage. C'est ainsi qu'ils se trouvèrent tous les quatre en scaphandre lunaire hors du rover. Charles et Liam décidèrent d'aller ensemble déposer la balise-relais et reconnaître le col à pied.

Si l'on excepte les nombreuses collines, le fond du cratère Ricco se situe à une altitude d'environ quatre cents mètres sous le niveau zéro. De ce fait, le versant sud de la chaîne de montagnes était moins haut que le versant nord qu'ils venaient de gravir. S'il était aussi un peu moins abrupt, il était apparemment plus chaotique. La descente promettait d'être difficile ! En face d'eux, l'horizon était barré par l'imposante chaîne de montagne du cratère Karpinsky. Tout à fait à gauche, le cratère Milankovič et entre les deux, en contrebas, une plaine dont le sol était plus sombre que les rochers des montagnes... Charles scrutait le paysage aux jumelles.

— C'est dans cette plaine que se situe l'épicentre du phénomène... Curieux, cette teinte sombre...

— C'est du très vieux régolithe, dit Liam...

— Ah ?

— Oui, cette poussière prend des teintes plus sombres au fur et à mesure des millénaires. Il y a là un régolithe sans doute très ancien, donc très épais, où aucun météore important n'est tombé depuis des dizaines de millions d'années.

— Croyez-vous que nous risquions de nous y enliser ?

— Nos roues sont très larges et la densité du régolithe est telle que le rover flottera dessus... Ce ne sera pas pire que la traversée de Plaskett... Mais, comme à Plaskett, il faudra faire attention de ne pas déraper, parce que ça pourrait creuser le sol et nous immobiliser.

— Dites-moi, là, regardez, au pied de la montagne... À dix kilomètres environ, c'est quoi ?

Liam porta à son tour ses jumelles dans la direction indiquée par Charles et resta un long moment silencieux.

— C'est artificiel, dit-il sans cesser d'observer. Ce sont des constructions et comme je ne crois pas à l'existence des Sélénites...

— Une base lunaire, dit Charles...

— Oui, et une base qui se veut discrète... Leurs constructions sont exactement aux couleurs du régolithe. Il y a donc bien des hommes qui préparent discrètement l'arrivée d'une colonie humaine sur la lune !

— Qui ne préparent rien du tout ! Ils sont déjà là... Regarde à gauche du grand dôme... À mi-chemin entre lui et ce cube à moitié caché derrière le chaos rocheux.

Ils voyaient tous les deux un homme – ou une femme – en combinaison, comme les leurs, chevauchant un curieux scooter semi-chenillé attelé à une sorte de lame destinée d'évidence à effacer ses traces dans le régolithe derrière lui. De retour au rover. Charles fit un message

*« De : Mission lunaire*
*À : DGSE CIA*
*Nous sommes à 10 km d'une base habitée coord. approx. 72° N 179° W. Bâtiments : deux dômes, un cube et une construction composite formée d'hémisphères accolées. Ami ou ennemi ? »*

En voyant ça, Pauline, surexcitée, dit :

— Il y a une colonie habitée sur la lune ! Une colonie clandestine... Bravo les barbouzes français... Même la CIA n'y croyait pas ! J'en suis sur le cul ! Charles, tu es un héros ! Eh, les gars... On n'est pas seuls... Venez. On va les voir, ces Lunatiques !

— Cool, Pauline... Cool..., la calma Dave... Cette base est secrète, sinon nous la connaîtrions...

— Et elle ne serait pas peinte en couleurs de camouflage renchérit Charles... S'ils se sont donné le mal de la cacher au monde entier, au point même de détruire les satellites qui passent trop près, ils risquent de ne pas être ravis de nous voir débouler...

— Attention, reprit Dave, avec nos combinaisons spatiales, nous communiquons par des ondes électromagnétiques, très faibles, mais des instruments de détection assez sensibles pourraient nous faire repérer quand nous serons à leur portée. Nous devrons couper nos micros dès que nous approcherons.

— Je dois demander des instructions à la terre.

## *Sur terre, Paris, DGSE.*

Le message arriva sur le bureau du Général de Saint-Elme.

*De : Mission lunaire*
*À : DGSE*
*À : CIA*
*Nous sommes à 10 km d'une base habitée coord. approx. 72° N 179° W. Bâtiments : deux dômes, un cube et une construction composite formée d'hémisphères accolées. Ami ou ennemi ?*
*Signé : Ch. Longhieu./.*

Les services l'avaient accompagné d'un extrait de planisphère lunaire où était localisée la base en question. C'était dans une plaine, ou plutôt un plateau situé entre les cratères Ricco, Milankovič et Karpinsky... À moins de dix kilomètres de l'épicentre théorique des ondes tueuses de satellites... Il eut comme un éclair... Il relut le message et appela aussitôt son assistante...

— Dites-moi, Marie-Jeanne, nous avons fait l'expertise d'un document que nous avait apporté Gaëlle Le Couëdic le mois dernier... Pouvez-vous me le retrouver ainsi que le rapport du labo ?

— Tout de suite, Général !

Dix minutes après, il découvrait que la concession minière de Rimitchka était située par 71,45 N - 179,17 W... À quelques kilomètres près, c'est ça... Ricco, Milankovič, Karpinsky... Rimitchka !

— Marie-Jeanne, appelez-moi Gaëlle Le Couëdic au téléphone, dit-il alors à son assistante...

Sans attendre, il fit une réponse au message :

*De : DGSE*
*À : Mission lunaire*
*Cc : CIA*
*Considérez cette base comme hostile. C'est probablement une mine d'hélium-3 du nom de Rimitchka appartenant à un certain Kurt Kasslow. Informer sur l'effectif de la base et son activité. Éviter le contact.*
*Signé : Saint-Elme./.*

Il avait à peine fini qu'il entendit à l'interphone :
— J'ai enfin pu joindre Madame Le Couëdic, général, dit Marie-Jeanne, son assistante. C'est sur une ligne Iridium... Elle doit encore être dans une contrée perdue non couverte par le GSM... Je vous la passe.

— Oui Marie-Jeanne, je m'en doutais... Pouvez-vous chiffrer et envoyer le message que je viens de vous déposer ? C'est pour la mission Longhieu.
Puis, après avoir pris la ligne :
— Bonjour, Gaëlle, Saint-Elme à l'appareil...
— Bonjour, général... Vous ne devinerez jamais où je suis...
— Vous n'êtes pas sur l'ile Wrangel ?
— Mais comment savez-vous ? ... Ah oui... Armand Blot, n'est-ce pas ?
— Et je parie que vous n'avez trouvé qu'un désert...
— Perdu ! J'ai trouvé une mine appelée Rimitchka...
..........................................................................................................

## *En vue de Rimitchka*

Les quatre astronautes avaient parcouru à pied les quelque neuf kilomètres de descente des montagnes de Ricco-sud. La pente était abrupte, mais la faiblesse de la pesanteur rendait leur progression étonnamment facile eu égard au caractère chaotique du terrain. Ils étaient maintenant à moins d'un kilomètre du bâtiment cubique, cachés à la vue des occupants de la base par le dernier contrefort rocheux de la montagne. Ils ne pouvaient pas s'approcher davantage sans être à découvert... Ils se parlaient le moins possible pour éviter d'être détectés... Il n'y avait plus de signe de vie sur le terrain. Aux jumelles, Charles put voir que le scooter qu'il avait aperçu tout à l'heure était maintenant rangé à côté de la porte du bâtiment en forme de bulles. Au-dessus de cette porte était écrit en gros caractères blancs « RIMITCHKA ».

Saint-Elme avait raison, mais comment pouvait-il savoir ? Décidément, se disait Charles, il m'étonnera toujours... Nous faisons un voyage de quatre cent mille kilomètres vers l'inconnu, nous tombons sur un truc invraisemblable de chez invraisemblable... Et Saint-Elme sait déjà ce que c'est, comment ça s'appelle, à quoi ça sert et à qui ça appartient ! Surréaliste !

Pauline rompit le silence et dit

— Ami ou ennemi, je ne sais pas. Mais il faut bien que quelqu'un se décide. Alors j'y vais...

— Je t'ordonne de rester ici, dit Charles... Nous devons considérer cette base comme hostile.

— Toi, le barbouze, je t'emmerde...

Sans attendre la réponse, elle marchait déjà à grandes enjambées sur le régolithe en direction de Rimitchka. Les trois autres astronautes restaient cachés et l'observaient aux jumelles. Au bout d'une vingtaine de minutes, Pauline était au niveau du premier des deux dômes quand elle vit trois spationautes sortir du bâtiment-bulles en face d'elle et s'approcher de ce pas à la fois engoncé par la combinaison lunaire et léger à cause de la pesanteur, qui caractérise les marcheurs à la surface de la lune... Elle fut surprise de constater qu'ils portaient des scaphandres identiques au sien... Mais, après tout, se dit-elle, Space-X est sans doute le seul transporteur qui assure des liaisons terre-lune... Ils ont donc logiquement les mêmes équipementiers... Et le même système de communication, parce qu'elle entendit une voix féminine :

— Qui que vous soyez, vous êtes sur une concession privée. Nous ne pouvons pas vous laisser repartir sans savoir qui vous êtes et ce que vous nous voulez. Suivez-nous, s'il vous plaît... Sans mouvement brusquc.

— Bonjour, la miss, répondit Pauline, on ne va pas se chamailler sur la lune, quand même ! Moi aussi, je suis heureuse de rencontrer des humains au milieu de ce paysage pourri... Mais d'accord, on sera mieux pour discuter à l'intérieur...

Ils l'entourèrent et la conduisirent à l'intérieur. Il y avait un vaste sas à dix positions pour suspendre dix scaphandres lunaires... Tandis qu'elle s'extirpait du sien, elle remarqua, sur l'un des autres, un casque qui portait une inscription au feutre « I'm the boss » ... Il y a au moins une personne ici qui a le sens de l'humour, se dit-elle. Elle essaya plusieurs fois d'entamer la conversation, en pure perte. Ses trois accompagnateurs la conduisirent dans un salon meublé de fauteuils club et d'un bar où un personnage énigmatique l'attendait.

— Bonjour, Madame. Je me présente : Xavier du Moulin-de-Mars... Je dirige cette colonie. À qui ai-je l'honneur ?

— Oh, c'est donc là... Toutes les polices du monde vous recherchent... Eh bien, la flicaille terrestre peut chercher longtemps... Écoutez, ne tournons pas autour du pot... Vous êtes tous sur le cul et vous crevez d'envie de savoir qui je suis et ce que je fais là... Hein ?

— ...

— Eh bien, moi aussi. Alors je me présente. Nous sommes homonymes : je suis Pauline Dummoulin, universitaire, et je suis membre d'une expédition scientifique.

— Combien ?

— Quoi ?

— Combien êtes-vous dans cette expédition...

— Eh bien, mais vous le savez, on utilise apparemment la même compagnie low-cost. Vous savez bien que leurs navettes sont biplaces...

— Aucune navette n'a atterri ici récemment.

— Alors, il y a quinze jours, c'était quoi ?

— Mais comment ? ... Fit Xavier, puis, se reprenant : vous n'étiez pas dedans. Il y avait le pilote et du fret. C'est tout... Le pilote était même seul parce qu'il y avait beaucoup de fret... Nous avons un nouvel habitant depuis un mois et il fallait des compléments de dotation.

— Un nouvel habitant ? Votre colonie recrute ?

— Non, un... Un invité... Un invité de marque. Ça ne vous regarde pas.

— Ecoutez, chef... commandant... boss... je ne sais pas comment on vous appelle ici... Mais pour moi, vous êtes un criminel en cavale... Alors un invité de marque ? Jack l'Éventreur ? Nordahl Lelandais ? Salah Abdeslam ?

— Je n'aime pas votre humour, Madame...

— Et moi, je n'aime pas votre sens de l'hospitalité...

— Bon, alors reprenons sur de meilleures bases. Bienvenue à Rimitchka, Madame ... ?

— Dummoulin... Pauline Dummoulin... Universitaire...

—Enchanté, Moulin-de-Mars, Xavier du Moulin-de-Mars

— Repris de justice...

— Nous avions dit sur de meilleures bases...

— D'accord, je retire... Continuez.

— Ingénieur, directeur du site de Rimitchka, mine d'hélium-3 destiné aux futures centrales d'énergie à fusion nucléaire. Voici mes trois collègues ingénieurs, exploitant la mine : Christine Cohn, Armelle

Blanchet et Jacques tout court… Jacques est ici incognito et nous respectons son incognito.

— Et qui est cet hôte de marque dont vous parliez ?

— Un universitaire, comme vous, que l'on nous a envoyé pour poursuivre des travaux de recherche sur les particules… Justement, le voilà qui arrive, il se présentera lui-même… Entrez, professeur !

Pauline sauta sur place et se cogna au plafond parce qu'elle avait oublié la pesanteur lunaire… Elle se précipita vers Théodore Sagnol et l'enlaça :

— Professeur Tournesol ! Vous, ici, au milieu de ce repaire de brigands ?

— Pauline ! Vous êtes venue pour me ramener sur terre ? Et à voix basse dans son oreille. Je suis prisonnier, mais il faut faire bonne figure… Sauvez-moi !

— Et que faites-vous ici ? Dit Pauline tandis que Christine les séparait

— Vous vous connaissez ? Fit, ahuri, Xavier du Moulin-de-Mars

— Vous, le repris de justice, laissez répondre le professeur, fit Pauline.

— Figurez-vous que vous m'aviez convaincu, Pauline, répondit le professeur. Après votre visite, j'avais finalement décidé de publier ma généralisation de l'atome de Hund-Mulliken avec le nombre quantique de Syracuse, vous vous rappelez ?

— Oui, oui, bien sûr, prof !

— Je devais faire une annonce au congrès de la WPFRS, mais…

— Votre absence au congrès de Budapest a fait grand bruit…

— J'imagine… Alors je poursuis mes études ici… Oh, ils ne sont pas chiches. Ils m'ont commandé, entre autres, deux microscopes électroniques, un four de diffusion à plasma… Vous voyez, du lourd ! Et en plus, la faible pesanteur devrait permettre une diffusion plus précise et des pièges quantiques plus fins que je n'en aurais jamais pu réaliser sur terre. Et vous ? Que faites-vous ici ? Ils vous ont kidnappée, vous aussi ?

— Non, non, je suis venue avec une mission scientifique… Il semblerait que l'on ait constaté des nabla-E et nabla-H de Maxwell[1] très élevés dans les alentours, dit-elle pour citer, en termes incompréhensibles pour un non-scientifique, les impulsions électromagnétiques tueuses de satellites…

— Stop… Je vous demande de parler un langage que nous pouvons comprendre…

*1 C'est une référence aux équations de Maxwell pour signifier de très forts champs électromagnétiques à haute fréquence.*

— Mais c'est très simple, vous pouvez comprendre dit le professeur... Tenez, donnez-moi un papier... Et, sortant un feutre de sa poche, il commença à griffonner à toute vitesse :

$\nabla.B=0$ $\nabla.D=\rho$ $\nabla xE=-\partial B/\partial t$ $\nabla xH=-\partial D/\partial t+J$ $B=\mu_0 H$ ; $D=\varepsilon_0 E$ ; avec $\mu_0=4\pi.10^{-7}$ et $\mu_0\varepsilon_0 c^2=1$

Et il fut interrompu par Xavier :

— J'ai dit compréhensible par tout le monde...

— Bon, bon répondit le professeur... je croyais que vous étiez ingénieur...

— Ça suffit... Vous cherchez à gagner du temps, je le vois... Maintenant, dit-il à Pauline, je veux que vous envoyiez un message à votre coéquipier... Il doit nous rejoindre. Et je ne pourrai malheureusement pas vous laisser repartir tant que le propriétaire de cette mine ne m'y aura pas autorisé.

— Pour lui parler, il faudrait que j'aie ma combinaison lunaire. C'est mon casque qui comporte l'équipement de transmission...

Ils retournèrent dans le sas. Là, elle régla sur la puissance maximale la radio de sa combinaison lunaire qui, faute de position attitrée, était entassé par terre, et elle dit :

— Pauline pour Dave...

Malgré la cage de Faraday que constituait le sas, elle eut une réponse :

— Dave écoute.

— Ils savent que tu es là. Rejoins-moi. Ce ne sont pas des rigolos et figure-toi qu'ils...

Xavier avait coupé le micro...

— Stop... On ne raconte pas sa vie... On l'attend.

Par le hublot, ils virent au loin un spationaute descendre de la montagne et s'approcher dans la lumière rase du soleil bas sur l'horizon, en bondissant gauchement sur le régolithe... Ils rentrèrent dans la base à l'exception d'Armelle Blanchet qui revêtit sa combinaison de sortie.

Trois quarts d'heure plus tard, Dave les avait rejoints à l'intérieur.

— Professeur Sagnol ! Vous ici ? Vous êtes partie prenante dans cette...

— Je vous présente Dave Sanders, professeur à Princeton et prix Nobel de physique, l'interrompit Pauline. C'est lui qui pilotait notre navette.

— Où avez-vous donc aluni ? Nous n'avons rien vu...

— Peu importe, fit Dave, nous sommes ici dans un but scientifique et votre base lunaire nous pose un problème.

— C'est vrai ça, dit Pauline... On vient de loin pour étudier tranquillement les champs telluriques dans un coin paisible... On se croit les pionniers d'un monde nouveau... Et on trouve quoi ? Une bande de repris de justice occupés à piller le sous-sol... Parce qu'ils ne t'ont pas dit, Dave, ils extraient de l'hélium-3 du sous-sol lunaire... Au fait, où est votre mine ?

— Vous aurez l'occasion de la voir... Je crains que vous ne soyez ici pour un certain temps... Nous n'avons que six ou sept navettes par an... Et, apparemment, vous avez vu la dernière partir il y a quinze jours...

— Nous sommes donc vos prisonniers.

— Disons hôtes, je préfère.

— Peu importe les mots, mais vous étiez cinq, avec Tournesol et maintenant vous êtes sept avec nous... Elle devient surpeuplée, votre colonie !

— Nous étions quinze... Nos familles vivent ici avec nous. Vous les verrez. Avec vous, nous sommes dix-sept... Oui, c'est beaucoup. Mais la base-vie est large ! Elle est dimensionnée pour vingt-cinq...

— Et pour combien de temps sommes-nous ici ?

— Je n'ai pas encore d'instructions, alors vous restez.

— Alors, téléphonez, demandez des instructions... Je ne sais pas...

— Non, c'est impossible. Nous sommes sur la face cachée de la lune. Nous ne voyons pas la terre ni aucun satellite terrestre... Nous ne recevons et envoyons du courrier et des vidéos que tous les deux mois par la navette...

— Alors personne sur terre ne sait que nous sommes ici ?

— Je crains que non et que votre mission ne soit considérée comme perdue corps et biens... Au moins pendant un mois. J'informerai mon patron par la prochaine navette, il décidera de votre sort et j'aurai la réponse par la navette suivante... C'est comme ça à Rimitchka.

— Qui est votre patron ? Demanda Pauline agacée.

— Je ne suis pas encore autorisé à vous le dire.

.............................................................................................

Pendant ce temps-là, Charles Longhieu et Liam Blunt étaient restés tapis dans l'ombre des rochers des montagnes de Ricco. Ils avaient compris que leur présence n'était pas connue des occupants de la base et que les deux autres leur signifiaient ainsi de rester cachés. Ils remontèrent à pied jusqu'au rover, qui contenait les équipements radio pour communiquer avec la terre par l'intermédiaire de la chaîne de relais qu'ils avaient déposés au fil de leur périple.

*De : Mission lunaire*
*À : DGSE*
*À : CIA*
*Pauline Dummoulin et Dave Sanders prisonniers. La base s'appelle RIMITCHKA et héberge au moins trois personnes. Envoyez-nous une navette pour nous récupérer.*
*Signé : Longhieu./.*

La réponse leur parvint une heure plus tard :

*De : CIA*
*À : Mission lunaire*
*Cc : DGSE*
*1. Nous ne savons toujours pas ce qui détruit les satellites.*
*2. Envoyer une navette pourrait mettre les prisonniers en danger.*
*3. Vous en tenir au plan prévu et regagner le site Peary en rover.*
*4. Laissez les balises-relais en place, nous traçons le rover.*
*5. Quand vous arriverez à Peary, reprenez votre navette, un Starship vous attendra en orbite.*

— Shit ! dit Liam... Refaire ces cinq cents kilomètres... Et seuls parce qu'il faudra que l'un de nous dorme pendant que l'autre pilote... À l'aller, ça nous a pris trente jours ! Shit !

— Ça ira plus vite maintenant que nous connaissons mieux l'itinéraire... Normalement une dizaine de jours devrait suffire...

— Mais nous n'avons même pas de réponse sur ce qui détruit les satellites !

— Bah ! lui répondit Charles, ce qui détruit les satellites est certainement dans cette base habitée... Pauline et Dave sont maintenant mieux placés que nous pour enquêter... Tu sais, je connais Pauline. Elle est au moins aussi futée qu'extravagante... Je te raconterai[1]... Et de nos compagnons qui sont prisonniers ou de leurs geôliers qui devront supporter Pauline, je ne sais pas qui sont les plus à plaindre.

— Et ça servira à quoi s'ils restent prisonniers ?

— Les ordres sont les ordres. Allez, en route. Je prends le premier quart au pilotage et je te réveille dans six heures...

Vingt minutes plus tard, le rover repartait sur ses traces et descendait vers le fond du cratère Ricco.

---

*1 Cf « Shavas » du même auteur*

# *JOËL VANDERLOO*

## *Conseil supérieur de la Société de Philosophie Parhumaniste, Todtmoos Bade-Wurtemberg 13 avril*

Joël Vaderloo sortait assez satisfait d'une négociation difficile avec la SPP. Il avait obtenu deux cent mille euros d'honoraires pour apprendre à la SPP où était le professeur Sagnol, dont la découverte pouvait mettre à mal son fonds de commerce basé sur les énergies renouvelables.

Trois jours plus tôt, il avait, en effet, appris, par une indiscrétion de Gerhard Kriegelstein, le secrétaire particulier de Kurt Kasslow que ce dernier détenait en réalité le professeur Sagnol prisonnier à Rimitchka.

Il était sur la cathèdre habituelle où la SPP installe les invités afin de les mettre dans un état d'esprit d'infériorité.

— Et où est le professeur Sagnol ?

— À Rimitchka...

— Vous en êtes sûr ?

— Absolument certain, Rimitchka, la mine d'hélium-3 dont vous êtes actionnaires par l'intermédiaire de votre banque verte Bivéa... Sur l'île Wrangel.

— Sur l'île Wrangel ? Vraiment ? Qu'y a-t-il sur cette île ?

— Une mine d'hélium-3, vous le savez bien. C'est moi qui ai rédigé et fait signer le contrat de concession avec le vice-gouverneur de Tchoukotka...

Il n'avait pas compris le sens de la question formulée par le président de la SPP... Bien sûr que c'est sur l'île Wrangel... Il avait lui-même vérifié les coordonnées portées sur le contrat ...

Il quitta Todtmoos pour Zurich où il voulait se rendre à la banque pour s'assurer que les deux cent mille euros qui venaient de lui être virés ne risquaient pas de repartir... On ne sait jamais avec la SPP... Surtout après le ton inquisiteur avec lequel on lui avait posé les dernières questions.

Cet arrêt à Zurich lui a sauvé la vie. En sortant de la banque, il constata que sa voiture n'avait plus de freins ni d'assistance à la direction... S'il ne s'était pas arrêté, cela lui serait arrivé sur une route ou sur l'autoroute... Et il n'avait pas pour habitude de rouler pépère ! Il n'eut qu'à appeler Avis, le loueur, qui vint lui apporter un autre véhicule.

Le lendemain, le concierge de son hôtel, lui remit un mandat d'avoir à se présenter sans délai à la gendarmerie cantonale de Zurich pour une affaire le concernant. Il s'y rendit un peu intrigué parce que ses affaires avec la justice française étaient en sommeil et que, s'il restait mis en examen, il ne faisait pas l'objet de mesures de restriction de liberté, la preuve en était ce voyage en Allemagne et en Suisse.

— Monsieur Vanderloo, dit le capitaine qui le recevait, vous connaissez-vous des ennemis ?

— Pourquoi me posez-vous cette question ?

— Parce que votre voiture a été sabotée... Si vous n'aviez pas été à l'arrêt à 14 heures hier, vous auriez eu simultanément une absence de freins et le blocage de votre régulateur de vitesse... Sur l'autoroute, vous seriez sans doute mort... On nous a dit que le régulateur de vitesse se désactivait en dessous de trente kilomètres heure, c'est la raison pour laquelle vous n'avez constaté que la panne des freins....

— Oh ! Fit alors Vanderloo... Des ennemis ? J'en ai bien sûr, comme tout le monde, dans les affaires.

— Quelles affaires ?

— Je suis consultant en intelligence économique...

— Trafic d'influence, espionnage industriel...

— Je vous en prie, non, bien sûr... Rien que de légal...

— Ne vous fatiguez pas. Nous savons que vous êtes actuellement mis en examen pour plusieurs affaires de cette nature en France...

— Alors vous savez aussi que le juge d'instruction me laisse en liberté... Il me fait donc confiance, lui...

— Si j'en crois cet incident, ce n'est pas le cas de tout le monde. Quel a été votre emploi du temps depuis que vous êtes arrivé en Suisse ?

— J'ai atterri à Zürich lundi après-midi... Par le vol... Euh...

— AF1814, oui, nous savons...

— J'ai loué une voiture chez Avis à Kloten et je suis allé à Todtmoos, dans le Bade-Wurtemberg, où j'étais convié à une réunion d'affaires. J'y ai passé la nuit. J'ai participé à la réunion vers 9h30 et je suis reparti. Je me suis arrêté à Zurich pour affaires.

— Quelles affaires ?

— Secret professionnel.

— Ces affaires à Zurich ont-elles un rapport avec votre meeting à la SPP ?

— Secret professionnel.

Cet entretien étant stérile, le capitaine y mit fin. Comme Vanderloo sortait, un coup de feu retentit. La balle passa tout près de son épaule et ne l'a raté que parce qu'il s'était baissé pour ramasser ses clés de voiture qu'il avait malencontreusement laissé tomber sur le trottoir...

Il rentra précipitamment dans la gendarmerie. Le coup de feu avait alerté tout le monde. Dehors, l'impact avait fait éclater la pierre juste à droite de la porte du bâtiment.

— Monsieur Vanderloo, deux tentatives d'assassinat en deux jours, ne trouvez-vous pas que c'est beaucoup ? Venez, il faut que nous reprenions l'interrogatoire... Veuillez attendre là, s'il vous plaît.

Il resta une demi-heure assis sur la banquette de la salle d'attente de la gendarmerie, jusqu'à ce que le capitaine qui l'avait déjà interrogé en vain le ramène dans son bureau.

— Je dois savoir qui est ce client pour lequel vous êtes actuellement en mission. Ne croyez-vous pas que votre vie vaut une entorse au secret professionnel ? Nous aussi, gendarmes cantonaux, sommes tenus au secret... Ce que vous allez me dire ne sortira pas d'ici...

— Il n'en est pas question. La confiance de mes clients repose sur le secret.

— Écoutez, Monsieur Vanderloo... Celui qui vous en veut est persuadé que vous avez déjà éventé ce secret...

— Ou il me menace parce qu'il ne veut pas que je le fasse... S'il pensait que le secret était éventé, me tuer ne lui servirait à rien.

— La vengeance est aussi un mobile, vous savez. Il ne vous menace pas, il veut vous tuer. Nous avons examiné la vidéosurveillance. Si vous n'aviez pas laissé tomber votre clé et ne vous étiez pas baissé pour la ramasser, vous étiez mort ! Vu le timing de la vidéo, le tireur a appuyé sur la détente avant que vos clés ne tombent... Il voulait vous tuer. Nous attendons le rapport de la balistique, mais c'était une balle de 12.7... Un projectile de cette puissance laisse peu de chances de survie !

## *Les Andelys, France, 26 avril*

L'hôtel de la Chaîne d'Or est une belle auberge cossue en bord de Seine, aux Andelys, au pied de la colline de Château-Gaillard. Ce jour-là, les résidents de cet hôtel tranquille, connu pour l'excellence de sa table, furent dérangés à six heures et demie du matin par plusieurs voitures de gendarmerie avec sirènes et feux tournants et les allées-et-venues bruyantes de gendarmes à godillots traversant l'hôtel entre la place Saint-Sauveur où stationnaient les voitures bleues et la berge de la Seine, faite d'une simple piste cyclable entre l'hôtel et le fleuve...

Une demi-heure auparavant, le patron, qui aime à être sur pieds avant ses clients – le petit déjeuner est servi à partir de sept heures –, était accoudé à la fenêtre ouverte de la salle à manger. Contempler la Seine et ce paysage paisible qu'affectionnait Paul Signac, dans le calme qui précède la vie trépidante de la journée d'un grand hôtel, était un des plaisirs de l'existence dont il ne se lassait pas. Sur la Seine, l'hôtel possède un petit ponton et deux ducs d'Albe pour pouvoir amarrer les bateaux des clients ou, surtout, les bateaux de croisière fluviale pour lesquels la Chaîne d'Or constitue une étape gastronomique incontournable... Une masse flottante était accrochée au premier duc d'Albe... Il sortit pour aller voir de plus près ce qu'était cette pollution et découvrit avec horreur un cadavre boursouflé par l'eau du fleuve. Il appela aussitôt la gendarmerie qui arriva toutes sirènes hurlantes en quelques minutes.

Tout le monde s'affairait. Une fois les photographies faites, ils hissèrent le corps sur la piste cyclable au pied de l'hôtel. Les techniciens de la scientifique, encoconnés dans leur combinaison, leurs gants, leur cagoule et leurs sur-chaussures prélevaient des bouts de machin ou des débris de trucs... Pendant ce temps d'autres allaient à leur voiture avec des indices pour consulter les fichiers... Une jeune gendarme revint et dit à son supérieur :

— Mon capitaine, les empreintes matchent. Le mort s'appelle

— S'appelait...

— C'est ce que je voulais dire... Il s'appelait Joël Vanderloo.

— Ce nom me dit quelque chose...

— Oui, c'est un haut fonctionnaire qui est mis en examen dans diverses malversations...

— Bon, très bien, Claire... Sa noyade fera faire des économies à la justice...

— Vous êtes sûr qu'il s'est noyé ? Il fait l'objet d'une note du ministère : tout ce qui le concerne est classifié secret-défense sous la responsabilité de la DGSE. Je les ai avisés.

— Oh ! Voilà les emmerdements qui commencent....

— Mon capitaine, dit un major de la scientifique, le cadavre n'est pas mort noyé. On aura confirmation du légiste, mais c'est clair...

— Et les emmerdements continuent ! Vous avez appelé le légiste ?

— Ben... oui, mon capitaine...

— Eh bien, renvoyez-le chez lui... Avec nos excuses de l'avoir dérangé pour rien. Chargez le corps dans le Kangoo et direction l'IML de Paris... C'est un secret DGSE...

— Pas de chance... On sait déjà qu'il est dans l'eau depuis hier soir et qu'il n'est pas mort noyé. Il a été frappé à la tête par un instrument contondant...

Vingt minutes plus tard, le même gendarme rejoignait le capitaine dans l'hôtel

— Mon capitaine... Voyez... Ce doit être un gros poisson que nous avons pêché là... Si ce n'est pas déjà la DGSE qui rapplique, je veux bien me faire trappiste !

Un hélicoptère arrivait et tournait élégamment sur lui-même pour se poser sur une pelouse en bord de Seine à cent mètres en amont de l'hôtel... Deux hommes en sortirent et gagnèrent aussitôt la scène de crime.

— Mon capitaine, c'est vous qui dirigez les opérations ?

— Oui.

— Très bien. DGSE. Nous prenons le relais. Quelles sont vos constatations jusqu'ici ?

— Il s'appelle Joël Vanderloo...

— Ça, nous le savons et c'est pour ça que nous sommes ici.

— Ni papiers ni portefeuille. Un trousseau de clés et quatre-vingt-cinq euros en petits billets et pièces. C'est sans doute un meurtre par instrument contondant sur l'os pariétal gauche. Il est dans l'eau depuis hier soir. Il s'est apparemment défendu parce qu'on relève plusieurs ecchymoses au visage, aux bras et dans le dos, et que son costume est déchiré. Je vous ferai remettre les prélèvements ADN que nous avons effectués.

— Merci, mon capitaine... Mettez tout ça sur un procès-verbal, classifiez-le secret-défense et communiquez-le à la DGSE, à l'attention du général de Saint-Elme. Maintenant, il me semble que vous avez vu tout ce qu'on peut voir ici, n'est-ce pas ?

— Oui... À peu près tout... Vous aurez cela sur le procès-verbal de constatation aujourd'hui même.

— Alors, mettez le corps dans un sac mortuaire et attachez le sac à la civière de l'hélico... Secret défense sur l'identité du cadavre et les causes de sa mort. Officiellement, c'est le cadavre d'un individu non identifié de sexe masculin, la quarantaine, alcoolisé...

— On n'a pas encore les résultats de l'alcoolémie...

— Je vous dis non identifié et alcoolisé. Ne sortez pas de là. Sans doute bien éméché, il a glissé dans la Seine hier soir, probablement quelque part entre Vernon et Gaillon, le courant a entraîné le corps jusqu'à ce qu'il soit arrêté par le duc d'Albe de l'hôtel de la Chaîne d'Or. Ce sera la version officielle.

C'est ainsi que, deux heures à peine après sa découverte, le corps de Joël Vanderloo volait vers Paris tandis que la Chaîne d'Or et la place Saint-Sauveur du Petit-Andely retrouvaient leur calme matinal.

# *GAËLLE*

## *L'enquête*

### *Siège de la DGSE 19 avril*

Cinq jours avant ces évènements, Gaëlle avait atterri en pleine nuit à Villacoublay. Le voyage avait été long et elle se sentait très lasse... Wrangel, puis le sous-marin, puis décollage d'un minuscule aéroport perdu en plein Alaska, enfin atterrissage à Villacoublay en pleine nuit... Son métier de grande reporter l'avait habituée à des voyages mouvementés, mais là, elle avait eu sa dose... Heureusement, le Falcon 900 était équipé de couchettes et elle avait dormi comme une souche tout le long du trajet... Juste avant l'atterrissage, elle fut réveillée par l'un des deux membres de l'équipage qui lui offrit un café et l'invita à s'asseoir et attacher sa ceinture : ils étaient en longue finale de la BA 107 à Villacoublay.

Dès sa descente d'avion, elle fut prise en charge par un chauffeur et, dans une voiture à feu tournant, ils allèrent, sirène hurlante jusqu'à la DGSE, boulevard Mortier. Il était une heure dix du matin quand un planton l'accompagna jusqu'au service « Action ». Le général de Saint-Elme était assis à son bureau et l'accueillit en souriant. Il ne dort donc jamais ? se dit Gaëlle *in petto* en le saluant d'un geste léger....

— Ah, comme je suis heureux de vous voir, Gaëlle... dit-il dès que le planton se fut retiré, je regrette de devoir vous dire que votre chaîne ne pourra pas diffuser ce que nous allons nous dire à partir de maintenant... Enfin, pas tout de suite...

— On fera avec, général, répondit-elle déçue par cette entrée en matière mais vous m'avez convoquée toutes affaires cessantes... Et vous avez mis les moyens pour que je ne me défile pas !

— Je vous ai promis un scoop, pas un reportage, en tout cas pas tout de suite. J'ai décidé, en accord avec les autorités de classification, de vous faire partager un secret défense de niveau béryl... C'est un des niveaux les plus restreints de la République... Vous n'avez le droit d'en parler à personne...

— Même pas Charles ?

— Charles est habilité béryl, vous pourrez en parler avec lui... Quand vous le verrez.

— Quand je vous ai eu au téléphone, hier ou avant-hier, je ne sais plus avec les décalages horaires, j'étais sur une île perdue dans l'Arctique, le deal, c'est que j'allais pouvoir le rejoindre...

— Le deal, c'est que j'allais vous dire où il est et ce qu'il fait... Nuance !

— C'est pareil... Dès que je sais où il est, je saute dans un avion et je le rejoins, même s'il est au milieu de l'Amazonie...

— Ce n'est pas si simple, vous allez voir...

— Enfin, où est-il ?

— Il dirigeait une mission de quatre personnes. À l'heure actuelle, ils ne sont plus que deux. Ils sont dans un lunar rover qui finit de traverser le cratère Ricco, sur la face cachée de la lune.

— Vous vous foutez de moi, général...

— Non... Ils redécolleront du cratère Peary dans un peu plus d'une semaine.

— Arrêtez, ce n'est pas drôle...

— Une plaine entre les cratères Ricco, Milankovič et Karpinsky...

— Qu'est-ce que vous voulez que ça me fasse ? Je n'ai même jamais entendu ces noms !

— En un point de coordonnées lunaires 71,45 degrés de latitude nord et 179,17 degrés de longitude ouest.

— Mais enfin, arrêtez... Oh, mais... Vous dites ?

— 71,45 Nord, 179,17 Ouest, Ricco, Milankovič et Karpinsky... Ri-mitch-ka... Ça vous parle ?

— Mais Rimitchka, je connais, j'en viens ! Ce sont bien les coordonnées que vous dites, mais ce n'est pas sur la lune, c'est dans le désert de Wrangel... Je le sais, je l'ai vu. C'est une mine... Et je suis sûre que c'est bien là, Rimitchka, il y a un panneau, c'est écrit dessus ! J'ai même des photos...

— Et vous avez vu des mineurs ? Du minerai ?

— C'est une mine d'hélium... Donc pas de minerai. Quant aux mineurs, ils doivent arriver pour commencer l'exploitation. Mais il y a déjà un gardien... Et la référence du contrat de concession est placardée à l'entrée...

— Mais, pas de minerai, pas de mineurs... Alors, vous croyez que c'est une mine ? ...

— Alors quoi, général ? C'est une future mine, mais une mine quand même ! Je l'ai vue, de mes yeux vue !

— Une mine-de-rien, voilà ce que c'est ! De la poudre aux yeux... Juste pour dissimuler le fait extrêmement grave qu'une république de la Fédération de Russie délivre des concessions minières sur la lune... Rimitchka existe et est en exploitation, mais c'est sur la lune. C'est une violation caractérisée du traité de l'espace de 1967 et de l'accord sur la lune de 1979.

— Oui, d'accord, général, mais, en pratique, s'il y a de l'hélium sur la lune... Ce serait bête que des traités empêchent de l'exploiter ! De toute façon, aller sur la lune, ça doit être si cher qu'il ne pourra jamais être très rentable, cet hélium ! Cette violation des traités est choquante, mais a-t-elle des conséquences pratiques ?

— De l'hélium, il y en a aussi sur la terre. Ce qui attise les convoitises, c'est l'hélium-3. Il est le combustible des futurs réacteurs nucléaires de fusion, type ITER. On peut en fabriquer à partir d'hydrogène, mais c'est difficile et épouvantablement cher... Alors s'il y en a sur la lune...

— Oui, je me rappelle. Kurt Kasslow, le concessionnaire de Rimitchka m'a dit que 30 grammes d'hélium-3 équivalent à un supertanker pétrolier...

— Ce n'est peut-être pas aussi précis, ça dépendra de ce qu'ITER nous apprendra... Mais, oui, c'est l'ordre de grandeur... Avec une tonne d'hélium-3 on pourra produire toute l'énergie actuellement commercialisée dans le monde en un an !

— Et un seul vol lunaire, ai-je entendu, pourra convoyer jusqu'à cinq tonnes de fret ! Même si un vol lunaire est cher, il coûte quand même moins que les dizaines de milliers de supertankers qu'il faudrait pour transporter, en pétrole, la même quantité d'énergie ! Et surtout un vol lunaire pollue moins que les dizaines de millions de tonnes de pétrole que son hélium-3 évitera de brûler... Mais que vient faire la DGSE là-dedans ?

— C'est ça la bonne question. Documenter la violation d'un traité international par un état membre de l'ONU fait partie des missions de la DGSE...

— Documenter ?

— Rechercher les preuves... Ici cette violation ne serait flagrante que si nous avions le contrat de concession. La page que vous nous en avez apportée ne parle même pas de la lune... Ce contrat comporte certainement un article disant, en substance, « Les noms de lieux et les coordonnées géographiques cités dans ce document doivent être compris comme s'appliquant à la géographie lunaire ». Tant qu'il ne voit pas cet article, un œil indiscret comme le vôtre voit un contrat parfaitement régulier : le gouvernorat de Tchoukotka a évidemment autorité pour délivrer une concession minière en Tchoukotka au nom de la Fédération de Russie... En plus de cela, c'est loin de tout, alors personne, sauf une journaliste particulièrement fouineuse comme vous n'aura envie d'aller voir.

— À quoi sert-il que vous me disiez tout cela, si je n'ai pas le droit d'en parler ?

— Vous connaissez Joël Vanderloo ?

— Oui, bien sûr, vous aussi[1]... Un ancien inspecteur général des finances qui verse dans toutes sortes de trafics... Il n'est toujours pas en prison ?

---

*1 NdA : voir « Shavas » ou « Wouristok » du même auteur.*

Aucun des deux ne pouvait savoir que, dans trois jours, à l'aube, on repêcherait son corps sans vie dans la Seine.

— Non, vous savez, répondit le général, il a des relations tentaculaires et il doit faire chanter bien du monde ! Dès qu'un juge arrive à le coincer, ses avocats trouvent le moyen de le sortir… Et, en général, son administration le couvre afin, dit-elle, de « préserver l'honneur de l'Inspection des Finances ». Son job est clairement le trafic d'influences, et il l'exerce au premier chef à son profit… Alors, on le surveille avec les moyens dont on dispose et deux commissions rogatoires.

— Qui, on ?

— La DCRI et la DGSE. Nous collaborons parce que cet homme est toujours en mouvement dans le monde entier. Dès qu'il aura connaissance de ces commissions rogatoires, il a les moyens de les faire annuler. Alors il faut à tout prix éviter de lui donner l'éveil…

— Donc vous comptez sur moi pour lui tirer les vers du nez sans attirer l'attention sur la DGSE.

— C'est un peu ça, oui… Il est vaniteux et son business veut qu'il soit juste assez connu pour faire peur et pas assez pour motiver des Médiapart et autres lanceurs d'alerte…

— Pourtant, Médiapart…

— …n'attaque qu'avec des biscuits solides… Or le flou dont Vanderloo entoure ses activités n'est pas pour les attirer : les investigations seraient lourdes pour un résultat incertain… Et ce n'est pas à une journaliste d'investigation que j'apprendrai que le résultat est le seul moyen de justifier l'argent investi en enquête…

— Justement, je viens de faire chou-blanc à Wrangel, sur une mission qui a coûté horriblement cher… J'ai besoin de redorer mon blason et là, vous m'apportez une affaire dont je ne devrai même pas parler à ma rédaction, si j'ai bien compris ?

— La lune, c'est secret, le reste ne l'est pas et si, par hasard, quelqu'un vous parle spontanément de la lune, Vanderloo par exemple, alors vous pouvez diffuser ce qu'il vous dira. Je vais maintenant vous offrir trois infos que vous pouvez, au contraire, exploiter comme bon vous semblera, à condition de ne pas me citer.

— En tant que journaliste, je respecte le secret de mes sources. Je vous écoute, général.

— En premier, c'est Vanderloo qui a été le consultant de Kurt Kasslow pour Rimitchka. À vous de jouer ! Vous connaissez le personnage. En deuxième lieu, le père de Kurt Kasslow, Leni Kasslow est citoyen de la Principauté de Liechtenstein où il réside et mène, contrairement à son fils, une vie sans histoire. Pourtant, sur le papier, c'est lui le véritable actionnaire de la mine de Rimitchka, son fils ne serait que le titulaire de la concession. Selon nos informations, Leni

Kasslow est un ami personnel du Prince et n'a pas connaissance du caractère trouble de cette concession au regard du droit international... En troisième lieu, les autres actionnaires de Rimitchka sont la banque Bivéa, banque à la réputation trouble, trustant l'essentiel des profits que génère l'économie verte dans le monde occidental, mais aussi la banque LGT, banque d'affaire du Liechtenstein appartenant personnellement au Prince. La banque LGT, qui est une banque de réputation mondiale, ne couvre certainement pas une activité aussi évidemment illégale que la violation d'un traité international. Mais elle est quand même l'auteur de l'ingénierie financière de Rimitchka et il n'est pas douteux qu'un exemplaire du contrat de concession y est conservé, puisqu'il est le seul actif dont cette société peut se prévaloir.

— En janvier dernier, Kurt Kasslow m'a purement et simplement virée dès que j'ai cité Rimitchka... Pourtant j'ai parlé de Wrangel, pas de la lune, alors...

— C'est vous la journaliste... je vous ai dit ce que je sais, vous connaissez le contexte, maintenant, à vous de jouer. Je vous fais confiance, vous le savez, alors ne trahissez pas cette confiance et gardez le secret. Pour le reste, je vous fais confiance aussi pour... Comment dirais-je ? ... Pour être mon coup de pied dans la fourmilière...

« Coup de pied dans la fourmilière » Ces mots résonnaient dans la tête de Gaëlle comme elle rentrait chez elle, conduite par le même chauffeur qui l'avait prise en charge à Villacoublay. Il était deux heures du matin et il conduisait vite sur le périphérique nord pratiquement désert à cette heure de la nuit. Elle réfléchissait à la manière dont elle allait organiser son enquête pour pouvoir monter une émission présentable à son rédac'chef... Elle avait un avantage : elle savait au moins une partie de ce qu'il y avait à découvrir... La lune ! C'était secret, sauf si elle l'apprenait par ses propres moyens... Or la lune était forcément mentionnée dans le contrat de concession... Elle devait donc voir ce contrat et interviewer l'actionnaire de cette mine, le père de ce Kurt Kasslow... Kurt Kasslow, ce malotru qu'elle avait tenté d'interviewer il y a trois mois et qui l'avait éconduite dès qu'elle avait cité Rimitchka... Sa décision était prise. Elle devait partir pour la principauté de Liechtenstein. C'était là que se trouvaient les clés de l'énigme. C'était là qu'elle pourrait découvrir par elle-même ce que Saint-Elme lui avait présenté comme un secret d'état. En plus, changer d'air lui permettrait de vaincre le stress effroyable qu'elle ressentait depuis qu'elle savait Charles en danger sur la lune : Saint-Elme ne lui avait-il pas dit qu'ils étaient partis quatre et qu'ils n'étaient plus que deux ? Elle n'avait pas insisté parce qu'elle savait bien qu'en bon militaire, il ne lui dirait jamais ce qui était arrivé aux deux autres tant que la mission ne serait pas terminée... Il n'empêche, elle était morte d'inquiétude...

## *Principauté de Liechtenstein, 25 avril*

Vaduz est une petite ville prospère dominée par son château, résidence de la famille régnante. La ville n'a que des immeubles de trois niveaux au maximum et ne mesure pas trois kilomètres dans sa plus grande dimension. Une petite ville où l'on ressent la sérénité primesautière et cossue de la Suisse, avec ce je-ne-sais-quoi de plus qui la rend plus suisse que la Suisse...

Gaëlle avait obtenu sans difficulté une entrevue avec Leni Kasslow, le père de ce Kurt Kasslow qui l'avait reçue puis éconduite. Au téléphone, elle avait trouvé un personnage affable et courtois... Tout le contraire de son fils, s'était-elle dit. Elle avait précisé qu'elle était allée à Rimitchka et que son fils n'avait rien voulu lui dire. Elle avait dit vouloir lui parler aussi parce c'était lui, Leni Kasslow et pas Kurt, qui était le principal actionnaire de la mine et que ce qu'elle avait vu l'interrogeait, en n'étant pas vraiment conforme à ce que lui avait dit Kurt. « Je vous recevrai avec plaisir et vous me donnerez peut-être des nouvelles de mon fils... Il m'en donne si peu lui-même » avait répondu le vieil homme, mais je crains de n'avoir pas grand-chose à vous apprendre.

Leni Kasslow habitait une grosse maison rurale dominant une vigne, un peu à l'écart du centre-ville. Un toit massif de tuiles rouges, comme bien des maisons vaduziennes, une façade blanche percée de fenêtres aux volets rouges. Le maître des lieux était un septuagénaire à la chevelure blanche, la barbe poivre-et-sel et un regard paisible de vieil homme tranquille. Il était deux heures de l'après-midi. Gaëlle était venue seule parce que son but était plus d'enquêter que de faire un reportage sur l'homme qu'elle avait en face d'elle et parce que la présence d'une tierce personne n'aide jamais aux confidences...

— Bonjour, Madame Le Couëdic... Bienvenue à Vaduz. J'espère que vous avez fait bon voyage. Je vous sers un café ?

— Bonjour, Monsieur Kasslow, merci de me recevoir... C'est bien volontiers que j'accepte votre café.

— Alors qu'avez-vous à me dire et que voulez-vous savoir ? demanda-t-il après avoir apporté deux « cafés renversés » et quelques biscuits sur une assiette.

— Comme vous le savez, je suis journaliste et ma chaîne s'intéresse aux énergies du futur...

— C'est un véritable sujet... Et trop d'affairistes disent n'importe quoi... Ils savent que l'énergie est un problème vital, alors ils sont prêts à tout pour faire peur et attirer les populations et leurs dirigeants vers leurs prétendues solutions sans se soucier de savoir si elles sont pertinentes...

— Alors que nous savons tous que la perspective la plus prometteuse réside dans l'énergie de fusion nucléaire et que, pour développer cette énergie, il faudra de l'hélium-3 comme combustible...

— C'est pour ça que mon fils a obtenu une concession d'exploitation pour une mine d'hélium-3 je ne sais où... Quelque part en Sibérie, je crois...

— Mais vous êtes pourtant l'actionnaire de cette mine...

— Oui. Pour qu'une société puisse être qualifiée de liechtensteinoise, il ne suffit pas de la domicilier à Vaduz... Une simple domiciliation n'en fait qu'une société offshore... Pour qu'une société soit liechtensteinoise, il faut que ce soit un Liechtensteinois qui en soit l'actionnaire majoritaire, or mon fils est installé en France. Il a choisi la nationalité française et la double nationalité France-Liechtenstein n'est pas possible... Or le contrat de concession qu'il a signé stipule que l'exploitant est liechtensteinois... Je crois que c'est à contrecœur, mais il m'a cédé la majorité des actions de la société d'exploitation et en a modifié les statuts pour en faire une société liechtensteinoise. Il a fallu faire un avenant au contrat de concession.

— Vous l'avez ici, ce contrat de concession ? ...

— Non, il est à la banque, déposé en caution... Je pourrais d'ailleurs le récupérer parce que la banque n'a plus besoin de caution depuis que le capital est entièrement libéré[1].

— Il serait possible que je le voie ?

— Mon fondé de pouvoir ne reçoit que le matin et il vaut mieux que j'y aille seul... Vous savez, le secret bancaire suisse n'est rien à côté du secret bancaire liechtensteinois ! Ils sont carrément paranoïaques ! Je lui demanderai le contrat et nous en parlerons ensuite, vous et moi, sans lui. Revenez demain, disons vers dix heures, ça ira ?

— Demain matin, très bien ! Ah ! J'y pense, quand vous verrez ce contrat, regardez bien le cinquième feuillet, pages 9 et 10... J'ai de bonnes raisons de penser qu'il n'est qu'une copie.

— Vous m'intriguez... Mais je regarderai, et si c'est bien une copie, il faudra que vous m'expliquiez !

— Vous voulez que je vous apprenne ce que je sais ? Votre fils ne vous a donc rien dit ?

---

[1] *C'est à dire que le montant du capital a été intégralement déposé à la banque par les actionnaires.*

— Kurt ? Oh, vous savez, il ne m'appelle que quand il a besoin de moi... C'est à croire qu'il a honte de son père !

— Ne lui en veuillez pas. Il est un homme d'affaires très occupé... Je l'ai interviewé il y a dix jours et il n'a pas pu me consacrer plus de dix minutes ! Alors, je vais vous dire que je suis allée à Rimitchka.

— Mais c'est au bout du monde...

— C'est mon métier ! J'ai vu Rimitchka, au milieu d'un désert sur l'île Wrangel, dans l'océan Arctique... Mais...

— Vous avez une photo ? Au moins je saurai de quoi je suis actionnaire !

— Oui, j'en ai, je vous les apporterai demain... Mais cette mine n'est pas en exploitation... Elle est juste en attente d'exploitation. Il y a un terrain, un bâtiment et un gardien. Mais ni mineurs, ni machines, ni stock d'hélium-3... Mais c'est bien là ! Un panneau aux couleurs de la Fédération de Russie et du district autonome de Tchoukotka annonce Rimitchka, affiche le numéro de la concession minière et interdit l'accès.

— Ce n'est pas possible. Kurt a fourni cent grammes d'hélium3 que la banque a confiés à un laboratoire qui a confirmé que c'était sans doute le plus gros stock d'hélium-3 au monde... Selon le laboratoire... Attendez... Il se leva et prit un document sur une desserte à côté de la fenêtre... « Il n'a pas pu être produit par craquage de tritium, ni par fusion hydrogène-deutérium — je ne sais pas si ça vous parle, pour moi, c'est du chinois — parce que les laboratoires qui utilisent ces procédés sont connus et toutes leurs productions tracées ». Ils ont été formels : cet hélium-3 venait d'une source inconnue...

— Êtes-vous sûr que votre fils vous dit tout ?

— Je suis sûr du contraire, mais il me dit tout ce qui est important... Enfin, c'est ce que je croyais... J'ai commencé à avoir des doutes quand il m'a donné à signer l'avenant qui transfère les droits de la concession à la société liechtensteinoise...

— Ah ? Quel genre de doutes ?

— L'avenant était intitulé « Avenant n°2 » et je n'ai jamais eu connaissance d'un avenant n°1.

— Il faudra que vous éclaircissiez ce point... Votre fondé de pouvoir à la banque devrait vous renseigner...

— Oui, bien sûr... dit-il songeur...

Gaëlle sentait bien que cette mine arctique qui n'existait pas s'ajoutait à d'autres indices, comme cette affaire d'avenant mal numéroté, et induisait de plus en plus Leni Kasslow à douter de ce que lui disait son fils... Elle avait conscience de ce que ce devait avoir de pénible pour lui... Il était perdu dans ses pensées et elle eut à cœur de ne pas le déranger... Enfin, après plusieurs longues minutes de silence, il reprit :

— C'est dur, pour un père, de sentir son fils se méfier de lui... Surtout une famille d'immigrés comme la nôtre...

— Immigrés ? Que voulez-vous dire ? N'êtes-vous pas liechtensteinois ? Je me suis laissé dire que l'obtention de la citoyenneté liechtensteinoise autrement que par filiation était quasi-impossible... Alors immigré ?

— Mon père a immigré en 1945 et a obtenu la nationalité en 1947... Vous ne connaissez pas l'histoire des réfugiés du général Smyslovski ? Elle est assez singulière et, ça au moins, ça pourrait directement intéresser votre chaîne.

Il commença à raconter l'histoire du cadet Boris Kasslow à Saint Petersbourg... Gaëlle l'interrompit très vite

— Vous permettez que je vous filme ?

— Faites, faites... L'histoire de mon père et celle de ses camarades russes blancs engagés par le général Smyslovski mérite d'être connue.

Elle posa sa caméra sur un meuble, régla le zoom et lança l'enregistrement. Elle écoutait, captivée, le vieil homme lui raconter l'histoire de son père... Il était un conteur hors pair et elle était transportée par son récit dans la Révolution d'Octobre, elle vivait les batailles de l'armée blanche, la défaite de Vladivostok, le goulag, la guerre, son enrôlement dans cette armée russe de la Wehrmacht, le général Smyslovski... Et finalement son arrivée au Liechtenstein, son mariage. Enfin la naissance de Leni, son enfance, sa vie puis son veuvage voici six ans, toute cette histoire qui a fait de lui ce vieil homme paisible et seul qu'elle avait en face d'elle et qui vivait de ses souvenirs au milieu de quelques arpents de vignes.

Faute de pouvoir aborder le secret-défense, elle pourrait au moins faire déjà un sujet avec l'épopée dramatique des soldats perdus de cette armée maudite. Ça pourrait faire la base d'un bon cinquante-deux minutes...

— Resterez-vous quelques jours à Vaduz ? À quel hôtel êtes-vous descendue ?

— Au Gasthof Löwe...

— Oh, mais il est juste à côté de la banque LGT. Le mieux, demain, serait que je vous y retrouve en sortant de la banque... En tout cas, excellent choix... Je vous recommande sa cuisine. Tout à fait liechtensteinoise, ni suisse, ni autrichienne, mais juste le meilleur des deux. Et ils font un vin que vous devriez goûter : ce sont leurs propres vignes que vous avez vues derrière l'hôtel et leurs chais sont dans la cave de l'hôtel.

## *Vaduz, banque LGT, le lendemain, 26 avril 8h15*

Un quart d'heure après l'ouverture de la banque, Hans Weiber reçut son client Leni Kasslow. Hans Weiber était un fondé de pouvoir discret et effacé, le genre de personne que l'on peut croiser et être incapable d'en décrire le moindre signe caractéristique dès la minute qui suit. Costume gris anthracite sur mesure, chemise blanche et cravate ocre discrètement mouchetée de magenta, il portait ce qui, dans le monde entier, passe pour l'uniforme des employés de banque. La quarantaine, le front un peu dégarni, visage carré et bien rasé, lunettes à grosses montures d'écaille, Hans Weiber était un monsieur-tout-le-monde, avec juste la touche de réserve polie sans être obséquieuse, et de raffinement assumé sans être ostentatoire, qui convient pour inspirer confiance aux riches clients de la banque LGT.

Le vieux Leni Kasslow était un ami personnel du prince, mais, dans une principauté de moins de quarante mille habitants, ce n'était pas plus inhabituel que d'être l'ami du maire de Saint-Cloud ou de celui de Saint-Germain-en-Laye.

— Monsieur Kasslow, que puis-je pour vous aujourd'hui ?
— Vous vous rappelez le contrat de concession minière « Rimitchka » ?
— Celui qu'avait obtenu votre fils du gouvernorat de Tchoukotka en Russie et qu'un avenant vous a transféré voici un mois ?
— Oui, c'est cela... J'aurais voulu en avoir une copie. Est-ce possible ?
— Vous pouvez même prendre l'original, puisque le capital de la société Rimitchka est maintenant libéré, je n'ai plus besoin de caution...
— Non, j'y ai bien pensé, mais il est plus en sûreté chez vous. J'en souhaite juste une copie...
— Très bien. Je fais faire cela.

Il sortit du bureau et revint une minute après

— On recherche le contrat et on nous apporte la copie dans quelques minutes... Y a-t-il quelque chose d'autre que je puisse faire pour vous ?
— Oui, bien sûr, je ne vous aurais pas dérangé pour une simple copie. Je voudrais que vous m'expliquiez pourquoi l'avenant que j'ai signé est numéroté « Avenant n°2 » alors que je ne me rappelle pas avoir paraphé un avenant n°1...
— Vous m'étonnez... L'avenant n°2 vous transfère tous les droits et obligations de la concession... Vous auriez dû parapher le tout. Contrat

et avenant antérieur… Attendons qu'on nous l'apporte et nous regarderons ensemble.

Une secrétaire arriva avec le contrat dans une chemise et une copie reliée et cartonnée. Hans Weiber prit le document original et entreprit de le feuilleter… Quand il eut fini, il dit :

— En effet, vous n'avez pas paraphé l'avenant n°1. Il avait dû rester au fond du classeur… Il ne comporte qu'un article sur un seul feuillet recto ! C'est un tout petit avenant. Vous pourriez le parapher maintenant !

Il le lui tendit et Leni Kasslow, à sa lecture, se récria :

— Oh ! Mais… Non… Ça…

— Quoi ? demanda le fondé de pouvoir empressé… Quelque chose ne va pas ?

— Si, si… Tout va bien. En fait, je n'ai pas signé et c'est peut-être mieux ainsi…

— Vous avez l'air étonné ! Je vous avais bien donné lecture du contrat avant la signature de votre avenant ? …

— Oui, sans doute, mais sans doute pas de l'avenant n°1. D'ailleurs je ne l'ai pas signé ! Lisez vous-même !

— Oh ! Mais… En effet, je ne vous ai sûrement pas donné ça à signer… Je m'en serais souvenu… Et cela vous pose un problème de le signer maintenant ? …

— Oui… Cela me pose problème… Enfin, ça pose peut-être un problème politique… Je ne sais pas.

— Parce que si vous ne le signez pas, je crains que la validité juridique de l'avenant n°2 soit fragilisée… Mais je suis sûr de vous avoir fait parapher l'avenant n°1, sinon, vous pensez bien que je ne pouvais pas vous faire signer l'avenant n°2… Cela me revient maintenant, votre fils est venu consulter le contrat juste après que vous avez eu signé l'avenant n°2.

— Il est venu à Vaduz sans même venir saluer son vieux père ?

— Je ne sais pas, mais je me rappelle qu'il est venu consulter le contrat. Il en a emporté une copie, comme vous… Il en aura profité pour remplacer l'avenant n°1 par celui-ci… C'est la seule occasion à laquelle le contrat est sorti du coffre depuis votre signature…

— Écoutez, pouvez-vous faire comme si nous ne nous étions pas rencontrés aujourd'hui et garder le secret sur la copie du contrat et de ses deux avenants que j'emporte avec moi ? …

— Le secret de nos clients est sacré à la banque LGT. Soyez tranquille… Mais il faudra quand même, un jour, que vous veniez signer l'avenant n°1, sinon, l'avenant n°2 n'aura pas de valeur…

— On ne peut pas en refaire un autre ?

— Malheureusement non, votre fils m'a appris que Bogdan Joustrovsk...

— Bogdan Joustrovsk ?

— Oui, le premier signataire... Le concédant tchouktche... Il est décédé...

— Oh ! Je ne crois pas au hasard... Laissez-moi quelques jours. Ne montrez ce contrat à personne... Même pas à mon fils...

— Mais il est l'un des signataires...

— Gagnez du temps s'il vous appelle. Quelques jours tout au plus... Prétextez n'importe quoi, mais ne le montrez à personne...

Cinq minutes plus tard, fébrile, Leni Kasslow rejoignait Gaëlle dans un salon de l'hôtel avec les photocopies...

— Vous aviez raison, le cinquième feuillet est une photocopie... Il n'y a que mon paraphe qui soit vrai... Mais le plus énorme, c'est l'avenant n°1... Tenez, voyez.

Il lui montra un feuillet unique intitulé « *Zusatzvereinbarung Nr. 1 zum Konzessionsvertrag* [1] ». Un seul article. Gaëlle y remarqua aussitôt les coordonnées qu'elle connaissait, sur l'île Wrangel. C'était en allemand, mais elle pointa les coordonnées du doigt, « *71,45 N - 179,17 W* » à l'attention de Leni Kaslow.

— Oui, c'est bien là que je suis allée. C'est un désert sur l'île Wrangel, dans l'océan Arctique... Tenez, j'ai des photos que j'ai imprimées pour vous...

Elle sortit de son sac les photos qu'elle avait imprimées au business lounge de l'hôtel. On voyait la bâtisse, le désert, elle lui présenta sa cadreuse Marie-France emmitouflée dans son anorak et Irvytgyr, le gardien, elle insista sur le panneau « Rimitchka ».

— Vous voyez, c'est bien là, 09002017001, c'est la référence portée sur le contrat de concession, n'est-ce pas ? Eh bien, c'est celle que vous voyez sur la photo que j'ai prise à Rimitchka... Il n'y a pas encore d'exploitation minière. Irvytgyr n'est qu'un gardien !

— Non, non, ce n'est pas dans l'Arctique... Vous ne comprenez donc pas ?

— Pourtant, je lis bien « *Die Mondkoordinaten sind 71,45 N - 179,17 W* », « Les coordonnées mondiales sont 71,45 N - 179,17 W... » C'est bien là que je suis allée !

— Mais non ! En allemand, "le monde" se dit "die Welt"... "der Mond", en allemand, c'est la lune ! Ce sont des coordonnées lunaires... Je suis propriétaire d'une mine sur la lune... J'ai peur que ce soit illégal !

---

*1 Avenant n°1 au contrat de concession*

— Je vous confirme : c'est illégal. C'est contraire à au moins deux traités... Des traités qui datent du siècle dernier et qui empêchent l'appropriation de l'espace par les états... Il y en a même un spécifique pour la lune...

— Je vous en supplie, n'en parlez pas tout de suite dans votre reportage... Laissez-moi un jour ou deux pour que j'éclaircisse la situation avec Son Altesse le Prince et avec mon fils... C'est dur, vous savez, Madame, de voir son fils se méfier de son père au point de lui cacher ce qu'il fait et de le piéger dans des affaires louches ! ... Vous restez quelques jours à Vaduz ?

— Je suis ici en reportage... Alors s'il faut que j'attende quelques jours pour pouvoir faire un reportage, bien sûr que je vais attendre quelques jours... Une concession sur la lune, c'est énorme...

Elle jubilait d'être déliée d'une partie au moins du secret que lui avait imposé la DGSE... Avec l'autorisation de Leni, elle prit une photo de l'avenant avec son smartphone, en contrepartie de l'engagement de ne pas en parler tant qu'il ne le lui aurait pas permis... Bon, se dit-elle, au moins ce n'est plus qu'un secret ordinaire, pas un secret défense ! Et puis le père Kasslow lui avait dit que c'était l'affaire de quelques jours...

— Au fait, ce que vous m'avez dit hier sur le restaurant de l'hôtel était en-dessous de la réalité. Le chef est remarquable. La Cinquième serait heureuse de vous inviter. Alors si vous êtes libre, venez donc partagez ma table à déjeuner, voulez-vous ?

— Avec plaisir...

— Alors disons, dans trois heures ?

— Très bien... Je vais essayer d'obtenir un rendez-vous avec Son Altesse dès cet après-midi... Voulez-vous m'y accompagner ?

— Bien sûr, j'en serais très honorée...

De retour dans sa chambre, Gaëlle était perplexe... Devait-elle appeler la chaîne ? Devait-elle appeler Saint-Elme ? Ce qu'elle avait vu la déliait-elle du secret-défense concernant la lune ou fallait-il d'abord l'accord de la DGSE ? Elle rêvassait ainsi devant le paysage de cette petite capitale... Vaduz était une charmante petite ville à dimensions humaines dominée par le château princier qui n'était pas un palais comme celui de Monaco ni un même un château-fort orgueilleux comme le château de la Société de Philosophie Parhumaniste. C'était juste un château médiéval simple, paisible, on aurait presque envie de dire modeste, qui dominait la petite ville sur laquelle il semblait veiller avec bienveillance.

Elle se résolut à téléphoner à Joël Vanderloo... Elle avait un ancien numéro de portable et fut presque surprise de l'entendre décrocher aussitôt. Après les politesses d'usage et après lui avoir annoncé que leur conversation était enregistrée, elle lui demanda :

— Je fais un reportage sur Rimitchka. C'est le projet d'un de vos clients. Que pouvez-vous me dire à ce sujet.

— Rien, je suis tenu au secret professionnel, vous le savez bien.

— Je suis allée à Wrangel, vous le saviez ?

— Non, mais, vous connaissant, si j'avais su que vous enquêtiez sur Rimitchka, je me serais bien douté que vous sauriez y aller...

— Parce que, selon vous, Rimitchka est à Wrangel ?

— En voilà une question... Et où voulez-vous que ce soit ?

— Êtes-vous déjà allé à Rimitchka ?

— Secret professionnel...

— Et c'est bien à Wrangel ?

— Puisque vous y être allée, vous l'avez vu de vos yeux, je ne vais pas vous dire le contraire...

— Alors d'où vient l'hélium-3 de votre client Kurt Kasslow ? Parce que je l'ai rencontré et il m'a dit avoir de l'hélium-3.

— Eh bien... Mais de Rimitchka, d'où voulez-vous ?

— Alors, c'est moi qui vais vous surprendre... Pas un atome d'hélium-3 n'est jamais sorti du sous-sol de Wrangel... J'ai vu le contrat de concession, je suis allée à Wrangel, j'y ai vu un site soi-disant minier, mais je n'y ai vu ni machines ni mineurs.

— Vous avez vu le contrat ? Bravo pour le secret bancaire liechtensteinois ! Bon, mais, si vous l'avez lu et puisque les coordonnées géographiques sont dedans, vous avez bien vu où est la mine ! Moi, j'ai fait plus que le lire, je l'ai rédigé et je l'ai fait signer par le concessionnaire et le concédant, alors, arrêtez de me faire douter de ce que j'ai moi-même établi... Il y a les coordonnées géographiques... La mine est bien dans le désert nord de Wrangel. Vous me dites que vous y êtes même allée... Que voulez-vous de plus ?

— Monsieur Vanderloo, je vous remercie de votre collaboration... Vous n'avez rien de plus à me dire ?

— Si ! Je dois vous dire que je ne comprends rien à votre insistance. Vous avez vu le contrat, donc vous le connaissez comme moi. Et vous avez, en plus, l'avantage sur moi d'avoir vu la mine.

— Si vous n'avez rien à ajouter, je vous remercie de votre témoignage. Au revoir, monsieur Vanderloo !

Gaëlle était perplexe. Ce salopard de Vanderloo était vraiment convaincu que le Rimitchka de Wrangel était la mine d'hélium-3... Il n'avait visiblement pas connaissance de l'avenant n°1... Elle avait du mal à mettre de l'ordre dans ses idées et elle appela la DGSE, le général de Saint-Elme.

— Général, je crois que je suis déliée du secret-défense...

— Laissez-moi en juger... Quelles informations avez-vous et comment ?

— Il y a un avenant n°1 au contrat de concession dont je vous ai apporté une page... Enfin, il y a deux avenants, mais le second est juste destiné à transférer le contrat au père de Kurt Kasslow, parce qu'étant liechtensteinois, la mine de Rimitchka sera ainsi liechtensteinoise... Non, le plus étonnant est le premier avenant, qui dit juste que les coordonnées qui sont... euh... je ne les ai plus sous les yeux.

— Oui, alors ?

— Eh bien cet avenant d'une seule page dit que ce sont des coordonnées lunaires... C'est drôle, en allemand, Mond, ça ne veut pas dire le monde, mais la lune ! Alors si on ne parle pas allemand, on voit écrit Mond Koordinaten et on croit que c'est l'équivalent allemand d'un World Geodesic System... Alors...

— Intelligent, un avenant... Comme ça, celui qui voit juste le contrat de concession n'y voit rien que de très légal... Vous l'avez, cet avenant ?

— J'en ai fait une copie avec mon smartphone, oui.

— Bon, alors, ça au moins, vis-à-vis de moi, ce n'est plus secret. Je savais que vous étiez une investigatrice hors pair ! En revanche, pas un mot sur l'intervention de votre conjoint Charles et sur la mission lunaire qu'il commande !

— Merci général... Ah ! Encore une chose. J'ai essayé de tirer les vers du nez de Vanderloo. Je pense qu'il ignore cet avenant n°1 et croit vraiment que tout est dans le désert de Wrangel.

— Vous pensez ou vous êtes sûre ?

— J'en suis sûre à 95%. Il s'est montré agacé, mais plus intrigué que gêné quand j'ai mis en doute le fait que de l'hélium-3 ait jamais pu être extrait du sous-sol de Wrangel. Mais si vous le surveillez, vous aurez le compte-rendu d'écoute téléphonique... Je n'appelais pas en crypté.

— Mais pas un mot sur ce qui se passe réellement sur la lune...

— Comment expliquer que Kurt Kasslow possède de l'hélium-3 ? C'est prouvé, les experts de la banque LGT l'ont fait analyser, alors que je suis sûre par ailleurs qu'il n'y en avait pas à Wrangel.

— S'il n'y a que la banque LGT, n'ayez aucun souci. Le secret est dans leurs chromosomes...

— Il y a aussi le vieux Leni Kasslow, c'est lui le client... La banque ne lui cache rien. Il sait qu'il est titulaire d'une concession lunaire et il sait que c'est contraire au traité de l'espace...

— Le Liechtenstein n'a pas signé le traité de l'espace... Parce qu'il semblait inconcevable qu'il pût devenir un jour une puissance spatiale... Mais cette concession que la Fédération de Russie n'avait pas le droit d'accorder et dont une société liechtensteinoise est titulaire... Ça va le mettre dans une situation scabreuse...

— Je dois accompagner Leni Kasslow pour voir le Prince.

— Enquêtrice hors pair et maintenant diplomate ! Vous m'étonnerez toujours, Gaëlle... Suggérez-lui de signer le traité de l'espace... Ainsi la concession sera ipso facto annulée dès sa ratification.

— Et la mine ? Puisqu'elle existe vraiment sur la lune, même si je n'ai pas le droit d'en parler...

— Les avocats internationaux vont se déchaîner. En attendant, j'imagine qu'un fidéicommis sera confié à la banque LGT. L'hélium-3 pourra être extrait et utilisé et le profit de sa vente sera juste séquestré jusqu'à ce que, comme on dit, une juridiction compétente rende un jugement définitif... Sur un sujet pareil, ce ne sera pas avant la Saint-Glinglin... Leni Kasslow et sans doute aussi son fils seront morts de vieillesse avant.

Comme elle raccrochait, le concierge de l'hôtel l'appelait pour lui dire que Son Altesse le Prince la recevrait en entretien privé avec monsieur Kasslow au château à 15 heures 30. Il convenait de se présenter un quart d'heure avant... Il rappela quelques points d'étiquette dont les étrangers sont souvent ignorants : elle devra faire juste une légère révérence pour le saluer et elle appellera Son Altesse « Monseigneur » dans la conversation...

Pendant que se déroulaient ces entretiens téléphoniques, Leni Kasslow téléphonait à son beau-frère et lui dit juste un mot amusé sur le fait qu'il possédait une mine sur la lune... Le beau-frère appela alors Kurt Kasslow :

— Il sait...

— Quoi ? Wrangel ?

— Non, la lune !

— Déjà ? Merci. Je vous fais virer la somme convenue.

Sitôt raccroché, il appela un numéro à Vaduz.

— Lukas ? Mon père a découvert un secret.

— Quel secret ?

— Ce n'est pas votre problème. Mais il faut qu'il soit conscient qu'il ne doit parler de ce qu'il a découvert avec personne et qu'il doit vous remettre, pour que vous le détruisiez, toute copie en sa possession d'un certain avenant n°1.

— Je saurai faire le nécessaire pour qu'il comprenne son intérêt.

— En douceur, s'il vous plaît... Intimidation, mais pas de brutalités... C'est mon père quand même.

Ce qu'ignorait Kurt, c'était que l'artère coronaire gauche de son père était partiellement obstruée. Ce qu'il ignorait aussi, c'était la violence des méthodes d'intimidation de son homme de main Lukas. Leni

Kasslow n'a pas résisté aux premières « intimidations » qui ont entraîné une tachycardie, puis une fibrillation ventriculaire. Habitué à voir ses victimes perdre connaissance, c'est trop tard que Lukas prit conscience du fait que le vieux Leni Kasslow était en train de mourir. Il y avait des papiers posés sur sa table de travail. Il n'eut aucun mal à trouver cet avenant n°1 et, par prudence, il prit tout le contrat avant de quitter discrètement la scène de crime laissant derrière lui le cadavre du malheureux Leni encore ligoté à son fauteuil de bureau par de la tresse adhésive.

## *Château de Vaduz, 26 avril 15h15*

Le Prince recevait Gaëlle affligé par la mort de son ami. Il gardait le silence et Gaëlle respectait ce silence. Le vaste salon où ils se trouvaient était meublé sobrement et l'intemporalité du décor semblait en harmonie avec la tristesse des circonstances.

Deux heures auparavant, désespérant de voir arriver Leni Kasslow qu'elle avait invité à déjeuner, Gaëlle avait pris son repas seule. Puis, voyant le temps passer sans qu'il se manifeste, elle était allée seule au château. C'est là que le chef de cabinet du Prince lui apprit la nouvelle. Le chauffeur de taxi qui devait conduire Leni Kasslow au Gasthof Löwe, l'avait trouvé mort ligoté sur son fauteuil. Ne voyant pas le vieil homme et sa porte étant entrouverte, il était entré et avait découvert le corps. Il ajouta que Gaëlle était sans doute la dernière personne à l'avoir vu vivant et que la police allait l'interroger. Les enquêteurs, avait précisé le chef de cabinet, avaient trouvé des empreintes digitales partout et avaient identifié le coupable qui était en fuite. D'après la vidéosurveillance de la frontière, il aurait quitté la Principauté vers onze heures en direction de Chur ou de Zurich... Gaëlle était bouleversée... Le vieux Leni était un peu bourru, mais vraiment sympathique... C'est comme elle s'apprêtait à repartir, que le chef de cabinet lui dit que Son Altesse allait quand même la recevoir. Et c'était un homme visiblement abattu qui l'invitait finalement à s'asseoir.

— Madame, les circonstances sont pénibles, mais les devoirs de ma charge m'obligent à mettre les affaires de la principauté avant mes sentiments personnels. Leni était un très grand ami. Ami d'enfance de mon père, et aussi mon ami.

— Je sais, Monseigneur et il avait beaucoup d'admiration pour Votre Altesse. Dès qu'il a découvert la chose, son premier réflexe a été de vous alerter. Avant même d'en parler avec son fils, pourtant le principal responsable.

— Qu'appelez-vous la chose ?

— Mais le contrat Rimitchka et surtout son avenant n°1.

— Ah oui, cette mine d'hélium-3... Il prétendait faire du Liechtenstein le premier producteur d'hélium-3 au monde. Je n'y ai jamais beaucoup cru, mais c'était bien innocent...

— Pas si innocent que cela, Monseigneur... Pas si innocent que cela... Il venait d'apprendre que le contrat de concession dont il était attributaire par voie d'avenant, pouvait nuire aux intérêts de la principauté.

— J'ai vu le contrat, il a beaucoup insisté pour me le montrer. Il s'agit d'une mine en Sibérie, en Tchoukotka, pour être plus précis, concédée par un vice-gouverneur, n'est-ce pas ? Rien de plus régulier.

— Hélas, Monseigneur, il y a un secret. Et ceux qui en ont connaissance meurent. Ce vice-gouverneur est mort une semaine après avoir signé. Maintenant Leni Kasslow... Il avait découvert ce secret ce matin même. Maintenant, je le connais, moi aussi, ce secret, et j'ai peur.

— Un secret cesse en général de faire peur quand il est éventé, Madame. Dites-moi tout.

— Un avenant n°1 au contrat de concession minière précise que les coordonnées géographiques qui font croire que la mine était en Tchoukotka...

— Elle y est, sur l'île Wrangel, je sais,

— Non, Monseigneur, cet avenant n°1 précise que ces coordonnées sont celles d'un référentiel lunaire. Cette concession vise un terrain sur la lune ! Vous voyez le problème...

— Cette concession est donc sans valeur parce que le traité de l'espace l'interdit.

— Mais la Principauté n'a ni signé ni ratifié ce traité de l'espace. En fait, il faudrait que Votre Altesse le fasse pour que le problème soit résolu... Comme le contrat de concession, d'ailleurs...

— Eh bien, je vais le signer... Le seul problème est que, en annulant ainsi sa concession, je devrai indemniser l'actionnaire minoritaire... N'importe... Il n'a sûrement pas encore beaucoup investi... Il n'y a personne sur la lune.

— Un actionnaire minoritaire ?

— Oui, Leni m'a dit que la banque Bivéa lui était imposée par son fils au nom de je ne sais quelles considérations financières. Je n'apprécie guère la banque Bivéa qui cherche toujours à rafler la mise dès qu'il s'agit d'énergies nouvelles, mais cela n'a pas d'importance... Une indemnisation pour un préjudice nul ne coûtera pas cher à la Principauté... Je vais signer le traité. Mais d'ici là, vous voudrez bien considérer cette concession lunaire comme un secret d'état. Je sais que je ne peux pas vous l'imposer, mais je vous le demande comme un service... Laissez-moi une semaine, et si je ne vous ai pas reparlé d'ici là, considérez que vous êtes déliée du secret.

— Je vous suis obligée de votre confiance, Monseigneur. Toutefois, permettez-moi d'émettre des réserves sur l'actionnaire minoritaire. Sans doute n'a-t-il pas encore beaucoup investi, mais puis-je suggérer à Votre Altesse de s'assurer de ce point avant de prendre sa décision et d'oublier que c'est moi qui vous l'ai suggéré ?

— Je vais le faire, bien sûr. Je vous remercie de m'avoir informé et cela restera un secret entre vous et moi.

— Permettez-moi de compatir à votre peine pour la perte de votre ami, Monseigneur. Je n'ai pas eu le loisir de bien connaître Leni Kasslow, mais il était un vieil homme sympathique et si attachant... Et l'histoire de son père, sauvé des griffes de Staline par le courage de votre aïeul m'a littéralement bouleversée...

Dès qu'elle fut sortie, le Prince, très agacé par ces révélations qui lui avaient dévoilé la duplicité du fils de son ami, l'appela directement. Sans même lui présenter de condoléances pour la mort de son père, il lui demanda ex abrupto :

— Dites-moi où se trouve Xavier du Moulin-de-Mars en ce moment. Vous m'avez parlé d'une colonie en Sibérie... Je vous interdis de l'envoyer sur la lune comme je viens d'apprendre que vous en aviez l'intention...

— Mais, Monseigneur, il y est depuis trois ans. Il dirige une colonie de mineurs qui extrait de l'hélium-3. Le Liechtenstein détient désormais le plus gros gisement d'hélium-3 du monde...

— Comment est-ce possible ? Personne n'est allé sur la lune depuis cinquante ans...

— Si, Xavier, sa famille, et trois autres familles de colons y demeurent !

— Une colonie sur la lune ! Cela a dû coûter des milliards...

— Soyez tranquille, Monseigneur... C'est moi-même et la banque Bivéa qui en avons fait apport en compte courant. La banque LGT n'a rien eu à avancer.

— Pourquoi m'avez-vous caché cela ? Cette exploitation est illégale...

— Pas au Liechtenstein, Monseigneur, puisque la principauté n'est pas partie au traité de l'espace... Et si, d'aventure vous envisagiez de signer ce traité, ne perdez pas de vue que la Principauté devrait nous indemniser pour le préjudice que cela nous causerait. La banque Bivéa et moi avons investi trente-six milliards sept cents millions de dollars... Trente-quatre milliards de francs suisses... De toute façon, soyez tranquille, le secret est bien gardé, et tant que cela reste secret, il ne peut rien arriver, n'est-ce pas ? ...

— Est-ce le secret que feu votre père aurait payé de sa vie ?

— Que dites-vous ? Quoi ? Mon père ...
— Vous n'étiez pas encore au courant ? Alors, je vous présente mes condoléances dit-il sèchement avant de raccrocher.

Une heure plus tard, une note verbale[1] émanait de l'ambassade du Liechtenstein à Paris, représentée par l'ambassadeur de Suisse.

*L'ambassade de la Principauté de Liechtenstein présente ses compliments au ministère des Affaires Étrangères et a l'honneur de se référer au traité de l'espace du 19 décembre 1966 et à l'accord sur la lune du 5 décembre 1979. Bien que signataire d'aucun de ces accords, la principauté de Liechtenstein a toujours cherché à faciliter leur exécution paisible. Elle souhaite aujourd'hui signer, puis ratifier ces deux accords. Toutefois, un obstacle à cette signature existe en la personne d'un ressortissant français, du nom de Kurt Kasslow, né le 18 mai 1985 à Schellenberg de parents liechtensteinois. Depuis le décès de son père, Leni Kasslow, citoyen liechtensteinois, son fils Kurt, ressortissant français, est l'héritier d'une exploitation minière du nom de Rimitchka contraire aux susdits traités. Son Altesse le Prince de Liechtenstein aimerait solliciter des autorités françaises leur assistance pour lever cet obstacle à la signature desdits traités. L'ambassade de la Principauté de Liechtenstein saisit cette occasion pour renouveler au ministère des Affaires Étrangères l'assurance de sa très haute considération./.*

Dans le style alambiqué des diplomates, cela signifiait simplement : « Kurt Kasslow a fait quelque chose d'illégal au Liechtenstein. Livrez-le-nous, sinon nous ne pourrons pas signer les traités et accords concernant l'utilisation de l'espace extra-atmosphérique. »

Pendant ce temps, Gaëlle recevait un SMS crypté de la DGSE,

*Secret Défense*

*Vous serez sans doute intéressée d'apprendre que le corps sans vie de Joël Vanderloo a été repêché ce matin dans la Seine aux Andelys, ponton de l'hôtel de la Chaîne d'Or. G de Saint-Elme*

Décidément, se dit-elle, il ne fait pas bon être dans le secret de Rimitchka. Le gouverneur tchouktche, Leni Kasslow, et maintenant Vanderloo sont morts... Sans compter deux astronautes disparus. Les autres à connaître le secret de Rimitchka sont le Prince, la DGSE et moi... Plus Charles et un autre astronaute sur la lune.

---

*1 C'est un écrit diplomatique étrange à la fois formel et informel par lequel deux entités diplomatiques échangent des informations. C'est un document purement informatif qui joue pourtant un rôle fondamental dans les relations entre états.*

Elle retourna à l'hôtel pour tenter de négocier avec la DGSE la levée du secret-défense couvrant la localisation de Rimitchka. « Vos investigations ont prouvé que la concession minière de Rimitchka était sur la lune. Le secret est levé. Mais le fait que cette concession soit déjà en exploitation reste classifié au niveau de secret-défense qui vous a été notifié » fut la seule réponse qu'elle obtint.

Elle se présenta à la Landespolizei de Vaduz... Puisqu'elle devait être entendue, autant que ce soit tout de suite, s'était-elle dit. Elle raconta tout ce qu'elle savait, à l'exception du fait que la concession Rimitchka était sur la lune. À 16 heures trente, elle quittait le siège de la police. Rien ne la retenait plus à Vaduz. À 17 heures elle prenait la route

## *Hôtel de la Chaîne d'Or, Les Andelys, France, 27 avril*

Gaëlle avait quitté Vaduz en traversant le Rhin par le « Neue Rheinbrücke », à deux cents mètres en amont du fameux pont couvert en bois désormais désaffecté... Elle avait pris l'autoroute et ne l'avait quittée qu'à Gaillon, en Normandie, à une heure et demie du matin pour arriver aux Andelys à deux heures. Malgré plusieurs pauses essence, café, sandwich, ou autres dans ces aires d'autoroute qui sont aux voyages d'aujourd'hui ce que les oasis étaient aux caravanes de chameaux, elle commençait à fatiguer un peu. Comme le concierge de nuit de l'hôtel de la Chaîne d'Or lui donnait sa clé, elle demanda :

— N'est-ce pas ici qu'a eu lieu un crime récemment ?

— Ce matin, juste derrière l'hôtel, on a repêché un poivrot qui était tombé dans la Seine en amont et dont le corps a dérivé jusqu'ici... Ce n'est pas un crime, même si les gendarmes ont pas mal perturbé la tranquillité de l'hôtel... Pourquoi ?

— Je suis journaliste...

— Ah ! Mais oui ! Je vous connais, je vous ai vue sur La Cinquième...

— Alors, tout ce qui sort de l'ordinaire...

— Vous êtes venue de Paris pour ça ? ! Un alcoolo qui se noie dans la Seine, ça fera juste un article dans la page locale de Paris-Normandie... Alors la télévision, surtout une grande chaîne nationale...

— Qui sait, qui sait ! ... dit-elle énigmatique.

La chambre de Gaëlle, chambre « Richard Cœur de Lion », était une vaste pièce cossue au premier étage, haute de plafond, joliment arrangée façon décor d'opérette moyenâgeuse. Elle comprenait deux grandes fenêtres donnant sur la Seine que la lune éclairait d'une pâle lumière froide. A neuf heures elle prenait son petit déjeuner en lisant Paris-Normandie. La page locale « Les Andelys » comprenait un article intitulé « L'inconnu de la Seine » et relatait la découverte du corps d'un ivrogne inconnu noyé dans la Seine. Il y avait une photo prise, apparemment, d'une des fenêtres de la salle à manger... Elle demanda à l'hôtesse si c'était bien d'ici que cette photo avait été prise.

— Oui, elle a été prise par mon mari... Le corps a été enlevé en hélicoptère moins d'une heure après l'arrivée des gendarmes, alors Sylvie Adret ne...

— Sylvie Adret ?

— Oui... La journaliste de Paris-Normandie... Celle qui a signé l'article. Elle n'a pas pu faire de photos elle-même. Elle a trouvé bizarre que le corps ait été enlevé si vite et en hélicoptère.

— Je vous confirme... C'est bizarre ! D'ailleurs elle l'a même écrit dans son article.

— Et ce n'était même pas un hélicoptère de la gendarmerie, mais un appareil de l'armée de terre... C'était écrit dessus... Alors quand Sylvie Adret est arrivée, les gendarmes finissaient de plier bagage. Elle a juste pu interviewer le capitaine Holmier, c'est l'article que vous voyez, et, heureusement qu'elle a pensé à le demander à mon mari, la photo, c'est une de celles qu'il a prises... Vous comprenez, il n'y avait plus rien à photographier...

— Pourrais-je parler à votre mari ? Je suis, moi aussi, journaliste...

En fait, son mari était l'hôtelier lui-même. C'est ainsi que Gaëlle vit toutes les photos et que certaines, trop morbides pour être publiées, étaient prises d'assez près pour que le visage de Joël Vanderloo, qu'elle connaissait bien, soit parfaitement identifiable... Elle chargea les photos sur son smartphone et promit, en échange, un copyright de 100 euros par photo que sa chaîne utiliserait... Elle se rendit à la gendarmerie, un peu plus loin, avenue de la République... Elle demanda le capitaine Holmier en disant que c'était en rapport avec le cadavre découvert la veille sur la Seine et en se présentant comme journaliste...

— Bonjour, Madame... En quoi un fait divers local aussi anodin intéresse-t-il une chaîne de télévision nationale ?

— Bonjour, capitaine. En fait, je viens faire une déposition.

— Une déposition ?

— Je sais qui est la victime... Je dis victime parce qu'il est totalement invraisemblable qu'un personnage comme lui se soit saoulé au point de se noyer dans la Seine...

— Pouvez-vous être plus précise ?

— Oui, mais donnant donnant, je suis journaliste, alors je fais aussi mon métier. Pouvez-vous me dire pourquoi le corps a été évacué en hélicoptère ? Pour un cadavre, ce n'est pas banal... Surtout quand ce n'est pas un hélico des services de secours...

— D'accord, je vous le dirai. Qui est la victime ?

— Il s'appelle Joël Vanderloo. C'est un ancien inspecteur général des finances qui a été exclu du corps de l'inspection des finances pour prise illégale d'intérêts. Si vous voulez, je puis être plus diserte sur plusieurs de ses malversations.

— Je sais, j'ai vu son dossier judiciaire...

— Mais comment... Vous saviez ?

— Il a été emporté fissa pour le soustraire à la curiosité des enquêteurs. L'ordre de cacher son identité et de faire croire à une noyade accidentelle vient d'en haut.

— D'où en haut ?

— DGSE... Mais ça, vous ne le publierez pas parce que votre rédac'chef vous le censurera... J'ignorais que le patron de l'hôtel avait fait des photos. Je l'ai découvert ce matin en lisant Paris-Normandie... Sylvie Adret m'a interviewé, mais elle s'est bien gardée de me dire qu'elle avait des photos. D'ailleurs, elle n'a pas fait son métier parce que passer sa photo à l'IA lui aurait permis de trouver des correspondances avec Joël Vanderloo...

— Vous êtes en train de me dire des choses que l'on vous a demandé de cacher...

— C'est délibéré... Si un journaliste, vous par exemple, publie que nous n'aurions pas été foutus d'identifier quelqu'un qui a fait la une de la presse à scandale voici moins de deux ans, nous passons pour des jambons, nous les gendarmes... Alors, oui, je vous confirme que c'est bien Joël Vanderloo. Mais vous noterez que je vous confirme que je le sais, je ne vous en informe pas : nuance.

— Sylvie Adret va vous en vouloir...

— Elle n'avait qu'à me parler des photos... Elle est jeune et ne comprend pas bien que son métier, c'est donnant donnant. Je vous apprends quelque chose et vous m'apprenez quelque chose... Elle le saura à l'avenir.

— Qu'est-ce que je vous ai appris ? Vous saviez déjà pour les photos et pour Vanderloo...

— Vous n'avez pas bronché d'un cil quand j'ai cité la DGSE. Ça, voyez-vous, c'est déjà une information. C'est la preuve que vous en savez plus que ce que vous m'avez dit.

— Vous avez raison....

— Alors donnant donnant... Je vous écoute !

— D'accord, je vais vous dire ce que je sais. Joël Vanderloo était le conseil d'une société liechtensteinoise appelée Rimitchka. Une société minière...

— Il y a des mines au Liechtenstein ?

— Non, la société est liechtensteinoise, mais sa mine est dans l'océan Arctique. En fait, il y a beaucoup de morts dans cette affaire. Le dernier est Vanderloo, donc, mort avant-hier soir. J'arrive tout droit de Vaduz où j'ai enquêté sur Rimitchka et où l'actionnaire majoritaire de cette société minière a été assassiné hier matin... L'homme politique qui a concédé les droits miniers à la société Rimitchka est mort d'un accident d'avion juste après avoir signé... Le reste est secret-défense... Et vous comprenez ainsi pourquoi je n'ai pas été étonnée de voir apparaître la DGSE dans cette affaire... Je ne sais pas si ces informations peuvent vous aider, mais, vous voyez, on meurt beaucoup dans ce dossier.

— Et vous-même ? Vous devriez solliciter une protection... Je vais vous en assurer une pendant le temps que vous passerez aux Andelys... Je considère que votre déposition d'aujourd'hui peut vous mettre en danger. Je vais vous faire accompagner par la gendarme Agnès Ducloux tant que vous serez dans ma circonscription... Je ne voudrais pas qu'un témoin se fasse assassiner en sortant de déposer à ma gendarmerie...

— Toujours donnant-donnant, capitaine, vous me protégez et, comme ça, vous saurez comment avancent mes investigations, n'est-ce pas ?

— Je vous protège parce que je vous estime menacée, mais, vous avez raison, je serai plus serein si je sais ce que vous faites !

Gaëlle quitta la gendarmerie flanquée d'Agnès Ducloux, un peu engoncée dans son blouson parce que le règlement prévoit que le gendarme affecté à la protection d'une personne doit porter son gilet pare-balles, ce que la jeune gendarme, habituée à obéir, acceptait sans broncher...

Ni le patron de l'hôtel ni son épouse ne purent lui en apprendre davantage. Gaëlle gagna sa chambre pour mettre le résultat de ses investigations par écrit sur son ordinateur. Agnès Ducloux se refusa à l'attendre dans le hall et exigea de l'accompagner.

L'entrée de la chambre « Richard Cœur de Lion » était en retrait du reste de la pièce en sorte que les fenêtres n'en étaient pas visibles. Très professionnelle, la gendarme fit attendre Gaëlle dans ce renfoncement et s'avança pour inspecter la pièce. Quand elle se trouva juste en face de la première fenêtre, une vitre se brisa, une détonation claqua et elle tomba à terre frappée en pleine poitrine. Le gilet pare-balles avait fait son office, mais elle avait une côte cassée. À Gaëlle qui était accourue, elle put dire, avec une grimace de douleur « Éloignez-vous de la fenêtre et avertissez ma hiérarchie ».

L'enquête balistique menée tambour battant établira, dès le début de l'après-midi, que la balle était du 5.56 NATO et qu'elle avait été tirée depuis le manoir « de lord Woodroffe » sur l'Île du Château, à quatre cents mètres de l'hôtel à l'aide d'une carabine Smith & Wesson MP15. Selon les experts, un tel tir est à la portée de n'importe quel bon tireur. L'île ne comporte pas de pont et n'est accessible que par voie fluviale. Le tireur s'était introduit dans le manoir en forçant une serrure. Il avait déjà quitté l'île quand les gendarmes y sont arrivés en Zodiac... Les voilages de la fenêtre de Gaëlle étaient tirés. L'assassin aura certainement vu la silhouette de la gendarme et l'aura prise pour Gaëlle. Plus tard, les investigations auprès des opérateurs de télécommunications mettraient en évidence un portable qui serait arrivé au niveau de l'île une heure avant le coup de feu et qui en serait reparti juste après... Ce portable avait appelé à plusieurs reprises un numéro en Allemagne et l'a rappelé lorsqu'il était sur l'île. La saisine de l'opérateur allemand apprendrait que son correspondant était une ligne fixe appartenant à la Société de Philosophie Parhumaniste, château de Todtmoos, 79682 Todtmoos, Bade-Wurtemberg. Ce portable a également appelé un autre portable localisé dans la même cellule GSM que lui, sans doute aux Andelys même, mais c'était un appareil à carte prépayée dont il fut impossible de déterminer le propriétaire.

Gaëlle, à peine remise de ses émotions, était à la gendarmerie et avait terminé sa déposition quand le capitaine Holmier l'invita à passer dans son bureau.

— Alors, vous voyez que le donnant-donnant, ça peut servir... Vous devez une fière chandelle à la gendarme Ducloux !

— Oui, capitaine... Je suis vraiment désolé qu'elle soit blessée... Puis-je faire quelque chose pour elle ?

— Une côte cassée, ce sont les risques du métier, dit alors Agnès Ducloux qui venait d'entrer sans que Gaëlle ne l'ait remarquée. Le seul problème est que je ne peux plus rire sans que ce soit douloureux... Ça va me manquer quelques jours !

— Dites-moi, capitaine... Vous m'avez dit que le tireur avait sans doute un complice dans l'hôtel... Vous avez examiné la liste des clients ?

— Bien sûr, bien sûr, mais je ne vais pas vous la montrer. Secret de l'instruction... Et respect de la vie privée, car vous êtes journaliste...

— Si je m'engage à ne rien publier de cette liste, me croirez-vous ?

— J'espère ne pas me tromper sur votre compte, dit-il en lui tendant une liste de douze noms.

— Je vois un Allemand, là, Gerhard Kriegelstein... C'est bizarre ce nom me dit quelque chose... Je ne me rappelle pas quoi, mais je l'ai entendu récemment...

— Je vous en prie, essayez de vous rappeler, ce peut être important... Nous ne les avons pas retenus et ils peuvent partir. Gerhard Kriegelstein est arrivé à l'hôtel avant-hier. Il doit partir aujourd'hui...

— Oh, ça y est, ça me revient... Le secrétaire particulier de Kurt Kasslow s'appelle Kriegelstein.

— Kurt Kasslow ?

— Celui qui a signé le contrat de concession Rimitchka. L'autre signataire était un vice-gouverneur de Tchoukotka...

— Tchoukotka ?

— Un district autonome perdu à l'extrême nord-est de la Sibérie...

— L'homme politique dont vous m'avez dit qu'il était mort d'un accident d'avion ?

— Lui-même ! Et en plus, Leni Kasslow, assassiné hier matin chez lui, à Vaduz, était le père de Kurt Kasslow ...

Holmier passa la tête dans le couloir et dit :

— Amenez-moi fissa Gerhard Kriegelstein, client de la Chaîne d'Or, en garde à vue dans l'affaire de la tentative d'homicide sur la gendarme Agnès Ducloux... Vite ! Et mettez-le au frais avant qu'il ne parte. Et s'il est déjà parti, retrouvez-le ! Ça fait, un homicide et une tentative d'homicide en deux jours...

— Deux homicides, l'interrompit Gaëlle, en comptant celui de Leni Kasslow à Vaduz... Tous des personnes liées à Rimitchka... Avec, dans le voisinage, le secrétaire particulier du fondateur de Rimitchka... C'est... Disons...

— Un faisceau d'indices, comme on dit dans notre jargon... Ça devrait suffire pour obtenir qu'il soit déféré.

— N'oubliez pas que vous n'avez plus la preuve du premier meurtre... Le cadavre est à Paris et vous avez déclaré à la presse qu'il était mort par accident... Votre procès-verbal est classifié secret-défense, vous ne pourrez même pas le donner au proc[1] ! Le premier avocat venu fera voler le dossier d'accusation en éclat... Et ces gens-là ne se contenteront pas d'un avocat désœuvré commis d'office... Vous aurez en face de vous les plus grands pénalistes de France. Non, il faut coopérer avec la DGSE. Je vous suggère de m'accompagner. Nous allons voir le général de Saint-Elme.

— Mais vous le connaissez donc ? ...

— Oui, très bien, d'ailleurs c'est autant pour lui que pour ma chaîne de télévision que j'enquête ! Comme le suspect va être mis au frais pour

---

*1 Procureur de la République, en langage familier*

vingt-quatre heures, vous avez bien le temps d'un aller et retour à Paris. Allez, capitaine, on se bouge. Je passe à l'hôtel faire mon check-out et on y va...

— On prend ma voiture... On ira plus vite avec un véhicule de gendarmerie !

## *DGSE une heure plus tard*

Le feu tournant et la sirène de la voiture de gendarmerie ont rempli leur rôle : il ne leur fallut pas une heure pour gagner le siège de la DGSE... Le général de Saint-Elme les accueillait.

— Bonjour, Gaëlle... Bonjour, capitaine... Dites-moi, Gaëlle, quand je disais que vous pourriez être mon coup de pied dans la fourmilière... Je ne m'attendais pas à tant... Deux assassinats et une tentative d'assassinat en une semaine... Quand vous enquêtez, vous n'y allez pas de main morte, au moins !

— Justement, le capitaine Holmier...

— J'ai lu votre rapport, capitaine. Il est clair et je vous en remercie... Mais il y a un point dont vous n'avez pas parlé aux deux officiers que je vous ai envoyés...

— Vous savez, mon général... Ils avaient l'air si pressés que je n'ai pu leur dire que l'essentiel... De quel point particulier parlez-vous ?

—Du fait que la dérive du corps dans la Seine n'est pas le scénario le plus vraisemblable et que tout porte à croire que le meurtre a eu lieu aux Andelys même... Vous auriez dû leur dire tout ça...

— Oui, mais, sauf votre respect, mon général, cette hypothèse foireuse d'un corps dérivant, c'est eux qui l'ont émise, et qui me l'ont imposée comme version officielle... Les restes de végétation et de débris qui étaient accrochés au corps montrent au contraire qu'il est resté plusieurs heures, peut-être même toute la nuit, coincé par le duc d'Albe. Pour moi, le meurtre a eu lieu aux Andelys dans la rue de la Tour. C'est une ruelle qui longe la façade latérale de l'hôtel et débouche sur la berge de la Seine. C'est après leur départ que nous avons relevé des traces de lutte sur le petit escalier de la ruelle. Des traces de sang indiquent que c'est juste au bas de cette ruelle que le corps a été jeté à l'eau. Il était lesté de plusieurs pierres et il aurait dû couler en quelques minutes, mais il n'a pas fallu ce temps pour que le courant lui fasse franchir les quelque vingt mètres qui le séparaient du duc d'Albe qui l'a empêché de couler. Il est probable que, dans la nuit, le meurtrier n'aura pas remarqué que le corps était resté en surface... Et quand Madame Le Couëdic m'a dit que le secrétaire particulier de l'homme qui semble être au cœur de l'énigme logeait à la Chaîne d'Or, cela ne faisait plus guère de doutes... Je viens d'être avisé par radio que nous l'avons appréhendé et qu'il est en garde à vue.

— Une chose me tracasse, général, intervint Gaëlle : qu'allaient-ils faire aux Andelys ? Vanderloo y rejoint le secrétaire de Kurt Kasslow et se fait tuer. Plus précisément, qu'allait-il faire rue de la Tour aux Andelys ? A-t-il été attiré dans un piège ou bien s'est-il simplement querellé avec Kriegelstein, une querelle qui aurait mal fini

— Il faut interroger Kriegelstein tant que nous l'avons sous la main, reprit le général. Il faut une heure à un avocat pour arriver aux Andelys et trente minutes pour qu'il obtienne du procureur d'Évreux une ordonnance de remise en liberté... Il n'y a pas une minute à perdre... Il faut absolument empêcher Kriegelstein d'entrer en contact avec son patron Kurt Kasslow.

Par téléphone, Saint-Elme résuma le dossier à l'avocat général qui suivait l'affaire Vanderloo. Habilité, lui, au secret-défense, il décida que le prévenu Kriegelstein devait être déféré au tribunal judiciaire de Paris et sollicita du juge sa mise en détention préventive...

— Merci de votre coopération, capitaine Holmier... Vous avez fait tout ce qu'il fallait, malgré le secret-défense qui ne vous a pas facilité la tâche, j'en suis conscient...

— C'est surtout le risque de voir la gendarmerie décriée dans les médias parce que vos émissaires m'ont dicté un scénario officiel qui a immédiatement perdu toute vraisemblance !

— Un scénario débile, d'accord...

— Maintenant, les choses sont rentrées dans l'ordre. Un assassinat, une tentative d'assassinat, et un suspect sous les verrous... On retombe dans le classique, le public aime ça, mon général... Vous, vous êtes dans des sphères de secret-défense et si le public déteste être tenu dans l'ignorance, il y a une chose qu'il déteste encore plus, c'est qu'on le croie prêt à gober n'importe quoi : c'est ça qui fait les choux gras des complotistes de tout poil « Quand on voit ce qu'on voit et quand on sait ce qu'on sait, on voit bien ce qu'on saurait si on savait ce qu'on ne voit pas ! »

— Bien vu ! Et donc doublement merci de votre collaboration ! Notre attention est attirée par la Société de Philosophie Parhumaniste, la SPP... Une secte qui a des ramifications partout. Elle noyaute tout ce que le monde compte d'écologistes, d'utopistes et d'affairistes verts, depuis les partis politiques jusqu'aux ministères de l'environnement en passant par les industries du bio et des énergies renouvelables... Ils sont partout et ils sont riches à milliards... Pardonnez-moi, capitaine, mais oubliez ce que je vais dire, c'est secret-défense : ce sont sans doute eux, les financiers de Rimitchka ! Et ça a coûté des dizaines de milliards.

— Rimitchka pourra être déclassifié dans quatre jours, dit Gaëlle. C'est le délai que j'ai dû promettre au Prince... Vous m'aviez bien dit que ce que je découvrirais par mes investigations propres serait déclassifié, n'est-ce pas ?

— Oui, oui... C'est toujours d'actualité... Vous savez où est Rimitchka, reprit Saint-Elme... Mais pourquoi quatre jours ?

— Actuellement, Rimitchka est légal parce que c'est une mine d'une principauté qui n'est pas signataire du traité de l'espace... Le Prince veut signer le traité mais, ce faisant, il devrait indemniser les propriétaires de Rimitchka... La somme est trop élevée. Il m'a demandé une semaine et m'a dit que, sans nouvelles de sa part d'ici là, je serais déliée du secret... En fait, je crois qu'il y a une faille dans le contrat.

— Une faille ?

— Oui, une faille, reprit Gaëlle. L'avenant n°2 au contrat de concession transfère la société au nom de Leni Kasslow et en fait ainsi une mine d'hélium liechtensteinoise, parce qu'il est liechtensteinois, contrairement à son fils.

— Ainsi, elle est une société liechtensteinoise, donc ses activités sont protégées par la loi liechtensteinoise qui n'interdit pas l'exploitation de la lune parce que le Liechtenstein n'est pas partie au traité de l'espace.

— La lune ? Demanda le capitaine Holmier incrédule.

— Oh, capitaine, secret-défense, pour la lune, n'est-ce pas, ajouta-t-il en voyant l'expression ahurie du gendarme.

— C'est bien noté mon général. Avez-vous encore besoin de moi ?

— Non, non capitaine, je vous remercie de votre coopération, mais je ne vous retiendrai pas davantage. Vous pouvez disposer.

La capitaine se leva, salua et sortit du bureau.

— Au revoir, capitaine, fit Gaëlle en lui serrant la main et remerciez encore pour moi la gendarme Ducloux... Puis, à destination de Saint-Elme : oui, la gendarme Ducloux a pris la balle qui m'était destinée, j'en suis encore toute chamboulée... Pour en revenir à Rimitchka, si Kurt, qui n'est pas liechtensteinois, en héritait, elle deviendrait une société offshore et ses activités ne seraient plus protégées par la principauté.

— Vous parliez d'une faille ?

— Leni Kasslow na pas signé l'avenant n°1.

— Celui dont vous m'avez parlé au téléphone et qui précise que les coordonnées géographiques de la concession sont des coordonnées lunaires et pas terrestres ?

— Oui, celui-là. J'en ai fait une copie avec mon smartphone... La banque LGT a d'ailleurs précisé à Leni Kasslow qu'il devrait signer cet avenant au plus vite... Évidemment, sa mort fait que cet avenant ne sera jamais signé.

— Oui, vous me l'avez dit.

— Attendez, je l'envoie sur votre portable... Regardez : le paraphe de Leni Kasslow n'y apparaît pas...

— Les autorités de la Principauté savent que cet avenant n'est pas paraphé ?

— Je ne crois pas, non... En fait Leni Kasslow l'a découvert à la banque. Il m'en a parlé juste après et il est mort. Quant à moi, je n'en ai pas parlé au Prince. Donc, je pense qu'il ne le sait pas. En fait, j'ai de bonnes raisons de penser que le vrai financier de l'opération est la banque Bivéa et que la banque LGT n'est que l'émetteur des actions. L'essentiel du financement n'est pas le capital, mais les comptes courant d'associés, Kurt Kasslow et, surtout, la banque Bivéa...

— La principale « banque verte » d'Europe... Elle a de nombreux actionnaires, mais un montage capitalistique cornecul fait qu'en pratique, un seul actionnaire y détient tous les droits de vote, c'est la SPP dont elle constitue l'un des principaux leviers financiers... Vous voyez, Gaëlle, tout retombe sur eux... Je pense que Kurt Kasslow n'est que leur pantin, celui par qui ils ont pu se positionner sur une société liechtensteinoise...

— Vous m'intéressez, général, j'ai bien envie de faire un reportage sur eux...

— Oh ! J'oubliais, j'ai une bonne nouvelle pour vous, Gaëlle, Charles est sur le chemin du retour... Il atterrira à Boca Chica, au Texas dans vingt-quatre heures...

— Waouh ! Mais vous aviez oublié le plus important !

— Si vous voulez y aller, Marie-Jeanne va vous établir un ordre de mission pour vous permettre de l'accueillir dès son arrivée ! Vous avez bien mérité ça, après tout ce que vous avez fait ! Quand j'espérais que vous seriez un coup de pied dans la fourmilière, je n'imaginais quand même pas qu'en moins d'une semaine, vous puissiez créer un tel bordel...

— Général, vous êtes un ange !

— Non non, c'est intéressé de ma part. J'ai besoin de mettre un peu d'ordre dans ce dossier... Et vous en éloigner quelques jours est nécessaire pour ça... Vous êtes une vraie tornade !

Une demi-heure plus tard, après que le général de Saint-Elme eut fait passer sa demande par le cabinet du premier ministre, une note verbale était envoyée par le ministère des Affaires Étrangères.

*Le ministère des Affaires Étrangères présente ses compliments à l'ambassade de la Principauté de Liechtenstein et a l'honneur de se référer à sa note verbale du 26 avril relative au traité de l'espace du 19 décembre 1966 et à l'accord sur la lune du 5 décembre 1979. Il estime que Son Altesse le Prince pourrait être intéressé d'apprendre que le transfert de la société Rimitchka de Kurt Kasslow à son père Leni n'est pas complet parce que ce dernier n'a pas signé l'avenant qui ferait relever l'activité de cette société du traité de l'espace précité, en sorte que la société Liechtensteinoise Rimitchka n'a, en l'état du contrat, été dévolutaire que d'une mine en Sibérie. Il croit devoir attirer l'attention de l'ambassade de la Principauté de Liechtenstein sur le fait que des intérêts financiers puissants pourraient chercher à faire disparaître l'exemplaire original de ce contrat déposé à la banque LGT à Vaduz. En ce qui concerne Kurt Kasslow, le ministère des Affaires Étrangères souligne qu'il est citoyen de la République française et qu'il a sollicité la protection des autorités françaises. Le ministère des Affaires Étrangères saisit cette occasion pour renouveler à l'ambassade de la Principauté de Liechtenstein l'assurance de sa très haute considération./.*

Saint-Elme en lisait la copie qui venait de lui parvenir, un peu agacé par les circonlocutions diplomatiques. En langage ordinaire, non diplomatique, ça voulait dire : « L'avenant qui concerne la lune n'est pas signé, donc le contrat ne fait pas obstacle à ce que le Liechtenstein signe le traité de l'espace. Quant à Kurt Kasslow, il est français, alors on le garde. Débrouillez-vous avec ça, et méfiez-vous de la banque Bivéa. »

## *Boca Chica, Texas, 29 avril*

Gaëlle, très excitée à l'idée de revoir enfin Charles, était allée directement du boulevard Mortier à l'aéroport du Bourget où un Boeing BBJ siglé Space-X attendait. La mission lunaire avait officiellement été affrétée par l'ESA et la NASA et le prix comprenait cinquante invités pour le lancement et autant pour le retour... Évidemment, il n'y avait eu personne au lancement. Mais pour le retour, CIA et DGSE s'étaient mis d'accord sur le fait que des invités pourraient venir assister à l'atterrissage du Starship, mais ne seraient pas informés de ce qu'il venait de plus loin que d'un simple vol orbital de cinq semaines... L'intérieur du BBJ était luxueux, divisé en dix petits salons de cinq fauteuils cossus, quand le même appareil en version avion de ligne comporte deux cents places.

Dès l'arrivée, à 8 heures 15 heure locale, soit 15h15 heure de Paris, trois minibus les avaient amenés à la base... On leur avait d'abord fait visiter le pas de tir puis l'aire d'atterrissage qui allait recevoir le vaisseau spatial Starship ramenant les cosmonautes... Puis, à deux miles de là, par une route qui traversait le marais, ils virent un long mur noir portant en lettres blanches de deux mètres de haut l'inscription « STARBASE », et enfin l'entrée de la base. Ce qui frappait ici était que tout était noir ou blanc. Aucune couleur n'égayait les bâtiments. On les emmena au PC opérations où ils rejoignirent les invités NASA. Beaucoup se connaissaient et se congratulaient à grands coups de tapes dans le dos... Gaëlle ne connaissait personne et, quand on l'interrogeait, elle répondait simplement « Conjointe d'un des astronautes ». Ils pouvaient suivre le travail des techniciens qui contrôlaient la rentrée du Starship dans l'atmosphère. On avait offert aux invités une coupe d'une sorte de champagne texan que Gaëlle n'apprécia guère... Il y eut une tension palpable quand l'énorme vaisseau spatial apparut sur l'écran principal de la salle technique. On le voyait s'approcher avec cette impression d'immobilité que donnent toujours les vues prises au cinéthéodolite [1] parce que la caméra dézoome au fur et à mesure que l'appareil approche, en sorte le cadrage reste inchangé et que l'on n'a pas le sentiment de le voir s'approcher... Puis l'ordre « Ignition » fut relayé par les haut-parleurs de la salle de contrôle. On vit les moteurs de l'engin s'allumer en rétrofusées. Puis un grondement grandissant fut perceptible, même à travers les murs de la salle. Ils atterrissaient. Enfin le silence et l'annonce « Landed » provoqua des applaudissements enthousiastes... Lorsque leur accompagnatrice se leva pour prendre la parole, Gaëlle s'approcha d'elle et lui dit :

— Je voudrais aller accueillir Charles Longhieu... On m'a dit que ce serait sans doute possible...

— Vous êtes Gaëlle ? dit-elle en regardant le badge qu'elle portait au cou, oui, je suis au courant... Voyez l'agent de sécurité là, avec une casquette de police, à côté de la porte. Il va vous y conduire.

Elle sortait de la voiture au pied de la fusée quand Charles et un autre astronaute sortaient de l'ascenseur, en combinaison de vol, solidement maintenus chacun par deux infirmiers à cause de la durée supposée de leur séjour en apesanteur.

— Charles !

— Gaëlle ! Ça alors ! Toi ici ? Il essaya d'échapper à ses infirmiers, mais, même s'il n'était pas resté très longtemps en apesanteur, six semaines de pesanteur lunaire lui avaient fait perdre le sens de son poids terrestre et ce mouvement vif ainsi que le poids de ses équipements le firent tomber à la renverse. Il éclata de rire, allongé sur

---

[1] *Appareil qui permet le relèvement et le pointage en temps réel d'engins balistiques.*

le dos sur le tarmac. Gaëlle le rejoignit et ils s'embrassèrent autant que le permettait son encombrant vêtement spatial...

— C'est bon de te revoir... lui chuchota-t-il, je n'ai même pas le droit de dire d'où nous venons...

— Rimitchka. Je sais. T'inquiète...

— Quoi ? Tu sais ? Comment ?

— Je te raconterai...

— Mais garde-le pour toi... Pour tout le monde ici, Liam et moi venons de passer un mois et demi en orbite terrestre. Tu n'imagines pas comme je suis heureux de te voir...

On les sépara finalement en disant à Gaëlle :

— Je suis le docteur Stanberg. Votre mari vient de faire un long séjour en apesanteur... Il doit faire de la rééducation et de la kiné... Maintenant, il faut qu'il vienne avec nous pour se défaire de sa combinaison mais vous pourrez le voir juste après...

— Mais...

— Il a une chambre à l'Holiday Inn de la Starbase. C'est un hôtel réservé à l'entraînement et à la remise en forme de astronautes, mais les conjoints y sont parfois admis. Vous avez une autorisation. Vous pouvez y aller, il y sera dans moins d'une heure. Il faut qu'il y reste plusieurs jours à faire sa rééducation. La gravité est une force redoutable pour ceux qui en ont été privés... Mais vous pourrez partager sa chambre... Toutes les chambres ont un lit king-size... C'est un hôtel très confortable... vous pourrez vivre à deux pendant cette période.

À la Starbase, l'hôtel était apparemment semblable à n'importe quel autre Holiday Inn, avec sa salle de fitness, sa piscine et son restaurant... La différence était que la piscine, le fitness et le massage étaient obligatoires pour les astronautes. Comme Gaëlle prenait la clé de la chambre, elle s'étonna de voir son accompagnateur la suivre... Arrivés devant la porte, il s'excusa, prit la clé, sortit une arme de poing d'on ne sait où, ouvrit la porte et inspecta la chambre l'arme à la main...

— On m'a dit que vous étiez une VIP et que nous devions veiller à votre sécurité. En plus, la mission dont revient votre mari est classifiée « Top Secret ». Je resterai dans le couloir, à côté de votre porte.

— Alors, prenez garde à vous... On m'a tiré dessus avant-hier... Et c'est votre collègue française qui a pris la balle... Enfin son gilet pare-balles...

— Je sais... On m'a dit aussi que vous étiez une VIP menacée... Merci de vous soucier de moi, mais c'est mon job. En début de soirée, je serai relevé par un collègue que je vous présenterai personnellement. Ne faites confiance à personne d'autre.

# *PAULINE*

## *Rimitchka pendant ce temps-là.*

À Rimitchka, Pauline s'était vu attribuer une cabine et Dave aurait dû partager celle du professeur Sagnol...

— Si ça ne vous ennuie pas, on pourrait partager la cabine, Dave et moi, ça dérangera moins le professeur... a dit Pauline ingénument sous l'œil amusé du professeur qui avait remarqué, lui aussi, que Pauline et Dave étaient, l'un pour l'autre, plus que de simples coéquipiers.

C'est ainsi que la vie des trois prisonniers a commencé à s'organiser... D'ailleurs il fallait rendre cette justice à Xavier qu'en l'absence d'instructions précises, il ne leur imposait rien de plus que le règlement de la base tel qu'il s'imposait à tous les colons... Et même, contrairement aux ados – il n'y avait quand même pas d'enfants en bas âge – qui ne pouvaient sortir seuls, ils pouvaient utiliser le sas et aller se promener sur le régolithe, dans la limite de deux kilomètres, limite imposée pour des raisons de sécurité, mais qu'aucune contrainte matérielle n'empêchait concrètement de dépasser.

Dès leur deuxième jour, il leur a fait visiter la base, non par souci de leur être agréable mais par souci de sécurité, pour qu'ils ne risquent pas de faire n'importe quoi. Dave était déjà dans le sas en train de revêtir sa combinaison de sortie. Pauline, Xavier et le professeur l'imitèrent. Dehors, Xavier, qui portait son fameux casque « I'm the boss » leur désigna la construction cubique, deux kilomètres plus loin.

— Là-bas, nous avons la centrale d'énergie. C'est une centrale solaire complétée par un SMR[1]. Vous voyez le câble au sol... C'est lui qui nous apporte l'énergie. Ne vous approchez pas de cette centrale parce que, comme il n'y a ni eau ni air pour le refroidir, le SMR ne confine pas les rayonnements. Certes, il rayonne surtout des alphas, des betas et des neutrons[2], mais il émet aussi des X et des gammas... Alors chacun de nous peut y aller une fois tous les deux mois pour un maximum de trente minutes, et toujours muni d'un dosimètre.

— Elle assure tous vos besoins en énergie ?

---

*1 Small modular reactor : petite centrale nucléaire d'une centaine de mégawatts*

*2 NdA : Rayonnements radioactifs relativement peu dangereux ou dont il est, en tout cas, facile de se protéger.*

— Oui, elle nous permet de recycler notre oxygène, notre eau et de faire vivre nos cultures hydroponiques...
— Vos cultures ?
— Oui, nous y allons...

Le plus grand des deux bâtiments en forme de dôme aplati était en fait une bulle, apparemment en kevlar ou quelque chose de ressemblant. Un sas dont les portes étanches n'étaient hermétiquement fermées que par un triple ruban aimanté. Rien à voir avec les portes haute pression du sas de la base-vie.
— Vous constatez que le sas n'est pas très sophistiqué... Alors, n'enlevez pas votre casque ; L'atmosphère est très ténue, 200 pascals, à peine deux millièmes de l'atmosphère terrestre... Juste assez pour que la pression tienne le dôme gonflé... De toute façon, c'est du gaz carbonique, donc, même s'il y en avait assez, vous ne pourriez pas le respirer. Mais 200 pascals, c'est quatre fois plus que la pression partielle du gaz carbonique dans l'atmosphère terrestre. Les plantes ont ainsi une atmosphère quatre fois plus riche que sur terre et une température constante de 41° Celsius... Elles poussent vite et bien. Vous allez voir... Le bâtiment fait près de trois hectares.
— Dites, boss, fit Pauline. On voit que vous n'avez pas la télévision ici.
— En effet. Par la navette, on reçoit juste des émissions enregistrées... Pourquoi ?
— Parce que plus aucun journaliste de télévision ne parle d'hectares. Ces connards ont remplacé le système métrique par le système journalistique. Sur terre, on ne dit plus deux hectares, mais trois terrains de football... Alors, si vous voulez avoir l'air branché quand vous retournerez sur terre, dites que votre serre fait trois terrains de football, et que son sas fait une cage de football... C'est complètement con, mais c'est comme ça. Avec vos hectares, vous passerez pour un boloss.
Sans répondre à Pauline, il ouvrit la porte du sas et un paysage incroyable s'offrit à leurs yeux. Vivement éclairés par de puissants projecteurs blancs, il y avait des vergers, des potagers, un champ de blé... Et tout cela respirait la vie. Les tomates étaient énormes, les poires donnaient envie de croquer dedans... À l'autre extrémité de la serre, s'affairaient deux colons. Xavier leur fit signe. C'étaient les conjoints de deux ingénieurs de la mine. Il fit les présentations... Pauline répondit aux salutations, mais ils lui firent signe qu'ils n'entendaient pas... Elle réessaya... Sans succès. Le micro HF de son casque semblait être tombé en panne... Par signes, elle leur fit comprendre qu'elle les entendait mais elle ne pouvait pas se faire entendre...

Ils ressortirent de la serre. Le deuxième dôme était, lui, en forme de demi-sphère, plus haut mais moins large. Dave le désigna de la main et demanda :

— Et là-dedans, qu'avez-vous ?

— C'est une autre serre... Mais il y a aussi des trucs que je n'ai jamais pu faire fonctionner.

— On peut y aller ?

Après un moment d'hésitation, il dit :

— Oui, bien sûr... Aussi bien les dômes ne sont pas fermés à clé... Vous pourriez y aller seuls, mais puisque je suis là... Alors, allons-y

À l'intérieur, le sol était planté de cultures, arbres fruitiers et potager. Mais ce qui frappait surtout, c'était qu'au milieu du dôme, une structure en treillis métallique de six ou sept mètres de haut supportait une antenne parabolique de plus de dix mètres de diamètre.

— Voilà, expliquait Xavier, le plus gros ratage de Rimitchka. Cette station était censée nous permettre de dialoguer avec la terre... Mais ça ne marche pas... Je ne peux pas vous expliquer pourquoi, mais nous avons tous, ici, le sentiment d'avoir été floués parce que ce truc, personne n'a jamais pu s'en servir pour communiquer avec la terre. C'est pourquoi nous sommes complètement isolés... Pire que si nous étions sur mars...

— Mais, fit remarquer le professeur c'est ça les équipements radio ? Il désignait des caisses métalliques empilées, hérissées d'isolateurs en porcelaine reliés entre eux par un réseau de barres de cuivre.

— Oui, enfin non... Ce sont juste des générateurs de test. Nous avons renvoyé les équipements radio sur terre pour qu'ils revoient leur copie... On fait des tests régulièrement. Certains mois, ils nous donnent une éphéméride et nous envoyons des signaux aux moments qu'ils nous désignent...

— Vous vous êtes fait avoir, ça oui ! Répondit Dave. Votre colonie est secrète. Personne sur terre n'en soupçonne l'existence... Mais si vous aviez eu des liaisons radio, vous auriez été repérés depuis longtemps...

— Et vous seriez en taule, fit Pauline que personne n'entendit.

— Et la mine, demanda Dave, où est-elle, la mine ?

— Venez par ici...

Ils sortirent et gagnèrent un bâtiment plus petit, un hangar dans lequel se trouvaient quatre curieux engins. C'étaient des petits véhicules à six roues, à la carrosserie cylindrique de quatre mètres de long et un de diamètre comportant à l'avant une sorte de tarière d'un mètre de diamètre, exactement dans le prolongement de la carrosserie. L'arrière du véhicule comportait une tuyère.

— Ce sont des véhicules qui circulent dans la profondeur du régolithe qui est très épais ici. La double lame hélicoïdale, à l'avant, les tracte : les roues ne sont motrices que pour le départ et le retour. Le régolithe pénètre dans le véhicule par les ouvertures à la base de la tarière. À l'intérieur, des dispositifs cryogéniques extraient l'hélium et le régolithe dégazé est chassé par l'arrière... Chaque véhicule opère pendant 24 heures et il lui faut ensuite autant pour recharger ses batteries pendant qu'on remplace son ampoule pleine d'hélium par une vide. À ce stade, ce n'est que de l'hélium enrichi en hélium-3 Il est ensuite raffiné dans le local voisin dont la température est maintenue à -272,25°. À cette température, l'hélium est liquide et l'hélium-3 ne se mélange plus. Une couche d'hélium-3 flotte sur l'hélium-4. On ne peut pas faire ça dans les véhicules d'extraction parce que les vibrations empêcheraient les deux liquides de bien rester à flotter l'un sur l'autre. Dans le cryogène du véhicule d'extraction, il se forme une émulsion d'hélium-3 dans de l'hélium-4, tous deux liquides.

— Superfluide, dit le professeur Sagnol. À cette température, l'hélium-4 est superfluide.

— Oui, répondit Dave, mais pas l'hélium-3 qui reste un banal liquide de Fermi. L'hélium-3 se condense donc en gouttelettes, mais pas l'hélium 4. C'est bien ça, Théodore ?

— Certainement, Dave... Et quand on laisse la mixture reposer, les gouttelettes d'hélium-3, moins denses, remontent à la surface.

— Comme l'huile d'une vinaigrette remonte peu à peu pour flotter sur le vinaigre quand on ne l'agite plus... Je vois que vous en savez plus que moi, dit Xavier...

— Forcément, dit Pauline que personne n'entendait. Tu as deux prix Nobel en face de toi, tronche de cake !

— Elles remontent plus vite que l'huile d'une vinaigrette parce que l'hélium-4 est superfluide... Mais comment êtes-vous sûrs que vos véhicules ne vont pas parcourir deux fois le même régolithe ?

— Ils sont dotés d'un gyroscope laser et d'un logiciel qui définit leur trajet. Nous exploitons le régolithe mètre par mètre, sur deux kilomètres autour de la base et jusqu'à cent mètres de profondeur. Nous en avons encore pour deux ans, puis nous avons prévu de démonter la base et de la reconstruire quatre kilomètres plus loin. En principe, nous serons alors relevés par de nouveaux colons et nous rentrerons sur terre dès que la nouvelle base sera en place.

## *Rimitchka le lendemain*

Dans sa cabine, Pauline tentait de réparer le micro HF de son scaphandre sous l'œil admiratif de Dave. Elle était allée chercher le bloc radio dans le sas et avait demandé une boîte à outils à Xavier... Elle était occupée à visser, dévisser, souder, quand le professeur Tournesol entra.

— Alors, Pauline, cette radio, vous avez réussi à la réparer ? ...

— Je crois, oui... Je crois, dit-elle en achevant de revisser un bidule sur un truc. Mais, dites-moi, Prof, votre nouveau nombre quantique, vous vous rappelez, nous en avons parlé dans votre labo... Vous ne vous êtes toujours pas décidé à publier cette découverte ?

— Si, si... Je vous l'ai dit, vous m'aviez convaincu. J'avais finalement décidé d'en faire une communication au congrès de Budapest, mais j'en ai été empêché...

— Oui, je me rappelle, vous me l'avez dit le jour de notre arrivée...

— Il y a quand même une chose que je ne m'explique pas. Quel intérêt une organisation comme Rimitchka peut-elle trouver à séquestrer un physicien comme moi ? Mon nombre de Syracuse n'est qu'un développement théorique... Les conséquences pratiques...

— Ah ! Finalement, vous avez trouvé ? Je me rappelle, vous retombiez toujours sur 4,2,1,4,2,1...

— Non, pas encore, mais j'ai bon espoir... Je crois que je suis sur le point de démontrer que la conjecture de Syracuse est fausse, alors... On pourra tirer de l'énergie d'une famille de particules simplement prisonnières d'une boîte quantique...

— Beaucoup ?

— Sans doute. La conjecture de Syracuse n'a pas été prise en défaut jusqu'à $10^{17}$. Si elle est fausse, c'est donc pour un nombre supérieur à $10^{18}$... C'est à dire une énergie supérieure à $10^{18}$ h-barre pour une seule boîte quantique... Et sur un chipset de quatre-cents millimètres carrés, ou peut mettre quarante milliards de boîtes quantiques de dix nanomètres...

— Donc chaque puce peut délivrer... euh... un microjoule environ, c'est bien ça ?

— 1,05 exactement, bravo, Pauline... Alors avec une fréquence d'horloge de 10 mégahertz, on peut produire 10 watts avec une seule puce de deux centimètres sur deux...

— Dites-moi, professeur, si les puces ont un millimètre d'épaisseur, ça fait, euh... 25 mégawatts par mètre cube...

— Ne nous emballons pas. Il faut du volume pour évacuer cette puissance... Je pense qu'on peut quand même espérer produire entre 1 et 2 mégawatts par mètre cube... C'est déjà énorme.

— Et il n'y a pas de déchets, genre déchets nucléaires ou autres trucs dont on ne pourrait pas se débarrasser ?

— Si, il y en aura forcément parce que, même si cette énergie ne consomme rien, elle génère de la néguentropie et il faudra bien la fixer matériellement...

— Pourquoi de la néguentropie ?

— Parce que, pour extraire l'énergie, il faut arrêter le moteur quantique au bon moment. Il faut donc l'observer... C'est-à-dire en extraire de l'information... Je vous renvoie aux travaux de Léon Brilloin[1] !

— Ah, oui... Bien sûr ! Entropie d'information et énergie... Votre machine transforme l'entropie d'information en néguentropie thermodynamique.

— On peut dire ça, oui....

— Eh ! Dit Dave, je suis un peu largué, moi...

— Dis-moi, mon coco, lui asséna Pauline, ton prix Nobel, tu l'as gagné au loto ?

— C'est que vous n'êtes pas du tout dans mon domaine, là !

— Mais les résidus, reprit le professeur imperturbable, n'ont aucune raison d'être radioactifs, bien au contraire. Ça marchera d'autant mieux que ce seront des isotopes plus stables d'atomes de plus faibles numéros atomiques... Je pense que l'on rejettera essentiellement de l'hydrogène, du deutérium et de l'hélium. Mais, Pauline, vous me faites tirer des plans sur la comète, là... Il faut d'abord que je trouve un nombre qui prenne en défaut la conjecture de Syracuse !

— Je ne comprends pas tout ce que vous dites là, les interrompit Dave, mais nous sommes ici sur une mine d'hélium-3 sur la lune. Elle a dû coûter des milliards... Je ne sais pas comment l'hélium-3 sera employé parce que ni ITER ni les stellarators ni les dispositifs à lasers de puissance n'ont encore permis d'envisager des développements industriels... Mais ITER, par exemple, c'est un tokamak [2] qui consomme des milliards de watts pour produire des températures de millions de degrés dans l'espoir de découvrir qu'entre les milliards de watts consommés et les milliards de watts récupérés, on ait un gain de quelques watts... Alors, vous, avec votre chipset de 2 centimètres sur deux, vous obtenez déjà mieux que ce que l'on espère du monstrueux tokamak ITER... Si votre boîte quantique marche, personne ne voudra plus d'ITER, donc l'hélium-3 n'aura aucune utilité et les propriétaires de cette mine auront tout perdu. Mon avis, Professeur, c'est qu'on vous a enlevé pour vous empêcher de communiquer votre découverte...

— Enfin, tout ça, c'est beaucoup trop prospectif... Le nombre quantique de Syracuse, ça oui, c'est une découverte... C'est celle que je voulais présenter au congrès de Budapest si on ne m'avait pas kidnappé. Mais faire de l'énergie avec une boîte quantique, c'est loin d'être gagné... Il faut d'abord prendre en défaut la conjecture de Syracuse...

---

*1 Léon Brilloin (1889-1969) « La Science et la théorie de l'information » (Masson, 1959)*

*2 Récipient capable de contenir des plasmas aussi chauds que l'intérieur du soleil parce que ses parois sont des champs magnétiques et non de la matière.*

Et personne, sauf moi, ne croit cela possible... Tout le monde pense, au contraire que cette conjecture est démontrable...

— Mais personne ne l'a démontrée...

— « Les mathématiques ne sont pas encore prêtes pour de tels problèmes » a même dit un regretté ami mathématicien[1]...

— Personne ne sait que vous êtes ici. On veut juste vous mettre au secret, au cas où vous trouveriez.

— Si c'est ça, dit Pauline, n'oubliez pas que le patron, ici, c'est Xavier du Moulin-de-Mars, un repris de justice recherché par toutes les polices du monde... Sur terre, ils savent que Dave et moi sommes ici parce que Liam et Charles le leur ont sûrement déjà dit. Mais vous, ni Liam ni Charles ne vous ont vus...

— De toute façon, Xavier ne sait pas que la terre est au courant pour Rimitchka et nous parce qu'il ignore l'existence de Charles et Liam...

— La conclusion ? Demanda le professeur...

— Il n'y a que des criminels pour recruter un criminel. Donc nos vies sont en danger... Il y a fort à craindre que la prochaine navette ordonne de se débarrasser de nous...

— De moi, parce que la dernière navette est partie avant votre arrivée. Les patrons de Xavier ne savent pas que nous sommes trois prisonniers...

— L'information va forcément fuiter... dit Pauline... Rien de moins discret que les barbouzes... Alors, là, la CIA et la DGSE au courant, ce serait plus discret de le publier direct dans le Daily Mail, le New York Times et Le Monde !

— Dites-moi, vous avez vu cette parabole dans la deuxième serre ? ...

— Oui, je l'ai vue et j'ai surtout vu qu'elle ne comportait aucun élément radio. Ce que vous avez vu en bas, ce sont des condensateurs de puissance. Au lieu d'une tête HF, au foyer de la parabole, il y a un éclateur de Hertz et un résonateur... Vu le nombre de condensateurs, il y en a au moins pour cinquante kilojoules... Si on les décharge en 4 microsecondes, puisque c'est l'impulsion que nous avons mesurée, cela fait une puissance instantanée de plus de dix mégawatts. Aux fréquences où travaillent les satellites, une antenne de douze mètres fait gagner soixante décibels, ce qui fait que la puissance qu'envoie cette antenne est équivalente à dix millions de mégawatts...

— Si on les bombarde avec ça, pas étonnant que les satellites meurent...

— Vous croyez qu'il est sincère, Xavier, quand il nous dit que ce sont juste des essais ?

— Je ne crois pas, non... Chaque fois qu'un satellite bas doit survoler Rimitchka, il sait le pointage qu'il doit donner à la parabole et l'instant

*1 Paul Erdös, mathématicien hongrois mort en 1996*

exact où il va envoyer le rayonnement... Je crois qu'il le sait et qu'il nous a servi cette salade, parce que c'est celle qu'il a servie aussi aux autres habitants de Rimitchka.

— D'ailleurs il n'y a aucun équipement de télécommunications, mais j'y ai vu une horloge atomique au rubidium[1]... Si c'était juste pour des essais, ils n'auraient pas besoin d'une telle précision !

— En tout cas, dit Dave, ma mission est accomplie. On a bien identifié le phénomène tueur de satellites...

— Ouais, renchérit Pauline, sauf que le tueur n'est pas un phénomène, c'est un repris de justice. Et ça, sur terre, personne ne le sait.

— Tu as raison... En fait, ma mission ne sera accomplie que lorsque j'aurai fait mon rapport... Avec ces moyens de transmission, c'est pas gagné !

— Bon, c'est pas tout ça, mais je dois finir de réparer mon bidule... Ici, je ne peux pas, mais j'ai vu qu'à l'atelier, il y avait du matériel de mesure... Alors, je vous laisse papoter entre prix Nobel et j'y vais.

## *Mont Valérien, Hauts-de-Seine, 20 mai*

Charles Longhieu était revenu de la lune avec Liam Blunt depuis bientôt un mois. Il était resté aux États-Unis pour représenter la DGSE auprès de la CIA afin de réfléchir à la manière de libérer Pauline Dummoulin et Dave Sanders retenus prisonniers à Rimitchka. Faute d'informations sur la base, sur ceux qui l'exploitent, sur son organisation et sur ses moyens de détection d'approche, ils n'étaient toujours pas parvenus à élaborer un plan d'action crédible. Ce jour-là, le général de Saint-Elme était allé précipitamment au fort du Mont Valérien où le huitième régiment des transmissions exploitait, entre autres, les équipements qui avaient servi pour la mission lunaire. Une heure auparavant, il avait été averti que des signaux avaient été reçus de la lune... C'était théoriquement impossible parce que le terminal était dans le rover et que le rover était resté sur le cratère Peary où il n'y avait plus personne...

Le général était maintenant dans un local du sous-sol du fort, éclairé par quelques spots avec un jeune capitaine des transmissions et un sergent-chef assis à un pupitre devant écran et clavier. C'était le terminal qui avait servi aux communications avec la mission lunaire.

---

*1 Horloge dont la dérive est inférieure à $10^{-14}$, soit une microseconde en mille ans*

« Mon général, vous voyez, c'est comme ça depuis une heure : des rafales de lignes de texte trop abîmées pour être lisibles... Mais ce sont bien des lignes de texte, c'est certain ». Il était penché pour lire l'écran par-dessus l'épaule du sous-officier au fur et à mesure que ça arrivait, ligne par ligne.

*PVa9Rimi7kaqf5qline*

*DummuzC fykF*

*rnesolmz8TYWiR*

*DsonniersLyia*

*roVlin-de-MarsTGepW4ccg*

C'était incompréhensible, mais il était, en effet, clair que quelqu'un cherchait à communiquer depuis la lune, sans doute par l'intermédiaire de la série de balises-relais que la mission avait déposées. Même protocole et mêmes clés de cryptage que le rover... Puis le débit s'est vraiment ralenti. Au lieu de ligne par ligne, le message s'est mis à arriver caractère par caractère, mais, cette fois, il était presque sans erreurs.

*De : Pauline Dummoulin*

*À : le barbouze qui pourra me recevoir*

— C'est bien Pauline Dummoulin... dit Saint-Elme. Je reconnais son style, puis, se tournant vers le capitaine : elle n'aime pas les services secrets...

— Je vais vous faire une confidence, moi non plus ! Mais je vous considère comme un mal nécessaire... Sauf votre respect, mon général !

Pendant ce temps, le message continuait d'arriver :

*Rimitchka est une mine de 3-He dirigée par Xavier du Moulin-de-Mars.*

— Bordel ! Mais c'est énorme ! Oh, pardon, mon général...

*Effectifs de la colonie : quinze en quatre familles plus trois prisonniers Dave Sanders, moi et le Pr. Théodore Sagnol*

— Le prix Nobel qui a disparu ? dit le capitaine

— Sans doute répondit le général... Ils se connaissent bien... C'est incroyable !

*qui a inventé un nouveau nombre quantique*

— Qu'est-ce qu'elle nous gave avec ça ? dit le capitaine.

— Ne vous inquiétez pas, elle est comme ça.

*Qui peut prendre les valeurs d'une suite de Syracuse*

— Je ne sais même pas ce que c'est...

— Moi non plus, attendez...

*et qui pourrait bien produire de l'énergie sans combustible. Tournesol a sans doute*

— Tournesol ?

— Oui, c'est son surnom... Quand vous le verrez, vous comprendrez.

*été enlevé pour ça. Quand un satellite bas doit survoler*

*Rimitchka, ils en sont avisés un mois à l'avance et ils envoient une onde destructrice à son passage.*

— Voilà la clé du mystère qui avait motivé la mission ! dit Saint-Elme.

*Ils utilisent la même compagnie high-cost que celle qui nous a amenés ici.*

— Ça, c'est sûr ! Space-X, c'est pas RyanAir ! se permit l'opérateur

*Message envoyé avec HF de scaphandre bricolé pour émuler le terminal du rover. Ils affirment*

— C'est pour ça que la liaison est lente. Le matériel des combinaisons lunaires est sans doute moins puissant que celui du rover, dit le capitaine... Plus la liaison est mauvaise, plus il faut transmettre lentement... Ce sont les codes convolutifs[1]...

*n'avoir aucun contact avec la terre sinon une navette de temps en temps avec ravitaillement et courrier. Leurs équipements et le transporteur sont les mêmes que les nôtres. SOS SOS SOS. À nous, les barbouzes, on vous aime. Pauline Dummoulin.*

— On vous aime... Pour une fois qu'elle a de la considération ! dit Saint-Elme. Ah ! Ajouta-t-il, tout ceci est classifié Très Secret Béryl... Alors vous oubliez Rimitchka et ces histoires de mine et de colonie...

— Bien reçu, mon général dit le sergent-chef...

— Bien reçu, renchérit le capitaine... Vous savez, mon général, au 8e RT, toute la communication gouvernementale passe par nous. Alors le secret est dans nos gènes !

— Il faut répondre... Je ne sais pas si elle peut recevoir, mais répondez !

— Et aussi lentement qu'elle... le canal radio est pourri... ajouta le capitaine des transmissions à l'intention de l'opérateur qui pianota, sous la dictée de Saint-Elme :

*De : 8eRT/DGSE*
*À : Pauline Dummoulin.*
*Cl : secret défense*
*Bien reçu SOS. Tenez bon. Nous agissons.*
*Signé : Saint-Elme./.*

À quatre cent mille kilomètres de là, un énorme « Yeah ! » de victoire échappa si fort à Pauline que tout Rimitchka en a retenti. Xavier du Moulin-de-Mars se précipita à l'atelier en demandant :

— Quelque chose ne va pas ?

— Ah, vous, le taulier, faites pas chier ! Dit-elle en éteignant précipitamment l'écran où était apparu le message.

---

*1 Systèmes de codage qui utilisent tout le débit disponible pour envoyer des signaux de correction d'erreurs. Plus le débit utile est bas et plus la correction d'erreur peut être efficace.*

— Oulà ! C'est qu'elle est énervée la petite dame ! Reprit Xavier en entrant dans l'atelier, un bizarre sourire aux lèvres.

— En fait, c'est ce foutu truc... Je l'avais réparé et ça a marché une minute mais je dois tout reprendre... Je crois que j'ai foiré une soudure. Ce n'est pas grand-chose, mais c'est très énervant. Je ferai ça demain au calme.

Elle ramassa le bloc-radio de son scaphandre et, comme elle se levait et s'apprêtait à sortir, Xavier lui barra le passage en la repoussant contre le mur de l'atelier avec une inquiétante lueur de lubricité dans le regard. Pauline réagit immédiatement et il reçut violemment son genou dans le bas-ventre. Il se retourna plié en deux de douleur et allait réagir quand il fut atteint par un uppercut de Dave que le cri de Pauline avait également attiré à l'atelier... Dave était tout en muscles, aussi son uppercut, dans la faible pesanteur lunaire, projeta-t-il Xavier en l'air. Sa tête heurta violemment le plafond avant qu'il ne retombe, groggy, sur la table où Pauline travaillait.

— Le porc, fit-il... Et à moins de vingt mètres de sa femme et de ses gosses ! ... L'entraînement physique qu'on nous a fait subir avant la mission a du bon ! Lui, il est apparemment ramolli par ses années de pesanteur lunaire !

— Eh, fais gaffe, Dave, ne jette pas tes merdes n'importe où ! C'est sur mon travail, là, que tu as balancé ce déchet... C'est délicat, l'électronique... Pas comme cet étron, là... Et, à voix basse, elle lui glissa à l'oreille pour que Xavier ne risque pas d'entendre : il faut que je vous parle, à Tournesol et à toi. Je crois qu'il y a un espoir.

## *Cabine du professeur Tournesol*

Théodore Sagnol était à son ordi, dans sa cabine, quand Dave et Pauline entrèrent.

— Prof, je crois qu'il y a de l'espoir... J'ai eu un contact avec la Terre...

— Mais comment ? Nous sommes sur la face cachée de la lune et les ondes ne peuvent parvenir sur terre... Et en plus, vous avez vu, leurs équipements radio ne comportent que des condensateurs... À moins d'émettre en morse, je ne vois pas...

— J'ai bricolé le module-radio de mon scaphandre et...

— Mais la puissance est ridicule... La Terre est à quatre cent mille kilomètres, Pauline, ne l'oubliez pas... La radio de votre casque, même poussée au maximum de sa puissance, ne porte pas à un kilomètre...

— En réduisant le débit numérique, j'ai pu la faire porter à 10 kilomètres...

— C'est déjà un exploit, mais il en manque encore trois cent quatre-vingt-dix mille neuf cent quatre-vingt-dix... Sans compter qu'on est du mauvais côté de la lune !

— En plus, je l'ai programmé pour qu'il puisse transmettre aussi des data, pas seulement de la voix...

— Oui, je comprends, mais comment pouvez-vous espérer être reçue sur la terre ?

— Nous sommes arrivés avec un rover qui avait un équipement radio et, à chaque franchissement d'une chaîne de montagne, nous avons laissé une balise-relais...Dès qu'un signal atteint une des balises, alors, de balise en balise, il arrive au cratère Peary, qui est en vue de la terre et où nous avons installé un transmetteur puissant qui, lui, porte à quatre cent mille kilomètres ! J'ai juste remplacé le micro de mon module HF par un modem tout bête, que j'ai trouvé à l'atelier, et ça marche... Le module produit une onde radio assez forte pour atteindre la première balise qui est juste à dix kilomètres, dans la montagne... Quand on se limite à quelques bits par seconde, ça marche...

— Alors nous sommes sauvés ! dit le professeur

— Oui, enfin... Ils m'ont juste écrit « Tenez bon, nous agissons ». N'oubliez pas que ce sont des barbouzes...

— Je sais votre aversion pour les service secrets, Pauline, mais, en général...

— Il n'y a pas de général qui tienne... Leur métier, c'est le mensonge... Ils n'allaient pas me dire « Démerdez-vous, on ne peut rien pour vous » ... Leur réponse ne nous apprend rien, quelle que soit leur décision, c'est celle qu'ils auraient faite...

— Je te trouve bien pessimiste, Pauline, l'interrompit Dave...

— Mais non... Au contraire... Si on a une idée, on leur dira quoi faire... C'est si on les laisse faire à leur idée, qu'on sera morts, de mort violente ou de vieillesse, avant qu'ils ne tentent quelque chose pour nous libérer...

— Alors, que suggérez-vous ? Répondit le professeur...

— D'abord nous renseigner pour connaître leurs moyens d'observation... Où doit alunir un module pour qu'ils ne le voient pas ? Nous savons que leur bousilleur de satellite est programmé. Il ne réagit pas à l'arrivée d'un satellite : il l'attend et il tire non pas quand il le voit, mais quand c'est l'heure de son passage. Donc ils ne pourront rien faire face à un objet imprévu...

— Tout juste, dit Dave, donc nos sauveteurs pourront alunir bien plus près de nous... À condition de ne pas être vus... Ils peuvent sans doute diriger leur énorme parabole pour atteindre un objet à vue... La plaine de Ricco, juste au-delà des montagnes serait bien, à condition que le module y arrive par le nord pour rester invisible d'ici.

— C'est bien mon idée aussi... Ils auront environ trente kilomètres à faire au sol... Et...

— Il faut, reprit Dave, que nous sachions s'il y a des armes ici... Ça fait partie des informations qu'on leur doit... Qu'ils sachent au moins s'ils courent des risques de ce côté-là...

— Bon, dit Pauline... À partir de maintenant, on file doux... On s'intègre à la colonie... On arrête de leur faire la gueule comme on le fait depuis un mois.

— Il a quand même tenté de te violer !

— Quoi ! Qui ? Quand ? demanda le professeur.

— Xavier du Moulin-de-Mars, à l'instant, dans l'atelier... répondit Dave. Je vais le menacer de raconter l'incident à sa femme s'il ne nous laisse pas faire ce que nous voulons... OK ? Je vais exiger que nous puissions circuler librement dans Rimitchka, intérieur et extérieur, sans avoir à demander la permission pour tout. Ils sont bien trop occupés avec leur mine et les hydroponiques pour nous fliquer en permanence.

— Professeur, dit alors Pauline, vous êtes le seul à disposer d'un ordinateur... Vous pourriez y brancher mon module HF, quand je ne l'utilise pas dans ma combinaison de sortie ? Il ne faudrait pas rater un message de la terre...

— Il y a le risque qu'ils y aient installé un spyware... Si c'est le cas, ils vont tout découvrir...

— Bon... Je vais me débrouiller. Je vais bricoler une app directement sur le processeur du modem pour qu'il puisse tout enregistrer sur une clé USB, sans passer par un ordi. Oh, j'ai une idée... Vous avez un papier et un crayon ?

Pauline commença à dessiner un plan de Rimitchka, de tête.

— Là, la base-vie, ou nous sommes. Là, la grande serre, là la petite, avec la parabole. Je vais aussi figurer le garage à véhicules miniers, ici à peu près. À l'opposé, loin, la centrale d'énergie... Là, vous voyez ce point ? Fit-elle en pointant le troisième sommet d'un triangle équilatéral qui aurait la centrale et la base-vie pour autres sommets... D'accord ?

— D'accord, mais quoi ?

— Eh bien, c'est là, ne l'oubliez pas fit-elle et le soulignant d'une croix repassée trois fois et signalée par une flèche, elle aussi, repassée trois ou quatre fois. La croix et la flèche étaient les deux éléments les plus visibles de son dessin.

— C'est quoi, là ? Demanda Théodore Sagnol.

— Un piège à cons, prof, dit-elle en scannant son papier sur l'ordinateur du professeur.

Deux heures plus tard, ils virent Xavier et sa collègue Christine gagner le sas. Au bout de vingt minutes, par l'un des minuscules hublots de la base, Pauline montra à Dave et au professeur deux personnages en combinaison lunaire se diriger soixante degrés à droite de la centrale, de ces pas larges et bondissants qu'adoptent ceux qui cherchent à courir dans la faible pesanteur lunaire. C'était juste la direction du point qu'elle avait griffonné sur son croquis...
— Voyez, ils sont tombés dans le piège...
— Et alors, ça prouve quoi ? Demanda Dave
— Ça prouve qu'ils sont cons, dit Pauline...
— Et surtout, ça prouve que mon ordi est espionné, dit le professeur...

De retour dans la cabine du Professeur Tournesol, Pauline lui prit son ordi et commença à taper frénétiquement... Au bout d'une heure, elle avait fini et dit :
— Cette bande de salopards va comprendre sa douleur... Professeur, sur le bureau de votre ordi, vous avez un dossier intitulé « Lune Observations » ...
— Qu'est-ce que ça veut dire ?
— Rien, c'est juste pour les intriguer. J'y ai mis le piège à cons qui les a envoyés dehors et une petite surprise... Mais surtout ne cherchez pas à ouvrir ce dossier... Il contient un malware fétide... Comme ils n'ont pas de liaisons avec la terre, leurs antivirus ne sont pas à jour... Vous comprenez, ils vous espionnent, alors ils vont voir ce dossier et comme ils sont cons, ils vont chercher à l'ouvrir !
— Et ?
— Et, depuis votre ordinateur, nous pourrons contrôler l'ordi où ce malware aura été ouvert... Avec de la chance, ce sera celui de Xavier !

Deux heures plus tard, Pauline put envoyer un nouveau message à la terre :

*De : Pauline Dummoulin*
*À : Général de Saint-Elme*
*Bien reçu. Ils sont très cons et j'ai deux prix Nobel avec moi. Alors nous contrôlons à leur insu leur système informatique. Le satellite-killer est inoffensif. Vos barbouzes peuvent alunir sans risque devant la porte. Nous les attendons. Pauline Dummoulin*

— C'est très gentil, Pauline, de dire que tu as deux prix Nobel pour t'aider, dit Dave, mais c'est quand même toi qui as tout fait, jusqu'ici... Je ne sais pas comment tu peux rester active dans cette situation déprimante ! Nous sommes à quatre cent mille kilomètres de la terre et, là-bas, il n'y a que deux ou trois personnes qui le savent... Et en plus de cette situation quasi-désespérée, un des rares humains présents sur la lune vient d'essayer de te violer...

— T'en fais pas, Dave... Hop ! Hop ! Hop... timisme ! Les barbouzes sont obtus, alors si je leur avais dit que c'était moi, ils se seraient méfiés parce que, il faut bien le dire, je ne les aime pas beaucoup et ils le savent !

— Non ! Vraiment ? l'interrompit le professeur Tournesol en riant.

— Alors, reprit-elle, ils auraient passé leur temps à se tétratrichotomiser sur la confiance qu'ils pourraient m'accorder... Là, la caution de deux prix Nobel, ça va fermer leur claque-merde !

La réponse lui parvint à peine dix minutes plus tard :

*De : 8eRT/DGSE*

*À : Pauline Dummoulin.*

*Cl : secret défense*

*Vos geôliers possèdent-ils des armes ?*

*Signé : Saint-Elme./.*

— C'est ça la question, maintenant, fit Dave.

— Alors, au boulot. Cette nuit, quand ils dormiront, on explorera tous leurs fichiers d'inventaires, d'inputs et d'outputs... S'ils ont des armes, il y en a forcément une trace informatique...

L'espoir était revenu parmi les prisonniers.

## *Rimitchka 12 jours plus tard*

### *02:00*

Il était 2 heures à l'horloge de la base de Rimitchka, c'est à dire 21 heures GMT. Pauline et Dave avaient rejoint le professeur Sagnol dans sa cabine. Ils parlaient à voix basse pour ne pas être entendus des Moulin-de-Mars qui dormaient dans leurs propres cabines à quelques mètres de la sienne.

— Récapitulons, disait Dave. Il nous reste une heure... Personne n'est dehors, ni dans les serres à hydroponiques ?

— Personne répondit le professeur qui scrutait le logiciel de la base à partir de son ordinateur. Il est temps.

— Non, pas encore, dit Pauline... Trop tôt. Ils auraient le temps d'utiliser le sas de secours...

— Mais tu as pourri son logiciel...

— Il leur faut dix minutes pour le restaurer cinq minutes pour le rebooter et vingt minutes pour l'utiliser, revêtir la combinaison de sortie et sortir... Non, c'est encore trop tôt. Dans une demi-heure.

— Mais le sas de secours est monoplace... Il ne pourra en sortir qu'un seul...

— N'oubliez pas, reprit Dave, que c'est par un coup de bluff que nous avons décidé la terre à venir à notre secours : nous ne sommes absolument pas certains qu'il n'y a pas d'armes à Rimitchka. Nous n'avons pas tout fouillé. Notamment, nous n'avons jamais visité le coffre de Xavier ni le sas de secours... Il en contient peut-être... Nos combinaisons ne sont pas pare-balles....

— Oui, enchaîna Pauline... Un trou et pfuitt !... La combinaison dépressurise et on meurt en quelques secondes

— Un gros trou, quand même répondit Dave... Les petits accrocs sont auto-colmatés par les tissus de la combinaison...

— Un revolver, ça fait un gros trou ! Non. Ne courons pas de risque. On attend H moins trente minutes

### *02:30*

— On y va. En silence. Plus un mot jusqu'à ce que nous soyons dans le sas...

Ils marchaient sans un bruit. Ils n'emportaient rien sauf une pièce en acier de vingt centimètres sur vingt et deux centimètres d'épaisseur que Pauline tenait à deux mains et l'ordinateur que le professeur tenait soigneusement sous son bras... Vous comprenez, avait-il dit, il contient tous mes travaux sur le nombre quantique de Syracuse...

Ils entrèrent dans le sas, refermèrent la porte et se harnachèrent dans leurs combinaisons lunaires... Ils ne prononçaient pas un mot. Le risque était qu'avec les micros de leurs combinaisons, leurs paroles soient entendues par une radio qui serait restée active dans la station. Toujours en silence, ils levèrent le pouce pour signifier que les combinaisons étaient OK. Pauline lança alors la dépressurisation. C'était bruyant et ils risquaient, là, de réveiller quelqu'un à l'intérieur de la base. Sitôt le sas dépressurisé, Dave ouvrit la porte extérieure. Ils sortirent tous trois et Pauline bloqua la porte en position ouverte à l'aide de son carré d'acier... Ainsi, même s'ils réparaient le logiciel du sas, ils ne pourraient pas le pressuriser sans passer d'abord par l'extérieur pour refermer cette porte.

Une lumière intermittente ne tarda pas à apparaître au-dessus des monts Karpinsky. Elle se rapprochait et devint continue. Rapidement, ils purent distinguer la navette dont les rétrofusées guidaient et ralentissaient la descente. Elle se posa à cinquante mètres de la station. Ils accoururent de leur démarche lunaire bondissante tandis que la navette déployait son échelle mobile. Pauline reconnut aussitôt le pilote à travers la verrière de son casque spatial

— Oh merde ! Le barbouze... Ils ne lâchent donc jamais, à la DGSE ? dit-elle en voyant Charles Longhieu qui souriait en faisant un petit salut de la main.

— On avait dit silence radio, la coupa Dave...

— De toute façon, si on les réveille maintenant, c'est trop tard pour eux... dit Pauline.

— Attendez avant d'embarquer, dit Charles. Je dois décharger un conteneur pour eux...

— Un conteneur pour ce ramassis de voyous ? Dit Pauline...

— Oui, ce sont les ordres... Ils n'auront pas d'autre navette de ravitaillement avant six semaines... Alors... Il leur faut des vivres et de l'oxygène.

Il fallut vingt minutes pour treuiller le conteneur et arrimer deux sièges passagers supplémentaires à la place qu'il occupait dans la navette. Ils achevaient de se sangler quand ils virent un homme (ou une femme) en combinaison de sortie arriver en bondissant de derrière la station... Ils reconnurent Xavier du Moulin-de-Mars à travers la verrière de son casque...

— Merde, dit Pauline... Ce fumier a déjà réussi à réactiver le sas de secours !

Ils le virent rester un instant immobile, sans doute stupéfait de voir cette navette qu'il n'attendait pas, et surtout de la voir s'apprêter à redécoller. Il sortit une arme de poing d'on ne sait où, mais, avec les énormes gants de sa combinaison, il ne parvenait pas à en assurer une bonne prise. Quand il réussit enfin à l'armer, ce fut pour constater que l'index du gant ne passait pas dans le pontet de détente. Et quand il réussit enfin à tirer, la navette avait déjà relancé ses moteurs et décollait. La balle perfora la fenêtre, et se logea dans le dossier du siège du professeur Sagnol, juste à côté de son bras gauche....

— Quel salopard...

— On peut quand même rejoindre le Starship ?

— Je ne sais pas, répondit Charles... J'espère... J'espère qu'aucun dispositif essentiel n'a été détruit par cette balle... De toute façon, nous devons garder nos combinaisons lunaires jusqu'à ce que nous soyons dans le Starship : avec ce trou dans la verrière, la navette n'est plus pressurisée !

— Passer de la navette au Starship dans ces énormes scaphandres, dit Pauline... Tu n'y penses pas, barbouze ! Il faudrait être Houdini !

— J'y pense, Pauline, au contraire... Il faudra bien.

— Non, suggéra Pauline, c'est impossible. Nous pourrions regagner le starship en mode sortie spatiale, sans arrimer la navette ?

— Aucun de vous trois n'est entraîné pour une sortie spatiale... Et puis nos combinaisons lunaires ne sont pas faites pour ça. Par exemple, elles n'ont pas de propulseur.
— Ecoutez, le barbouze... Arrêtez de nous bassiner. On va essayer, et puis on verra. On a bien une élingue pour relier la navette au Starship, et nous servir de rail, n'est-ce pas ?
— Oui, oui, on a ça et des mousquetons pour nous arrimer... C'est jouable...
D'en haut, ils aperçurent encore Xavier examiner un instant le conteneur que Charles leur avait laissé, puis gagner la porte principale, retirer la pièce qui la bloquait et entrer dans le sas...

## *03:20*

Une fois arrivés en orbite, Charles stabilisa la navette à douze mètres du Starship. Plus près, ils auraient risqué la collision. Il ouvrit l'écoutille. Il tenait l'extrémité d'une élingue dans la main droite. Faute de propulsion, il lui fallait bien viser et tenir compte du fait que l'impulsion qu'il se donnera pour s'approcher du Starship ferait dériver un peu la navette vers l'arrière... Après un regard circulaire, il se lança dans le vide. Son entraînement de cosmonaute lui avait appris qu'il ne fallait faire aucun mouvement brusque. Le saut dura plus de dix secondes, mais il avait bien visé puisqu'il parvint à saisir le volant de verrouillage de la porte du sas. Il commença par y arrimer le mousqueton de l'élingue qui se tendit rapidement en raison du léger mouvement de recul de la navette. Il ouvrit la porte du sas et donna ses dernières instructions aux passagers. Par courtoisie, les deux savants avaient prié Pauline de passer d'abord. Comme Charles la savait bien dégourdie, il avait accepté en pensant qu'elle montrerait aux autres comment faire. Tout se passa comme prévu Un mousqueton fixé à sa combinaison et passé autour de l'élingue l'empêchait de dériver et, lentement, elle tira sur le câble, une main après l'autre, jusqu'à rejoindre Charles qui défit son mousqueton et la poussa dans le sas.

Il demanda ensuite au Professeur de passer. Le Professeur n'avait pas suivi d'entraînement spatial et il ne voulait pas qu'il restât le dernier dans la navette. Il n'était visiblement pas rassuré et le vide lui donnait le vertige... À sa décharge, l'environnement était particulièrement déroutant, sans haut ni bas, avec le sol lunaire lumineux qui occupait une large part du ciel, le noir de la nuit lunaire qui en occupait une autre et le reste, noir, piqueté d'étoiles avec un mince croissant de terre au milieu et l'énorme Starship juste à côté. Aidé par Dave, il s'approchait du câble.

— Doucement, professeur lui disait Dave en guidant ses mouvements. Ne regardez que le câble... Oubliez la lune et la terre... Regardez le câble et le Starship... Concentrez-vous là-dessus...

— Mais, cher ami, je n'ai pas votre entraînement...

—Je sais, mais prenez votre temps... Passez votre mousqueton autour du câble... Penchez-vous en avant... Oui... Comme ça... Tout doucement... Et clic, le mousqueton ! ... Ça y est... Bravo.

— Et maintenant, je... Oh, mais j'étouffe... je...

— Sans doute l'angoisse... dit Charles depuis le Starship. Ce n'est pas difficile, vous verrez... Lentement... La main droite sur le câble... Voilà...

— Mais ça empire... Je ne peux plus respirer... Je...

— Dave, reprit Charles, pouvez-vous vérifier la jauge d'oxygène du professeur Sagnol ?

— Oh ! mais elle est dans le rouge ! ... Oui... En bas du rouge, même... La balle de tout à l'heure a accroché sa manche et l'auto-obturation n'a pas dû bien colmater...

Le professeur suffoquait dans son casque.

— Économisez l'oxygène, professeur, dit Charles.

— Je vais le porter, dit Dave, il ne respire plus...

Dave boucla son propre mousqueton autour du câble, à côté de celui de Théodore Sagnol, et il progressa aussitôt en le poussant vigoureusement...

Pendant ce temps, Charles expliquait la situation à Pauline et lui demandait de ne pas pressuriser le sas et d'ouvrir la porte extérieure...

— Prof, dit-elle, restez avec nous... Prof, je vous en prie.

Dave avait porté le corps inanimé du professeur Tournesol et l'avait poussé dans le sas que Pauline venait de rouvrir... Le sas était dimensionné pour permettre d'accueillir, de justesse, deux personnes en même temps.

À peine l'écoutille refermée, Pauline, mortellement inquiète, relança la pressurisation du sas. Dès que la pression de l'air fut nominale, elle ôta le casque de la combinaison lunaire du professeur et, avant même de retirer son propre casque, elle lui tapota la tête de ses mains encore prisonnières des énormes gants de sa propre combinaison... Il était inerte... Elle retira son propre casque et pratiqua sur le vieux professeur une respiration artificielle avec l'énergie du désespoir... Après un temps qui parut infini à Pauline, le professeur ouvrit un œil, puis les deux, puis il inspira une énorme goulée d'air avant de dire, essoufflé :

— Oh ! J'ai cru un moment que c'était la fin... Quelle sensation horrible...

— Prof, vous pourrez dire que vous nous avez fait une belle peur ! Répondit-elle, puis, à destination des deux hommes restés à l'extérieur : Je ne sais pas si vous pouvez nous entendre, mais Tournesol est vivant ! ... On entre dans la fusée et on vous dépressurise le sas.

Ils constatèrent plus tard que la balle avait fait plus qu'érafler le scaphandre... Elle y avait provoqué un sérieux accroc. Les dispositifs d'auto-colmatage avaient agi, mais ils n'étaient pas dimensionnés pour une déchirure de cette importance.

## *04:15*

Ils étaient maintenant tous les quatre prêts pour le vol de retour, vêtus de leurs combinaisons de vol anti-g, bien plus légères et confortables que leurs combinaisons lunaires. Charles commença la lecture de la check-list quand Pauline l'interrompit :

— Et la navette ? Qu'est-ce qu'on en fait ?

— Désolé, Pauline, mais ma mission est de vous ramener, vous... La navette est endommagée... Impossible à arrimer, et encore moins à embarquer, alors on la laisse là en orbite lunaire... Et les ingénieurs de Boca Chica décideront de son sort...

— Mais, dit Pauline, la lune n'est pas une poubelle... Une épave de plus en orbite... Et en plus les épaves lunaires ne tomberont jamais parce qu'il n'y a pas d'atmosphère pour les ralentir ! Vous, les barbouzes, vous ne pensez jamais à l'écologie, pas vrai ?

— Stop ! répondit Charles, On a une urgence, là, c'est de regagner la terre... Alors, on part et on discutera après ! OK ?

— Tu sais, Pauline, intervint doucement Dave, je crois qu'il a raison... De toute façon, la navette, ils savent où elle est. Ils connaissent son orbite puisque c'est la même que celle du Starship.

— Je suis d'accord, Pauline... ajouta le professeur Tournesol à peine remis de la frayeur que lui avait causée sa détresse respiratoire.

— Bon, alors, si tout le monde est contre moi... À vos ordres, colonel ! Dit-elle en se sanglant, boudeuse, dans son fauteuil.

Un grand silence régnait maintenant dans le Starship hormis la voix de Charles qui égrenait la check-list en désignant du doigt l'instrument correspondant et celle de Dave qui lui répondait le nombre indiqué, ou juste « check » à chaque item. Puis l'énorme grondement du moteur emplit la cabine et les quatre occupants furent écrasés sur leurs sièges. Le vaisseau partait, laissant sur place la navette avec sa verrière trouée et une élingue flottant à son côté. Pendant de longues minutes, ils restèrent plaqués à leurs fauteuils par la poussée du moteur principal, puis l'apesanteur régna à nouveau. Ils rejoignaient la terre en mode balistique.

— Starship pour Starbase

— Starbase écoute

— Nous sommes partis sans la navette. Le calculateur de bord nous annonce une durée de vol de 72280 secondes avant rallumage moteur pour la rentrée atmosphérique.

— Nous confirmons... La différence avec l'évaluation initiale vient de l'absence de la masse de la navette. Autres anomalies ?

— Négatif, Starbase. Tout est nominal.

— Parfait, Starship, bon vol. Terminé

— Merci, Starbase. Terminé

# *KURT KASSLOW*

## *Château de Todtmoos, dix jours auparavant*

Le Conseil supérieur de la Société de Philosophie Parhumaniste était réuni en formation plénière, comme au mois de janvier. Cette fois, c'était Kurt Kasslow qui était sur la sellette au lieu de feu Joël Vanderloo.

En fait de sellette, c'était toujours la même inconfortable cathèdre gothique qui faisait face au Conseil réuni dans cette vaste et imposante salle au décor moyenâgeux abnobien[1]. En face, autour de la table massive siégeaient les membres du Conseil, tous vêtus de la même manière, veste gris anthracite et cravate verte sur chemise blanche. Tout était fait pour que l'invité soit mal à l'aise et impressionné. Kurt Kasslow, qui avait déjà été convoqué par la SPP, connaissait les lieux, mais il ne manquait pas, chaque fois, d'y ressentir ce sentiment d'infériorité, très inhabituel chez lui, qui lui rendait ces auditions particulièrement pénibles.

— Votre affaire Rimitchka, Monsieur Kasslow, ou plutôt notre affaire Rimitchka, puisque c'est nous qui avons investi l'essentiel des fonds, nous a déjà coûté trente-cinq milliards d'euros. C'est près de la moitié des encours de crédit de la banque Bivéa.

— Mais j'ai mis moi-même plus de deux milliards et nous disposons d'un stock d'une tonne d'He-3... En termes de fusion nucléaire, c'est équivalent à toute l'énergie vendue annuellement dans le monde.

— C'était bien l'idée de départ... Mais il ne devait pas y avoir de vagues... Or nous constatons que le Russe qui a signé la concession minière avec vous...

— C'est un Tchouktche...

— Ah, ne jouez pas sur les mots, voulez-vous ? Ce... Tchouktche est mort. Votre père est mort. Votre conseiller Vanderloo est mort. On meurt trop dans votre entourage, Monsieur Kasslow et c'est mauvais pour les affaires...

— Mais, je peux...

— Vous pouvez quoi ?

— En tout cas, Vanderloo, ce n'est pas moi...

— Ça, nous le savons. Mais, Monsieur Kasslow, savez-vous qu'il était venu spontanément nous voir dès le mois de janvier ?

---

*1 De la Forêt-Noire (Abnoba, est le nom celte de la source du Danube).*

— Il vous a parlé de Rimitchka ?

— Il n'était pas venu pour ça, mais il a dû vous parler de nous, parce que nous l'avons sommé de vous faire introduire la banque Bivéa.

— Oui, il m'a appelé pour me dire ça... C'était idiot, vous étiez déjà dans l'affaire...

— C'était un moyen de tester sa loyauté.

— Il était loyal, puisqu'il m'a appelé. Je vous l'ai dit... Alors pourquoi l'avoir tué ?

— Il n'était pas loyal... Et si nous vous avons convoqué, c'est parce que nous avons de bonnes raisons de croire que vous ne l'êtes pas non plus.

Kurt Kasslow sentit un frisson lui parcourir l'échine.

— Moi ? Euh... Pourquoi dites-vous ça ?

— Nous savons que votre mine... Notre mine en réalité... produit de l'hélium-3, puisque vous nous avez présenté le stock. Mais une journaliste est allée à Wrangel...

— Donc elle a vu le leurre que j'ai installé... C'est un vrai carreau de mine, avec du personnel et des bâtiments...

— Je ne sais pas ce qu'elle a vu parce que sa chaîne a refusé de passer le sujet... Si elle avait vu quelque chose qui puisse réellement passer pour une mine, le sujet aurait été diffusé. Alors, Monsieur Kasslow, sur ce point, vous avez été mauvais...

— Autre chose, enchaîna un autre conseiller, sans attendre la réponse de Kasslow. Votre consultant vient nous voir pour nous parler de tout autre chose que Rimitchka... Mais ce quelque chose est une invention qui pourrait compromettre la rentabilité de Rimitchka... Comme par hasard, peu après sa visite, l'auteur de cette invention se fait enlever... Nous enquêtons et nous découvrons qu'il l'a été sur votre ordre et que vous le séquestrez à Rimitchka...

— Oui, renchérit le président... Rimitchka coûte horriblement cher... Et nous payons pour de l'hélium-3, pas pour faire chambre d'hôte. Alors, ce Sagnol, vous vouliez le faire travailler pour vous à nos frais ?

— Non, non, pas du tout... Tout ce qui est fait à Rimitchka appartient à Rimitchka... Et je fais travailler Sagnol pour vous, puisque c'est pour Rimitchka...

— Vous auriez été plus convaincant en nous en parlant avant. Autre chose à nous dire sur Rimitchka ? Des nouvelles récentes ?

— Vous savez que je n'ai pas de liaison radio alors je n'ai de nouvelles que par les navettes qui assurent la liaison, même pas dix navettes par an...

— Oui, nous le savons puisque nous les payons... Mais ça ne répond pas à ma question.

— Les dernières nouvelles datent d'un mois. Une navette qui, par parenthèse, est revenue avec 40 kilos d'hélium-3... Aucun incident notable ne m'a été signalé... Un ingénieur s'est luxé une épaule, mais la luxation a été réduite et il travaille normalement, il n'a pas été nécessaire de le rapatrier... Non, je ne vois pas.

— N'en parlons plus, alors... Rimitchka est-il réellement protégé contre un agresseur éventuel ?

— Le plan de protection a été élaboré avec votre accord. Nous estimons que la valeur de Rimitchka est telle que personne n'aurait intérêt à la détruire. Reste le risque d'une tentative d'annexion... Retourner quelques membres de la colonie pour qu'ils en prennent le contrôle n'est pas possible parce que cela passerait nécessairement par la navette, puisqu'il n'y a pas d'autre moyen de communication... Or chaque navette rapporte une copie de tous les disques durs des ordinateurs de la base... Et un complot laisserait forcément des traces.

— Vous n'avez jamais pensé à une arrivée de personnels hostiles ? Vous vous étiez opposé, en son temps, à ce que Rimitchka abrite des armes...

— Oui, les colons sont isolés et loin de tout. Le risque d'en voir un péter un plomb n'est pas à négliger... Et, dans cette hypothèse, s'il y a des armes, cela pourrait être la fin de Rimitchka. Vous en êtes convenus vous-mêmes. Voilà pourquoi il n'y en a pas. De toute façon, nous avons des informateurs dans les bases spatiales capables d'envoyer des hommes sur la Lune. Les seules qui ont les vaisseaux spatiaux pour cela sont Cap Canaveral, Kourou, Baïkonour et Boca Chica Beach... Et là, rien.

— Et vos navettes ?

— Quoi, mes navettes ? Elles sont programmées longtemps d'avance, notamment pour des raisons de prix... La prochaine devrait partir dans quatre jours... Et chaque navette confirme à Rimitchka la date de la suivante... Il n'y a pas de lézard possible. De toute façon, la Starbase ne peut pas envoyer plus de Starships... Il faut au moins trois semaines entre l'atterrissage d'un Starship et le départ d'un autre... Décollages et atterrissages sont des opérations impressionnantes, impossibles à mener dans la clandestinité. Toute la base est mobilisée plusieurs jours à l'avance. Les Starships ne peuvent ni décoller ni atterrir impromptus... Et encore moins secrètement !

— Avez-vous eu connaissance d'une mission partie le 5 février et revenue le 29 mars ?

— Oui, de mémoire, c'est une mission qui a envoyé un Starship en orbite avec deux astronautes à bord... Rien à voir avec nous. Je ne sais pas grand-chose parce que mon informateur n'a pas eu accès à toutes les données de la mission, c'était secret. La CIA ou le Pentagone, je crois, étaient dans le coup... Sans doute la mise en service secrète d'un satellite militaire. Ils font parfois ça, vous savez... En tout cas, rien à voir avec la lune.

— Votre informateur a-t-il vu les deux astronautes à leur retour ?

— Il m'a informé de leur retour par messagerie cryptée... Il n'utilise pas le téléphone, vous pensez bien... C'était une mission Pentagone, donc personne n'a été autorisé à accueillir les astronautes à la sortie du Starship... Ils sont allés directement à l'Holiday Inn de la base, réservé aux astronautes en entraînement ou en récupération retour de mission. Le concierge lui a confirmé que deux chambres étaient effectivement occupées par ces deux astronautes.

— Votre informateur leur a-t-il parlé ?

— Non, c'était une mission secrète. Ils sont au secret... Mais il a parlé au kiné qui les remet en forme. Il confirme qu'ils sont en bonne santé... Le concierge lui a aussi confirmé qu'il les avait vus... L'un d'entre eux logeait même avec son épouse le temps de la rééducation... Entre trois et quinze jours, ça dépend de leur forme physique et du temps passé en apesanteur. Mais pourquoi ?

— Nous avons de bonnes raisons de croire que cette mission pourrait nuire à nos intérêts... Vous n'avez pas besoin d'en savoir plus.

— J'espère pour vous fit une voix féminine en français sans accent, que vous ne nous cachez rien... Il reconnut alors la ministre française de l'environnement, Tarka Lancien... Vanderloo a tenté de nous cacher Rimitchka... Et même quand nous lui en avons parlé, il ne nous a pas dit tout ce qu'il savait... Il ne nous a pas dit qu'il était porteur du contrat de concession et qu'il était en route pour Vaduz en vue de le déposer à la banque LGT.

— Et il ne l'a pas déposé ? fit Kasslow de plus en plus inquiet.

— Si, hélas... Par la suite, nous l'avons raté deux fois fit un Allemand que Kasslow ne connaissait pas...

— Mais en France, nous l'avons eu... conclut, menaçante, la ministre française.

— Quelqu'un aurait-il encore une question à poser à notre distingué visiteur ? demanda le président qui enchaîna presqu'aussitôt... Non ? Monsieur Kasslow, avez-vous autre chose à dire que nous devrions savoir ? ... Très bien. Vous pouvez disposer...

Sitôt sorti de la salle, Boris Kasslow s'assit sur une banquette du hall et, la tête encombrée de pensées toutes plus noires les unes que les autres, il envoya de son smartphone un message crypté à son correspondant à Boca Chica.

*Envoyer d'urgence les photos des deux astronautes ayant atterri le 29 avril dernier.*

*BK*

La réponse parvint sur son portable tandis qu'il était déjà dans sa voiture et s'apprêtait à démarrer.

*Impossible. Ils ne sont restés que vingt-quatre heures en*

*rééducation et ils ont quitté la base. Je ne sais pas où ils sont. C'était une mission CIA/Pentagone. Ils sont sans doute partis pour un débriefing à Langley ou à Arlington*
*HW*
Il sentit la panique l'envahir... La SPP savait, sinon ils ne l'auraient pas cuisiné comme ça... Elle savait quoi ? Il eut envie de retourner dans le château pour leur dire ce qu'il venait d'apprendre, mais à quoi bon ? Ils savaient manifestement, sinon ils lui auraient demandé de pousser les investigations... Ils savaient et ils ne lui avaient rien dit... Sa vie était maintenant en danger... Il devait désormais se méfier de tout.

## *Sur le trajet du retour*

Comme il traversait Todtmoos, Kurt Kasslow vit un « car rental ». Il estima prudent d'abandonner une voiture possiblement sabotée – feu Joël Vanderloo lui avait conté ses déboires – contre une autre. Il n'eut aucune difficulté à louer une Mercedes GLB dont il paya cash huit jours de location. Il précisa qu'il enverrait un chauffeur rapporter la Mercedes et reprendre sa BMW qu'il laissait en garde au loueur. Il repartit par une route sinueuse et interminable à travers la Forêt-Noire, forêt dense et sinistre qui méritait bien son nom... Enfin arrivé en plaine, il prit l'autoroute en direction de Mulhouse. Il n'avait pas plutôt passé le Rhin qu'une voiture de gendarmerie se rabattit devant lui pour l'obliger à sortir de l'autoroute et s'arrêter sur l'aire de stationnement d'Ottmarsheim.

— Gendarmerie nationale, veuillez nous présenter vos papiers et ceux du véhicule...

— C'est un véhicule de location, dit-il en cherchant les papiers dans la boîte à gants... Les voilà... Et voilà mon permis de conduire.

— Monsieur Kasslow, nous avons un mandat d'amener contre vous dans le cadre de l'assassinat d'un certain Joël Vanderloo...

— Voyons, c'est ridicule... La nuit de sa mort, j'étais...

— Nous ne sommes pas les enquêteurs... Nous sommes juste chargés de vous amener au tribunal judiciaire de Paris. Veuillez nous suivre.

— Et ma voiture ? Je l'ai louée pour une semaine...

— Elle vous sera restituée... Ou elle le sera à son propriétaire si vous devez être retenu plusieurs jours... Êtes-vous d'accord pour être transféré à Paris ? Dans le cas contraire, je vous conduirais devant le procureur de la République de Mulhouse qui prendra juste votre identité et acte de votre refus d'être transféré. Normalement, il vous arrêtera jusqu'à ce que le juge parisien confirme son mandat d'amener.

— Bon, bon... Ne vous fatiguez pas... De toute façon j'allais à Paris... Alors avec vous j'irai sans doute plus vite, et je ne paierai pas les péages, n'est-ce pas ? ... Mais attendez... Vous faites quoi, là ? Vous n'allez pas me mettre les menottes... Je n'ai opposé aucune résistance et si j'avais voulu vous échapper, je l'aurais déjà fait : ma voiture est plus puissante que votre 3008... Je vous renvoie à l'article 803 du code de procédure pénale...

Intimidé par cette rebuffade résolue et documentée, le gendarme haussa les épaules, rempocha ses menottes et poussa Kaslow à entrer dans leur voiture, à l'arrière avec lui tandis que son collègue prenait le volant.

Cent mètres derrière la 3008 des gendarmes, dans une Bentley noire aux vitres teintées arrêtée sur la même aire d'autoroute, un homme téléphonait.

— Il vient de se faire arrêter par les gendarmes.

—...

— Non, il roulait normalement...

— ...

— Ils discutent... Le gendarme n'a pas l'air de verbaliser... Oh, il essaie de lui passer les menottes...

— ...

— Non, non, il ne résistait pas... D'ailleurs, ils renoncent aux menottes, mais ils l'embarquent.

— ...

— D'accord, je les suis.

La 3008 des gendarmes filait à vive allure sur l'autoroute, suivie à quelques centaines de mètres, par la puissante Bentley. Trois quarts d'heure plus tard, ils venaient de passer Besançon quand le chauffeur dit :

— On nous suit... Une grosse berline noire. Une Bentley... Elle est en excès de vitesse est a déjà été flashée au moins trois fois... Comme nous...

— Préviens les collègues de Dole. Nous n'avons pas besoin d'escorte. Nous allons nous arrêter. Qu'on nous attende avec un dispositif « go-fast » sur l'aire d'Hyombre.

Sur l'aire de repos d'Hyombre, deux voitures de gendarmerie attendaient. L'une à l'entrée, l'autre à la sortie. La Bentley fut obligée à s'arrêter sur le côté dès l'entrée de l'aire de repos le temps de verbaliser longuement son conducteur. Pendant ce temps, hors de leur vue, à l'autre extrémité de l'aire de repos, ils échangèrent la 3008 contre une Mégane, afin de leurrer toute éventuelle autre voiture suiveuse. Kurt

Kasslow commençait à comprendre que la SPP le verrait bien passer de vie à trépas comme son père et comme son conseiller.

— On en veut à ma vie dit-il... Des gens très puissants... Au tribunal de Paris, je ne serai pas en sécurité.

— Ne vous en faites pas... fut la seule réponse qu'il put obtenir.

## *DGSE, une salle d'interrogatoires, le lendemain 20 avril*

Le dossier d'enquête sur l'assassinat de Joël Vanderloo avait été confié à la DGSE par la juge d'instruction devant laquelle avait déjà été déféré Gerhard Kriegelstein. À ce titre, c'est elle qui avait délivré le mandat d'amener à l'encontre de Kurt Kasslow. C'est elle qui a ensuite émis un mandat d'arrêt contre le conducteur de la Bentley, un Allemand du nom de Hermann Fischer, quand les gendarmes, qui avaient saisi sa voiture pour « très grand excès de vitesse », y ont trouvé une arme de poing Sig Sauer SP 2022 dans la boîte à gants et une carabine de sniper PGM Hécate II dans le coffre.

Hermann Fischer occupait un emploi de cadre dans une usine de fabrication d'éoliennes implantée dans le Schleswig-Holstein. Il s'est refusé à toute déclaration. Le capital de cette fabrique d'éoliennes était détenu à hauteur de 34% par la banque Bivéa de la SPP.

Pour l'heure, Kurt Kasslow était assis dans la salle d'interrogatoire face à deux gendarmes enquêteurs. On lui avait signifié que ses droits étaient restreints en raison de l'aspect atteinte à la sûreté de l'État...

— Quelle atteinte ?

— Vous possédez bien une mine d'hélium, n'est-ce pas ?

— Oui... Enfin ma société...

— Rimitchka, c'est bien ça ?

— Oui... Elle s'appelle Rimitchka... Mais elle n'est pas en France, et le contrat de concession n'est pas de droit français... Alors...

— Nous savons tout cela...

— Alors, demandez au district autonome de Tchoukotka ! Moi, je n'ai fait que respecter le contrat de concession... J'ai le droit d'exploiter, même si l'île de Wrangel est une réserve de biodiversité. Je respecte scrupuleusement les obligations environnementales.

— Nous savons que vous n'êtes pas une menace pour la biodiversité arctique... Le sujet n'est pas là. Arrêtez de nous prendre pour des salamis !

— De quoi parlez-vous alors ?

— Vous le savez bien. Au pied du cratère Ricco, en violation du traité de l'Espace de 1966.

— Mais comment... Euh... De quoi parlez-vous ?

— Vous le savez bien. Nous vous confronterons aux témoins.

— Je ne parlerai qu'en présence de mon avocat. Veuillez prévenir Maître Dupuy-Morton.

Saint-Elme allait partir pour ne revenir que quand l'avocat serait là. De l'autre côté de la glace sans tain, il voyait le prévenu prendre une attitude désinvolte adossé au dossier de sa chaise, les mains dans les poches. Tout à coup, il le vit sortir, avec une moue d'étonnement, un papier de sa poche qu'il déplia, lut, et chiffonna avant de le porter à sa bouche. Le gendarme le plus proche l'en empêcha et saisit le papier...

« Votre avocat est Maître Ludwig Östach, et nul autre, rappelez-vous Vanderloo... » lut-il à haute voix.

— Qui a écrit cela ? Comment est-ce arrivé dans votre poche ? Ce papier n'y était pas lors de votre interpellation, puisque le PV mentionne que vous vous êtes laissé fouiller sans opposer de résistance...

— Je ne sais pas... C'est chez vous... Ce papier, je ne l'avais pas quand je suis sorti de la Mégane qui m'a amené ici. Il regardait les deux gendarmes avec un air effrayé... C'est forcément un de vous deux... Vous êtes à leur solde... À la solde de la SPP...

Saint-Elme entra alors dans la salle d'interrogatoire et fit signe aux deux gendarmes de rester assis. Lui-même se mit à poser des questions en faisant les cent pas malgré l'exiguïté de la pièce.

— La SPP. Il faut m'en dire plus. Que faisiez-vous à Todtmoos ?

— J'étais entendu par le Haut Conseil de la SPP.

— Qu'attendiez-vous de la SPP ?

— Moi ? Rien ! Mais eux veulent accaparer Rimitchka. Ils m'avaient déjà obligé à faire entrer leur banque Bivéa au capital... Ils sont furieux parce que mon père était en fait, à son insu, l'homme qui leur permettait de contrôler Rimitchka. Sa mort bouleverse leurs plans parce qu'ils ne peuvent pas être majoritaires dans Rimitchka à peine de lui faire perdre le bénéfice du droit liechtensteinois...

— Qui a tué votre père alors ?

—...

— Répondez à la question

— Moi, finit-il par dire à mi-voix... Je lui avais caché une partie du contrat de concession... L'avenant n°1

— Soyez plus clair.

— C'est l'avenant qui précise que la localisation de la mine est sur la lune. Il l'a appris je ne sais comment. J'en ai rendu compte à la banque

Bivéa, comme j'y étais obligé par contrat. C'est le Président du Haut Conseil de la SPP qui m'a appelé en personne pour me dire qu'il était de mon intérêt et du sien que mon père ne parle à personne de la lune. J'ai envoyé un... Euh... un...

— Assassin...

— Non, non je ne voulais pas qu'il meure... Personne ne souhaitait sa mort... Non, juste un homme de main qui devait l'impressionner... Il faut me croire... Je n'avais pas beaucoup de relations avec mon père, mais jamais je n'aurais souhaité sa mort...

— La SPP, peut-être, ou la banque Bivéa...

— Certainement pas, mon père était, pour eux, la garantie de pouvoir mener ce business sur la lune en toute tranquillité puisque les sociétés liechtensteinoises ne sont pas liées par le traité de l'espace. En plus, il était un ami personnel du prince de Liechtenstein. Non, mon père, c'était un accident... Maintenant qu'ils ne l'ont plus, ils n'ont plus besoin de moi. Ma vie est menacée. Ils m'ont obligé à leur léguer par testament toutes mes actions de Rimitchka.

— Dois-je vous croire ? Demanda Saint-Elme

— Je sollicite votre protection... Contre la SPP... Et contre ces deux hommes dont l'un au moins est à leur solde, dit-il en désignant les deux gendarmes.

— Comme vous y allez... Pour ça, il faudrait tout me dire.

— Mais je vous ai tout dit...

— Rimitchka ? Je sais où c'est, mais ce n'est pas vous qui me l'avez dit. Vous ne m'avez pas non plus dit ce que c'est, qui c'est, ce qu'on y fait...

— C'est une mine d'hélium-3 qu'elle extrait du régolithe lunaire à l'aide d'une flotte de huit taupes mécaniques qui le fouillent méthodiquement... Le stock d'hélium-3 appartient de fait à la banque Bivéa parce qu'il est la caution de ses avances financières. C'est elle qui a avancé l'essentiel des fonds sous forme de compte courant d'associé. Il y a environ une tonne d'hélium-3. Tous les mois, une navette vient chercher la production.

— Où est-il, ce stock ?

— Dans le sous-sol de ma villa des Andelys, à côté du Château-Gaillard.

— Rimitchka est-il robotisé ou exploité par des mineurs ?

— Il y a quatre ingénieurs, mais l'extraction de l'hélium est robotisée. Il y a aussi les familles des ingénieurs. Quinze personnes en tout. Rimitchka est une colonie autonome ravitaillée par une navette mensuelle.

— C'est tout ?

— Oui, c'est tout, dit-il avec une certaine agitation. La majorité des prétendus essais de Starships sont, en fait des liaisons avec Rimitchka.

J'ai lu dans la presse financière que l'on se demande avec quel argent Space-X parvient à financer tous ces essais. Vous le savez maintenant. C'est moi avec l'argent de la banque Bivéa... Voilà. Vous savez tout.

— Tout ?

— Oui, tout. Maintenant ma vie est encore plus menacée... Et savoir qu'un de ces deux individus, là, fit-il en montrant les deux gendarmes, est aux ordres de la SPP, puisqu'il a glissé ce papier dans ma poche, me fait dire que le danger est dans vos murs...

— Monsieur Kasslow, vous ne m'avez pas tout dit. Il sortit de la pièce en entraînant les deux gendarmes.

Le premier des deux, un major d'une quarantaine d'années, passa aussitôt aux aveux.

— Maître Ludwig Östach est l'avocat des Verts. C'est lui qui défend zadistes et militants verts. Je suis moi-même militant écologiste parce que, si l'on ne lutte pas, la planète va devenir invivable... C'est ma section locale des Verts qui m'a donné instruction de glisser ce document au prévenu.

— Vous vous rendez compte que, vous, sous-officier de la gendarmerie nationale, vous rendez coupable...

— C'était juste un conseil à un prévenu, mon général... Rien de plus.

— C'est une menace de mort, major. Vous ne pouvez pas ignorer que le nommé Vanderloo que vous citez, est mort assassiné il y a un mois à peine.

— Je vous jure, mon général, que je n'en savais rien... Mais la section locale des Verts n'a pas d'autre souci que la défense de la planète...

— Vous ne leur avez pas posé la question de savoir qui était Vanderloo ? Vous obéissez les yeux fermés ? C'est comme ces zadistes que défend votre avocat, ils lancent des cocktails Molotov sur vos collègues... Je ne conteste pas leur droit à être défendus, mais ça ne vous a jamais interpelé d'être des leurs ? ...

— Si. Je ne suis pas partisan de l'action violente.

— Alors arrêtez de militer au milieu de gens qui le sont, qui vous manipulent et qui sont eux-mêmes manipulés par la SPP.

— Mais...

— Vous avez avoué spontanément, alors, l'incident est clos...

— Oh, merci, mon général.

— Je vais même faire diffuser un communiqué de presse exposant que votre sagacité d'enquêteur a débusqué une filière de noyautage de la Gendarmerie Nationale par des activistes partisans de l'action violente. Comme ça, vous vous en tirez la tête haute, vous voyez.

— Ne faites pas ça, mon général, je subirais des représailles... Ils sont violents, vous savez...

— Tiens ! Il y a une minute, ils n'avaient pas d'autre souci que la défense de la planète et maintenant, ils sont violents au point de faire peur à un homme tel que vous ?

— Depuis quelques temps, je ne suis pas sûr que leur finalité soit vraiment la préservation de la planète... Ou plutôt si... J'ai l'impression que leur idéal serait une planète avec eux pour seuls humains... Alors s'ils apprennent que je les ai trahis...

— Préférez-vous une mise en examen pour tentative de subornation de témoin et menaces de mort ? L'incident est clos, mais à charge pour vous de gérer vos amis.

Ils rentrèrent dans la salle d'interrogatoire et Saint-Elme dit à Kurt Kasslow :

— Vous avez menti. Par omission, mais vous avez omis un point essentiel dont vous avez nécessairement connaissance, puisque vous en êtes complice. Vous restez en garde à vue au secret.

— J'ai tout dit !

— Non. Vous n'avez pas parlé de l'enlèvement et de la séquestration du professeur Théodore Sagnol.

— Pourquoi en aurais-je parlé ? J'ai appris sa disparition par la presse, comme tout le monde.

— Alors, comment expliquez-vous qu'il soit à Rimitchka ? Vous n'avez pas non plus parlé de Xavier du Moulin-de-Mars...

— Mais...

— Des aveux spontanés, voyez-vous, ça doit être spontané... Vous m'avez juste caché ce que vous pensiez que j'ignorais. Alors que me cachez-vous de plus ? Allez ! Ramenez-le en cellule.

— Je vous répète que je sollicite votre protection...

— C'est bien noté, nous allons instruire cette demande. En attendant, en cellule, vous ne risquez rien.

— Mais je ne peux pas... J'ai des affaires en cours... Ce n'est pas ce que je voulais dire...

— Ecoutez-moi bien, dit alors le général en se rapprochant et en le regardant droit dans les yeux. La principauté de Liechtenstein souhaite signer le traité de l'espace et l'accord sur la lune. Elle vient de solliciter l'aide des autorités françaises pour lever l'obstacle qui s'oppose à cette signature. Cet obstacle, c'est vous. Alors, si je sollicite un avis de ma hiérarchie, on me conseillera de lever votre garde à vue... Et la France n'aura rien à faire pour donner satisfaction au Prince : la SPP, la banque Bivéa ou je ne sais qui s'en chargeront, comme ils l'ont fait pour feu Joël Vanderloo... Alors, vous souhaitez toujours que je vous laisse partir ?

Sans attendre de réponse, il quitta la salle d'interrogatoire, tandis qu'on passait les menottes à Kurt Kasslow avant de l'emmener en cellule.

## *DGSE, même jour 20h30*

Marie-Jeanne, l'assistante du général de Saint-Elme, était partie depuis longtemps, aussi est-ce un planton qui frappa à sa porte et annonça :

— Madame Tarka Lancien, ministre de l'Environnement.

— Faites entrer.

Mais, sans attendre, Tarka Lancien était entrée en bousculant le planton.

— Général, vous détenez un personnage au-dessus de tout soupçon. Je vous demande de le relâcher.

— Madame la Ministre, je suis très honoré de votre visite. Je prends acte de l'honorabilité de Monsieur Kasslow, c'est bien de lui que nous parlons, n'est-ce pas ?

— De qui voulez-vous que ce soit ?

— Il est en garde à vue conformément au code de procédure pénale.

— Libérez-le.

— Il faudrait pour cela que j'en reçoive l'ordre.

— Je vous donne cet ordre.

— Je dois vous préciser, madame la Ministre, que j'agis pour le compte d'un procureur et d'une juge d'instruction, qui relèvent de l'autorité judiciaire, indépendante du gouvernement.

— Elle vous donnera cet ordre...

— Je ne mets pas votre parole en doute, madame la Ministre, mais, en attendant, elle ne l'a pas fait. Par ailleurs, j'estime, au vu des informations dont je dispose, et dont elle ne dispose pas encore parce que les PV d'audition sont en cours de formalisation, que sa remise en liberté mettrait ses jours en danger. Il s'est d'ailleurs lui-même placé sous la protection de la DGSE et cette demandc dc protection est en cours d'instruction. Il va sans dire que je ne vais pas le remettre en liberté contre son gré tant que cette demande n'aura pas été instruite

— Son avocat, Maître Östach n'a même pas pu le voir. C'est une violation flagrante du code de procédure pénale. Je demande à le voir.

— Madame la Ministre, je n'ai pas à vous rappeler la procédure concernant les crimes et délits d'atteinte à la sûreté de l'État... Votre demande entre dans la définition d'une tentative de subornation de témoin.... Quant à maître Östach, ceux qui ont tenté de le lui imposer sont ceux-là mêmes contre lesquels il demande à être protégé. À ma connaissance, il ne souhaite pas être défendu par Maître Östach, mais par Maître Dupuy-Morton.

— Général, je suis ministre de la République et vous n'êtes qu'un fonctionnaire... Je représente la République et vous devez m'obéir.

— Je suis fonctionnaire militaire et je reçois mes ordres de ma hiérarchie. Par ailleurs, mon service étant désigné pour l'instruction d'une affaire criminelle, ma hiérarchie m'autorise à recevoir aussi des ordres de la Justice, dans ce cadre précis. Mais en aucun cas je n'ai à obéir à un ordre reçu par un autre canal.

— Je vous rappelle que je suis ministre du gouvernement !

— C'est pourquoi je vais soumettre vos instructions à ma hiérarchie pour ratification, à condition que vous les formuliez par écrit. Mon assistante n'est plus là à une heure aussi tardive, mais je vais écrire sous la dictée, vous n'aurez qu'à signer.

— Je vous casserai, général. Mon ministère a des ramifications dans toutes les administrations. Vous n'êtes rien. Je briserai votre carrière.

— Madame la Ministre, si je dois être démis de mes fonctions, je le serai. Mais est-ce bien la ministre de la République qui parle ? N'est-ce pas plutôt la membre du Conseil Supérieur de la SPP ?

— Mais quoi... De quoi parlez-vous ? D'où tenez-vous cette information ?

— Vous savez, madame la Ministre, je dirige un service de renseignements, dont le rôle est, par définition, de collecter du renseignement. C'est un service qualifié de secret, c'est pourquoi certaines informations dont je dispose restent secrètes. Par exemple la composition du conseil supérieur de la SPP... Aussi bien la SPP elle-même est une sorte de confrérie secrète. Mais si l'intérêt de l'État l'exige, certaines informations secrètes doivent cesser de l'être. En l'occurrence, si la SPP cherche à faire pression sur une enquête judiciaire française, l'intérêt de la SPP devient contraire à l'intérêt de l'État. Me fais-je bien comprendre, madame la Haute Conseillère de la SPP ? Alors, ces instructions, vous me les dictez ?

La ministre poussa un soupir rageur et quitta le bureau sans une parole de plus. Aussitôt après, Saint-Elme fit un message à la juge d'instruction et au directeur général de la DGSE :

*Origine : GBR de Saint-Elme*
*Destinataire : DGSE GCA Vouet*
*Destinataire : Justice Mme la juge d'instruction Claire Louis*
*Objet : information*
*Diffusion : Secret défense*
*Urgence : routine*
*Je viens de subir une pression gouvernementale de la part de la ministre de l'Environnement pour mettre fin à la détention de*

*Kurt Kasslow qui a sollicité la protection de la DGSE. J'estime que sa mise en liberté mettrait ses jours en danger parce que trois personnes ont déjà été assassinées dans cette affaire. En l'état du dossier, j'estime que les autres personnes menacées sont lui, moi, son secrétaire Gerhard Kriegelstein et la journaliste Gaëlle Le Couëdic. Vous-mêmes serez ajoutés à la liste des personnes menacées dès que je vous aurai transmis les procès-verbaux de cette affaire./.*

## *Bureau de la ministre de l'Environnement, même jour, 21h30*

Tarka Lancien ne décolérait pas. Ce petit général arrogant qui osait lui tenir tête à elle, ministre de la République... Elle avait des gens à elle dans tous les ministères, des fanatiques de l'écologisme radical qui n'hésitaient pas à trahir ou à espionner pour son compte... Elle avait plus de dossiers compromettants sur ses collègues du gouvernement que le ministre de l'Intérieur lui-même. Un simple froncement de sourcils de sa part en conseil des ministres suffisait généralement à faire renoncer un de ses collègues à dire ce qu'il allait dire... Alors se voir ainsi rabrouée par un petit général la mettait en rage.

Elle avait rendez-vous à 21h30 pour une visioconférence avec le président de la SPP et plusieurs autres membres du Haut Conseil. Il était 21h35 quand elle se connecta.

— Madame la Ministre, avez-vous exécuté mes instructions ?

— J'ai essayé de faire libérer Kurt Kasslow...

— Vos instructions n'étaient pas d'essayer, mais de réussir. Et vous nous avez assurés que personne ne pouvait vous résister.

— Les services secrets français, ont décidé de mettre Kurt Kasslow sous protection... Ils ont fait le rapprochement avec les morts de son père, de Bogdan Joustrovsk et de Joël Vanderloo...

— Alors exigez de vos collègues ministres qu'ils imposent sa libération à la DGSE.

— Seul le Premier Ministre et le ministre des Armées pourraient imposer quelque chose de cette nature... Et j'imagine qu'ils sont déjà informés du dossier...

— C'est le moment de mobiliser vos troupes... Des manifestations, du désordre, la révolution... Et vous expliquerez que vous y mettez fin s'ils nous livrent... Pardon, s'ils libèrent Kurt Kasslow.

— La France est au bord de l'implosion avec l'affaire de la réforme du droit du travail... Et pour ça, je n'ai aucun pouvoir...

— Trouvez autre chose... Lancez des manifestations pour ce que vous voudrez, le percement d'un crapauduc, la pollution d'une mare, la destruction d'une colonie de loutres ou d'une famille de rats... Ce que vous voudrez, mais provoquez ! Nous vous enverrons des troupes pour transformer la moindre manifestation en émeute sanglante !

— J'ai sous le coude le chantier d'une bassine dans les Deux-Sèvres...

— Très bien. Ameutez vos troupes là-dessus... Et un peu d'ambition, nom de nom... Ne dites jamais bassine, mais méga-bassine... Vous n'avez donc rien retenu de votre séminaire d'intronisation ? Anxiogène, vous devez être anxiogène. On ne prend le pouvoir que par la violence et on ne sème la violence qu'en faisant peur ! Vous vous rappelez comment on lève des escouades de commandos aguerris pour combattre vos gendarmes, n'est-ce pas ?

— Oui, oui, vous m'avez enseigné cela... Je dois appeler...

— Stop, ne développez pas... Agissez... Et mettez le marché en main à votre gouvernement : la libération de Kurt Kasslow ou la poursuite des violences.

— Ce n'est pas le bon moment, en pleine agitation sur le dossier du droit du travail, pour défendre un thème écologiste...

— Mais ne confondez pas écologie et écologisme ! L'écologie, c'est une science. Vous n'y connaissez rien ! L'écologisme, c'est le pouvoir. Notre pouvoir et le vôtre.

— Mais...

—On s'en bat l'œil de votre bassine ! Vous comprenez ça ? L'objectif est de fanatiser les foules. Vous n'êtes quand même pas auto-endoctrinée au point de croire sérieusement que quelques hectares de retenue d'eau puissent impacter l'équilibre hydrographique du pays ! De toute façon, l'urgent, c'est Kasslow... Prenez garde, Madame la Ministre, si Kasslow meurt, Rimitchka appartient à la banque Bivéa, c'est à dire nous... S'il venait à parler, elle serait internationalisée et l'énergie de fusion serait perdue à jamais pour nous... Et nous vous tiendrions alors pour responsable de ce désastre.

— Mais le nucléaire...

— Ne vous mêlez pas de ce que vous ne connaissez pas, madame la Ministre. Le nucléaire de fusion, c'est nous qui en retirerons les profits parce que nous détenons tout l'hélium-3 et que nous continuerons à le détenir si ce Kurt Kasslow ne commet pas l'irréparable... Parce qu'il est le concessionnaire de notre mine d'hélium, il me faut Kasslow avant qu'il ne nous trahisse.

— Mais pourquoi cette urgence quand on ne sait même pas quelle technologie permettra la fusion nucléaire... Tokamak, Stellarator ou autre ? Les états dépensent des milliards pour imaginer leurs futures centrales à fusion nucléaire... Laissez-les dépenser et on verra après...

— Vous savez bien que toutes ces technologies ont en commun qu'il leur faudra du combustible, que ce combustible c'est l'hélium-3 et que l'hélium-3, c'est nous. Comme pour l'éolien et le photovoltaïque, la dépense publique, c'est pour le contribuable et le profit, c'est pour nous et nous seuls... Aujourd'hui, le maillon faible de ce business-plan est Kasslow... Alors, madame la Ministre, ne nous bassinez pas avec vos méga-bassines, mais utilisez-les pour exciter vos troupes. Et faites valoir à votre gouvernement que c'est Kasslow que nous voulons en échange du retour au calme...

— j'ai compris... Soyez-en sûrs.

— Peur, violence, pouvoir... La peur d'abord : créer la panique en utilisant le changement climatique dans des discours unanimement anxiogènes[1] ; violence : la panique entraîne la violence au nom de la protection de la planète, fût-ce au prix de vies humaines ; enfin pouvoir : la création d'un pouvoir écologiste musclé canalisera la peur pour en faire l'instrument de son autorité. C'est la feuille de route que nous vous avons tracée et vous seriez bien avisée de n'en point dévier. Me fais-je bien comprendre ?

— Oui, vous le savez bien... Je respecte scrupuleusement la feuille de route...

— Nous ne le voyons pas et nous commençons même à avoir des doutes. Dans votre ministère, le taux d'affiliation de vos fonctionnaires à un mouvement militant est d'à peine 65%. C'est insuffisant, votre objectif était 75 %... Pour nous, l'affaire Kurt Kasslow est l'ultime test de compétence... À bon entendeur, salut !

Son écran redevint noir... Ils avaient mis fin à la visioconférence...

Elle composa un numéro en Albanie. C'était un camp d'entraînement à la guérilla urbaine et au terrorisme. Ce camp offrait des services de formation paramilitaire à quiconque payait pour les stagiaires qu'il y envoyait, indépendamment de toute religion ou idéologie. Il servait à des islamistes de Daech, à d'autres d'Aqmi, à des néonazis d'Allemagne, de Belgique et de France, à des antifas français et des BLM américains. Il y avait là, aussi, des écologistes radicaux de divers pays envoyés par la SPP. C'est l'un de ces derniers que la ministre finit par obtenir en ligne.

— Madame la ministre...

— Une manifestation contre une bassine... Pardon, une méga-bassine... Il faut que ça dégénère vilain !

---

*1 Les discours apocalyptiques foisonnent. En revanche, ceux qui visent à préparer raisonnablement la population à vivre avec quelques degrés de plus sont ignorés ou dénoncés comme climato-sceptiques. C'est la phase 1 de la feuille de route de la SPP.*

— Quand ? Où ?
— Dans les Deux-Sèvres... dans trois semaines. Je vous préciserai la date exacte.
— Combien ?
— Trente mille euros en liquide.
— Plus les frais ?
— Non, tous frais compris... Vous recruterez les black-blocks vous-mêmes...
— Oui, j'ai des réseaux, ça ira.
— Je peux vous...
— Non, non, les black-blocks, je préfère en être sûr... Je m'en occupe moi-même...
— Si vous estimez qu'un autre professionnel est nécessaire, libre à vous... Mais 30 000 Euros, c'est le budget total. Vous le partagerez si vous êtes deux.
— Non, non, en trois semaines, j'ai le temps de constituer une équipe bien aguerrie.
— Il faut qu'ils fassent du dégât.
— Des morts ?
— En principe non, vous savez bien... Sauf parmi les manifestants, éventuellement...
— Bien reçu. Des blessés ou même un mort ou deux parmi les manifestants, rien de tel pour booster l'agressivité des autres... Bon... J'arrange ça... Autre chose ?
— Non, je compte sur vous.
— Vous ne serez pas déçue, Madame la Ministre.

## *DGSE, 20mai, 9h00*

Saint-Elme relisait le PV d'interrogatoire de Gerhard Kriegelstein, le secrétaire particulier de Kurt Kasslow.

*Nous, Aurélien Dubois, brigadier de gendarmerie en fonction à la brigade de gendarmerie des Andelys*
*Officier de police judiciaire en résidence aux Andelys*
*Dans le cadre de l'enquête de flagrance citée*
*Vu l'article 53 du code de procédure pénale*
*Avons interrogé le sieur Gerhard Kriegelstein né le 3 février 1985 à Schaan, principauté de Liechtenstein*
*Question : pourquoi vous trouviez-vous aux Andelys ?*
*Réponse : j'ai été invité par la Société de Philosophie Parhumaniste dont je suis membre correspondant, à me rendre*

*aux Andelys, hôtel de la Chaîne d'Or.*
*Question : connaissiez-vous Monsieur Joël Vanderloo ?*
*Réponse : oui, il était en affaires avec mon patron, Kurt Kasslow. Ils se sont rencontrés à de nombreuses reprises.*
*Question : savez-vous quel type d'affaires ?*
*Réponse : oui. Monsieur Vanderloo était consultant en intelligence économique et assistait Monsieur Kasslow dans la conclusion d'un contrat de concession minière en Tchoukotka.*
*Question : Monsieur Kurt Kasslow sait-il que vous êtes membre de la Société de Philosophie Parhumaniste ?*
*Réponse : oui*
*Question : qui était informé de votre voyage aux Andelys ?*
*Réponse : personne. Je n'avais pas confirmé ma présence à la Société de Philosophie Parhumaniste et je n'avais pas informé Monsieur Kasslow, parce qu'il était en voyage.*
*Question : relatez votre emploi du temps depuis votre arrivée aux Andelys*
*Réponse : Je suis arrivé à l'hôtel de la Chaîne d'Or vers 15 heures. Je ne suis pas certain de l'heure. Un message m'attendait à la réception m'invitant à me rendre rue de la Tour à 19 heures 30. J'ai demandé à la réception où se trouvait la rue de la Tour. On me l'a montrée sur un plan de la ville. J'ai attendu dans ma chambre jusqu'à 19h15. Je suis sûr de l'heure. Comme je sortais de l'hôtel, j'ai vu Monsieur Joël Vanderloo marcher sur le trottoir en direction de la rue de la Tour. Je suis sûr de l'avoir reconnu, parce qu'un réverbère l'éclairait. Je l'ai vu tourner à droite rue de la Tour. J'ai hésité un peu parce que j'étais en avance sur mon rendez-vous prévu à 19h30 et que je sais la SPP exigeante en matière de ponctualité. J'y suis allé quand même et j'ai vu deux individus traîner Monsieur Vanderloo inanimé vers la berge de la Seine. Ils le traînaient par les pieds Je ne suis pas sûr que c'était Monsieur Vanderloo parce que la rue était mal éclairée. Pour la même raison, je ne pourrais pas décrire les deux autres individus. Le lendemain, j'ai entendu les gendarmes et j'ai regardé par la fenêtre. J'ai vu des gendarmes autour du cadavre de Monsieur Vanderloo. Toute la journée, j'ai essayé de téléphoner à Monsieur Kurt Kasslow, mais il était sur messagerie. J'avais peur de sortir de ma chambre. Je me suis fait servir mes repas dans ma chambre. Je suis resté enfermé jusqu'à l'arrivée des gendarmes le lendemain matin qui m'ont signifié ma garde à vue.*
*Question : Connaissez-vous Madame Gaëlle Le Couëdic ?*
*Réponse : je ne l'ai jamais rencontrée, mais je sais qu'elle a rencontré Monsieur Kurt Kasslow il y a deux mois. Je ne sais*

*plus la date exacte. Le lieu de cette rencontre était le domicile de Monsieur Kurt Kasslow 122 avenue Malakoff à Paris*
*Question : voyez-vous autre chose à rajouter ?*
*Réponse : non*
*Après lecture faite par lui-même, Gerhard Kriegelstein persiste et signe avec nous le présent, à onze heures vingt-sept.*
*Dont procès-verbal*
*Gerhard KRIEGELSTEIN* *L'OPJ*

Évidemment, se disait-il, il n'allait pas dire qu'il était impliqué dans l'assassinat... Par ailleurs, ses fadettes[1] montraient qu'il avait bien appelé Kurt Kasslow à de nombreuses reprises. En outre la perquisition de sa chambre d'hôtel n'avait pas permis d'y trouver de portable à carte prépayée... Cela prouvait-il qu'il n'était pas le destinataire de l'appel qui a précédé la tentative active d'assassinat sur Gaëlle Le Couëdic ? ... Pas forcément... Il avait très bien pu lancer ce portable dans la Seine. Il ne servait à rien d'envoyer des plongeurs pour le rechercher. Même s'ils le retrouvaient, il serait inexploitable après une aussi longue immersion et surtout rien ne prouverait que ce fût Kriegelstein qui l'y avait jeté... La Seine coulait à quelques mètres de la façade de l'hôtel, n'importe qui peut y jeter quelque chose par une fenêtre... Ses explications avaient donc un bon degré de vraisemblance... Ou pas ! Le général espérait que la confrontation entre lui et Kurt Kasslow apporterait des lumières sur cette ténébreuse affaire.

La sonnerie du téléphone le tira de ses réflexions.

— Harry Lime speaking. Hello, Gonzague !

Harry Lime était son homologue, directeur des opérations spéciales à la CIA.

— Bonjour, Harry ! Quelle heure est-il à Langley ?

— Il est trois heures et demie du matin. Mais je ne suis pas à Langley. Je suis chez moi, à Georgetown... On vient de m'annoncer que le prochain vol orbital de Starship est programmé dans neuf jours à 08:00 (CDTime). Il est déjà payé par... qui vous savez.

— Très bien. Toujours d'accord pour en confier les commandes à qui vous savez ?

— Plus que jamais, Gonzague, et sur les armes ?

— Un instant...

Le général ouvrit le dossier et relut le message qui était arrivé de la lune.

---

1 *« Factures détaillées » : état délivré par un opérateur énumérant les appels émis et reçus par une ligne.*

*De : Pauline Dummoulin*
*À : Général de Saint-Elme*
*Aucune arme ne figure dans leurs inventaires. SOS venez d'urgence, les deux prix Nobel sont morts de trouille et moi, je me sens devenir barbouze. Pauline Dummoulin.*

— Il n'y a pas d'armes. Mais, par prudence, il faudra bien synchroniser l'opération. Nous leur demanderons d'attendre la navette hors de la base, en sorte qu'ils n'auront qu'à embarquer et la navette décoller. Je crois que vous hébergez qui vous savez. Demandez-lui de se tenir prêt.

— C'est déjà fait, Gonzague… Il est aux ordres, mais sa copine est furieuse.

— Gaëlle ?

— Pas de noms, Gonzague ! Pas de noms… Mais oui, elle est avec lui et elle craint qu'il ne reparte de nouveau pour un mois… Je ne peux pas lui dire ce qu'il va faire, c'est secret.

— Dis-lui de m'appeler, je vais essayer de la calmer… Mais ne la laisse pas sans surveillance… On a essayé…

— … De la tuer, je sais…

— Ah bon ? Tu sais ?

— Ecoute, Gonzague, moi aussi, je dirige un service de renseignements… Quand j'ai su qu'elle venait à Boca Chica, j'ai enquêté et j'ai appris pour les Andelys ! Tu vois, je ne suis pas né de la dernière averse…

— OK Harry ! Je te rappelle dès que j'ai arrangé ça…

Un peu plus tard, Gaëlle appelait. Saint-Elme regardait sa montre : il était 5 heures du matin à Langley… Décidément, se dit-il, elle a besoin de parler !

— Bonjour, Gaëlle ! Je sais que Harry Lime vous a parlé et vous vous posez des questions, n'est-ce pas ?

— Oui… Ou plutôt je ne m'en pose pas… Vous allez encore envoyer Charles dans une mission insensée ?

— Il est avec vous, là ?

— Non, il est sous la douche…

— Bon, alors dès qu'il sera sorti, connectez-vous et rappelez-moi tous les deux en visio, sur la plateforme sécurisée.

Cinq minutes plus tard, il vit apparaître Charles et Gaëlle sur l'écran de son ordi…

— Ecoutez-moi bien tous les deux. La mission de Charles est secrète. Mais vous, Gaëlle, savez garder un secret. Alors, je vous le dis à condition que rien, mais alors rien de rien, ne filtre jusqu'à son retour

— D'accord général…

— Personne ne doit même savoir que vous savez... D'accord ?

— Oui, d'accord... Oui... Alors dites !

— Charles retourne sur la lune chercher trois astronautes prisonniers.

— Comment ça trois ? Ils étaient partis quatre, ils reviennent à deux. Il n'en manque que deux...

— Oui, renchérit Charles... Il manque Pauline Dummoulin et Dave Sanders. Qui est le troisième ?

— Ah, la CIA ne vous a encore rien dit ?

— Non, ils sont en train de bricoler une navette pour qu'elle puisse prendre quatre astronautes. Dave, Pauline, mon copilote et moi... Ça fait quatre...

— Je suis au regret de vous dire que vous n'aurez pas de copilote... C'est d'ailleurs parce que vous avez déjà aluni et que vous avez déjà vu Rimitchka, que vous avez été considéré comme le seul qualifié pour cette nouvelle mission. Vous repartez seul. Le troisième prisonnier de Rimitchka est le professeur Théodore Sagnol... Vous le connaissez bien, je crois ?

— Oui, c'était un ami. Il a disparu il y a deux mois alors qu'il se rendait à Budapest pour un congrès...

— Exactement... Eh bien, il est prisonnier à Rimitchka. Donc vous partez seul et vous revenez avec les trois prisonniers...

— Mais, intervint Gaëlle... Il va devoir se battre sur la lune ?

— Non, il ne doit pas se battre. Il atterrit, il prend les prisonniers qui se seront débrouillés pour être prêts à partir et avoir enfermé le reste des occupants de la base... Il n'y a pas d'armes à Rimitchka... N'est-ce pas ? C'est bien ce qu'on vous a donné pour consigne ? Au moindre signe de résistance armée, vous redécollez avec ou sans les prisonniers...

—C'est bien ça, en effet...

— Vous voyez, Gaëlle... La mission va durer un peu moins de quatre jours.

— Oui, enchaîna Charles, laissez-moi calculer... Vingt-huit heures pour mettre le Starship en orbite lunaire. Un maintien en orbite compris entre une et vingt heures pour synchroniser l'heure d'alunissage avec le temps local de Rimitchka. Quatre heures pour le désarrimage de la navette et l'alunissage, autant pour le décollage et le réarrimage, enfin vingt heures de vol de retour sur terre. Cela fait un maximum de... Voyons cinquante-six plus vingt, soixante-seize heures.

— Augmentées du temps passé sur le sol lunaire...

— Trente minutes au maximum. D'après ce que l'on sait, les prisonniers peuvent circuler librement. Ils seront au rendez-vous, à une heure où toute la base dormira.

— Attention, Gaëlle, tout ceci est TSB, « très secret béryl » jusqu'à l'atterrissage, au retour de la mission.
— Oui… D'accord… Je vais faire un sujet avec tout ça. Je vais avertir la chaîne que je vais leur envoyer un scoop de première grandeur, sans dire de quoi il s'agit et je le leur enverrai à l'instant où le Starship atterrira à Boca Chica…
— Ça marche !
— Vous voyez, général, savoir ce que va faire Charles est rassurant. Ce qui m'avait exaspérée il y a deux mois, c'était la manière dont vous l'aviez escamoté sans me dire ni quoi ni où ni pourquoi ni comment… Alors je vous remercie de nous faire confiance à Charles et à moi…
— Faites quand même attention à vous. Plus vous en savez, plus ceux qui ont essayé de vous assassiner vous en voudront…
— Qui sont-ils ? Vous avez des pistes ?
— Tout porte à croire que c'est la SPP, la Société de Philosophie Parhumaniste… Pas directement, mais par une de ses ramifications. Vous connaissez ?
— Vaguement… Vous m'en avez déjà parlé… C'est une sorte de secte écologiste, un truc comme ça ?
— Oui, enfin… Ce sont surtout des affairistes, profiteurs des problèmes environnementaux. Ils trustent tout ce que le monde occidental compte d'industrie du bio et de l'énergie renouvelable et ils entretiennent l'opinion dans un état d'anxiété hystérique… Pour eux, les écologistes radicaux sont juste des troupes de choc qu'ils envoient déstabiliser les démocraties en vue de prendre, plus tard, le pouvoir au nom de l'écologisme.
— Ah ? Je croyais qu'il s'agissait d'idéalistes… Pour moi, ce sont les chantres de l'investissement responsable et de la protection de la planète.
— Des idéalistes… À leur manière ! Ils possèdent presque toutes les banques dites vertes, celles qui sont spécialisées dans l'investissement écologique… C'est ce qui marche bien, aujourd'hui, dans le public… Mais leur seul credo, c'est l'argent. Ils sont de très loin la fondation la plus riche du monde. Ils entretiennent l'idée selon laquelle la sauvegarde de la planète peut justifier les pires atteintes aux droits de l'homme… Et ils en jouent à leur profit ! Alors, des idéalistes ? Oui, au sens où l'on considèrerait que Tamerlan, Mao Zedong ou Hitler fussent aussi des idéalistes…
— Enfin, vous appelez idéalisme ces barbaries passées ?
— Vous savez, Gaëlle, l'idéalisme poussé à l'extrême, ça s'appelle le totalitarisme. Ils voulaient imposer un idéal et c'est en son nom que ces tyrans ont massacré à tout va. Ces écologistes radicaux qui saccagent et qui ne respectent rien, et en tout cas pas les institutions démocratiques, ils ont aussi un idéal. Un idéal que leur inculture et

leurs idées courtes les portent à placer au-dessus de tout et à ne rien respecter en dehors de lui.

— Je ne pensais pas que... Quand même, la SPP ne cautionne pas les violents qui tirent au mortier ou lancent des cocktails Molotov sur les policiers...

— Que croyez-vous ? Ces nervis constituent même leur bras armé. Ils sont virtuoses dans l'art de se rendre maîtres des mouvements de foule et d'en utiliser la force pour attaquer les forces de l'ordre, piller ce qui peut l'être et incendier le reste.

— Ah, les black-blocks, ce sont des professionnels ?

— Pas vraiment, mais ils sont encadrés par des professionnels de la guérilla urbaine qui les utilisent comme force de frappe. Et surtout, la SPP suborne la plupart des gouvernements démocratiques en les noyautant par des ministres ou des hommes politiques qu'ils tiennent par endoctrinement, par chantage, ou par les deux...

— Quand même pas en France !

— Pas en France ? Vous connaissez Tarka Lancien ?

— La ministre de l'Écologie ?

— Oui ! Eh bien enquêtez donc sur elle... Je suis tenu au secret, mais enquêtez... Comme d'habitude, ce que vous trouvez par vous-même n'est pas couvert par le secret. Ah ! Encore une chose... J'ai résolu de libérer Kurt Kasslow et son secrétaire... Vous devriez l'interviewer... En espérant que la SPP n'aura pas réussi à le faire assassiner avant.

## *DGSE, 21 mai 8h00*

Kurt Kasslow était assis dans une salle sans fenêtre, vivement éclairée d'une lumière très blanche sans ombres et simplement meublée de quatre chaises et d'une table métallique. Il attendait sa confrontation avec Gerhardt Kriegelstein, son secrétaire particulier. On lui avait donné à lire sa déposition et il avait déjà avoué au général de Saint Elme que c'était aux Andelys qu'étaient stockées les bouteilles d'hélium-3 rapatriées de Rimitchka. C'est pour cette raison que la nouvelle de l'assassinat de Joël Vanderloo aux Andelys l'avait autant ému. Personne n'était au courant si ce n'est la SPP, Joël Vanderloo et Gerhardt Kriegelstein... Donc quand la SPP les a convoqués aux Andelys, cela n'a pas dû les surprendre outre mesure et, si Kriegelstein n'avait pas eu la bonne idée de se présenter en avance rue de la Tour, il n'aurait rien su et son cadavre serait sans doute dans la Seine comme celui de Joël Vanderloo.

— Je vous ai dit tout cela, mon général, pour vous prouver ma bonne volonté et pour que vous appuyiez ma demande de protection, à laquelle, sans nul doute s'associera mon secrétaire particulier.

— J'ai bien noté, rassurez-vous... lui avait répondu, Saint-Elme, laconique et énigmatique, juste avant de sortir et de le laisser seul dans la salle d'interrogatoire.

Au bout d'une demi-heure, Gerhardt Kriegelstein fut introduit dans la salle par deux gendarmes qui se retirèrent, les laissant tous deux seuls. Quatre caméras vidéo fixées aux quatre coins, au ras du plafond enregistraient tout.

— Content de vous revoir, Gerhardt. Alors, vous êtes incarcéré ici depuis trois semaines ?

— Oui, Monsieur... Mais je ne me plains pas... La SPP nous a attirés dans un piège, monsieur Vanderloo et moi... Ils devaient manifestement nous exécuter à une demi-heure d'intervalle... Heureusement, j'étais en avance, et j'ai vu, pour monsieur Vanderloo...

— Oui, j'ai lu votre déposition... Vous êtes dans leur ligne de mire... Moi aussi... J'étais en sursis parce qu'ils ont été surpris par le décès de mon père...

— Oh ! Mes condoléances, Monsieur...

— Merci, Gerhardt... Mais maintenant, ils ont bien dû imaginer quelque tour de passe-passe financier qui m'évince du capital de Rimitchka. Je ne sers donc plus à rien et, comme vous, j'en sais trop.

— C'est aussi ce que je pense. Si j'ose dire, ils apurent le dossier pour que Rimitchka soit entièrement et directement géré par leur banque Bivéa. Vous étiez celui qui leur ouvrait la porte d'un pays qui ne soit pas partie au traité de l'espace. Vous avez fait le job et, vous non plus, vous ne leur servez plus à rien... D'ailleurs je suis étonné que vous soyez revenu vivant de votre voyage à Todtmoos...

— Sans doute veulent-ils garder les mains propres... Ils répugnent probablement à exécuter leurs basses-œuvres à Todtmoos même... C'est peut-être mon arrestation qui m'a sauvé la vie.

— À moins qu'il n'existe une faille dans le contrat qui fait que vous leur êtes encore utile...

— Une faille ?

C'est le moment que choisit le général de Saint-Elme, accompagné d'un gendarme, pour entrer dans la salle d'interrogatoire.

— En effet, il y a une faille. Mais, si ce n'est déjà fait, il ne leur faudra pas longtemps pour qu'ils découvrent que vous ne pouvez plus les aider.

— Quelle faille ? Les honoraires de Vanderloo étaient assez chers pour que le contrat fût irréprochable.

— Il l'était… Du moins, je n'ai aucune raison de penser le contraire… Mais il y a une page du contrat qui n'est pas de lui, si je ne m'abuse…

— Laquelle ? demanda Kriegelstein.

— Voyons, messieurs, je croyais que vous jouiez la transparence…

— Oui, oui, Gerhardt, nous devons le dire… C'est de l'avenant n°1 que vous parlez, j'imagine… C'est nous qui l'avons rédigé sans associer Joël Vanderloo… Ainsi, il est mort sans savoir que Rimitchka n'est pas dans l'Arctique… Pourtant, c'est lui qui est l'auteur du contrat de concession.

— Et, par pure curiosité, quelle est la faille de cet avenant ? demanda Gerhardt.

— Il n'a pas été paraphé par votre père, Monsieur Kasslow, tout simplement ! Donc, en l'état, la loi du Liechtenstein ne s'applique qu'à une mine sur l'île Wrangel… Mais je ne suis pas sûr que la SPP le sache et c'est sans doute la raison pour laquelle vous êtes encore en vie !

— Mais que…

— Comment nous le savons ? Disons que votre père a parlé avant de mourir.

— Et notre demande de mise sous protection ?

— Là aussi, disons que ça se jouera dans les prochaines heures. Mais ne vous faites pas d'illusion, tout ce que nous pourrons faire sera de vous exfiltrer vers le pays de votre choix au lieu de simplement vous remettre en liberté. Nous ne sommes pas en Amérique et le financement d'une nouvelle vie avec une nouvelle identité, ce n'est pas dans nos habitudes… Mais, si vous avez de l'argent, et je crois savoir que vous en avez, aux Îles Vierges Britanniques, par exemple…

— Oui, je sais, si on investit dans ce pays, on peut se faire délivrer un passeport sous une nouvelle identité…

— Mais cette perspective suppose que vous ayez quelque chose qui intéresse la France…

— Un stock d'hélium-3, cela intéresserait la France ? Votre prix sera la mien.

## *Les Andelys, même jour 21h30*

Le soir même, aux Andelys, un convoi de six camions militaires escorté par trois véhicules blindés de la gendarmerie pénétrait dans une propriété proche du Château-Gaillard. Les quinze véhicules se rangèrent dans le parc, derrière la bâtisse, à l'abri des regards. Immédiatement, les soldats sortirent en bon ordre 95 bouteilles d'acier de cinquante litres. Ils savaient où elles étaient et les chargèrent sans perdre de temps sur trois camions. Dix minutes à peine après son arrivée, le convoi repartait.

Dans une villa voisine, les deux observateurs de la SPP dont le rôle était de donner l'alerte s'ils voyaient quoi que ce soit, furent pris de vitesse. Pendant que l'un d'eux attendait des instructions de Todtmoos, l'autre enfourchait sa moto pour suivre le convoi. A la sortie des Andelys, le convoi se sépara en trois colonnes de deux camions, chacune précédée d'un blindé. Le suiveur de la SPP choisit au hasard d'en suivre une qui le conduisit jusqu'au camp des Loges, à Saint-Germain-en-Laye, dans les Yvelines. Aux jumelles, il vit les véhicules se ranger contre un bâtiment. Pendant que le blindé repartait, les soldats débâchaient les camions. Ils étaient vides. Les caves de la villa venaient d'être débarrassées de 500 kg d'hélium-3, près de la moitié du stock qui s'y trouvait. Pendant ce temps, son collègue entrait dans la villa. Dans la cave à moitié vide, il compta les bouteilles restantes : cent-une sur cent-quatre-vingt-seize. C'était un désastre. Il devait rendre compte immédiatement et il se préparait déjà à subir les foudres des hauts dirigeants de Todtmoos.

La France avait acheté cinq cents kilos d'hélium-3, aussi Saint-Elme n'avait-il fait enlever que son dû plus une bouteille pour ses peines et soins comme il l'avait promis à Kurt Kasslow dont la protection et celle de son secrétaire était le prix de la vente. Il avait fallu toute la journée aux meilleurs juristes du Conseil d'État pour élaborer un contrat de vente inattaquable. Certes cette vente conclue par Kurt Kasslow risquait de s'apparenter à un délit d'abus de biens sociaux, mais les Conseillers d'État étaient rompus à l'art de rédiger des contrats d'achat indestructibles dans lesquels tout délit qui pourrait être avéré est au passif exclusif du cédant et qui en garantissent indemne l'État cessionnaire.

## *Bureau de la ministre de l'Environnement, 22 mai 10h15*

Tarka Lancien, ministre de l'Environnement, avait reçu un message sur une messagerie Tor.

> *Votre gouvernement nous a déclaré la guerre. Nous voulons des morts à votre manifestation autour de cette méga-bassine, ou à d'autres, mais nous voulons des morts.*

Elle nageait consternée dans l'incompréhension la plus opaque. Après une longue hésitation, elle décrocha son téléphone pour appeler Todtmoos. Elle n'avait pas plutôt obtenu son correspondant que le général de Saint-Elme faisait irruption dans son bureau. Elle bafouilla un bref « Je vous rappelle » avant de raccrocher tandis que le général posait un document sur le sous-main de sa table de travail.

*Origine : DGSE*
*Destinataire : archives*
*Classement : secret*
*Urgence : routine*
*Objet : compte XX09-RGSVD*
*<txt*
*XX09-RGSVD vient de recevoir un message crypté :*
*« Votre gouvernement nous a déclaré la guerre. Nous voulons des morts. À votre manifestation autour de cette méga-bassine ou à d'autres, mais nous voulons des morts »*
*L'expéditeur est le compte YD09-RG1SP*
*XX09-RGSVD n'a jamais reçu de message autre que de YD09-RG1SP, et aucun depuis trois mois.*
*>txt*

Tarka Lancien blêmit un peu avant de répondre

— Vous m'emmerdez, général... Vos services espionnent ma correspondance ? Je vais vous casser pour ça !

— C'est une idée fixe, madame la Ministre, mais vous ne casserez rien du tout. Nous ne surveillons aucune de vos lignes téléphoniques ou data. Nous n'en avons pas le droit, alors nous ne le faisons pas.

— Alors du vent ! Videz les lieux !

— Il se trouve qu'un compte inconnu utilisant TorBrowser et un cryptage non autorisé a été débusqué par mes services parce que le contenu des messages cryptés faisait présumer un délit d'atteinte à la sûreté de l'état : des informations classifiées y figuraient. Nous avons appelé ce compte XX09-RGSVD. Aucun opérateur ne sait à qui appartient XX09-RGSVD : la relation entre XX09-RGSVD et vous est classifiée « très secret ».

— Continuez, dit la ministre à peine calmée.

— Nous avons ensuite identifié le compte YD09-RG1SP comme appartenant à la SPP... En tout cas, il vient du château de Todtmoos... Alors, Madame la Ministre, que faisons-nous ?

— Je vais en référer à Matignon. Ce n'est pas un petit général qui va faire la loi dans mon ministère.

— Je sais que vous avez orchestré des violences pour une manifestation dans les Deux-Sèvres et que, maintenant, on exige de vous qu'il y ait des morts.

— Il n'y en aura pas.

— Qu'en savez-vous ? Une fois la violence lancée, vous ne pourrez rien contrôler.
— J'irai sur les lieux...
— Que voulez-vous que ça change ?
— J'appellerai à ne pas manifester...
— Ça devrait déjà être fait : c'est bien le moins que l'on puisse attendre d'un membre du gouvernement pour une manifestation interdite. Dans l'immédiat, sur les réseaux sociaux, vos militants font passer Kurt Kasslow pour un prisonnier politique et vous avez cautionné publiquement l'appel à manifester pour sa libération demain après-midi boulevard Mortier...
— Et alors ?
— Vous vous rendez compte du ridicule ? Quand ce milliardaire que vous protégez déclarera publiquement qu'il est libre mais qu'il craint pour sa vie...
— Qu'attendez-vous de moi ?
— Ah ! Enfin une question pertinente ! Vous allez faire une déposition que je m'engage à ne jamais rendre publique, même partiellement, sans votre accord... À moins, bien sûr que je vous reprenne à mettre votre intérêt ou celui de la SPP avant l'intérêt de l'État.

Quatre jours plus tard, le Huffington Post publiait un article :

*[...] La manifestation, interdite comme celle qui avait donné lieu à des affrontements à l'automne dernier, a convergé vers la « bassine » de S, surnom donné par leurs adversaires à des réserves d'eau en construction dans la région pour l'irrigation agricole.*
*À l'approche du chantier, les affrontements ont éclaté rapidement entre forces de l'ordre et manifestants, avec des jets de projectiles et des tirs de mortier auxquels policiers et gendarmes ont riposté avec des gaz lacrymogènes et le canon à eau. Des véhicules de police ont aussi été filmés en train de brûler [...]*
*Le mouvement Les Soulèvements de la Terre a annoncé sur Twitter vers 14h qu'il y a « plusieurs blessés graves côté manifestants » et que « la police (les) empêche d'accéder aux blessés ». Des élus se sont approchés des points de barrages pour faciliter l'évacuation des blessés via notamment des ambulances.*
*Alors que la porte-parole de la gendarmerie évoquait également des blessés dans ses troupes, le ministre de l'Intérieur a, lui, visé l'extrême gauche.*

*« À S., l'ultra gauche et l'extrême gauche sont d'une extrême violence contre nos gendarmes. Inqualifiable, insupportable. Personne ne devrait tolérer cela. Soutien total à nos forces de l'ordre », a tweeté Gérald D. après le début des affrontements.*
*Les assaillants ont ensuite reflué et un calme relatif était revenu dans l'après-midi, la foule ayant reculé.*
*Aucun bilan précis n'a été fourni pour l'instant. Plusieurs gendarmes ont été blessés, selon une source proche du dossier ; des blessés sont « en cours d'évacuation ou de localisation », selon la préfecture. Un photographe de presse a été touché à la tête et les organisateurs ont fait état d'un blessé « en urgence vitale ».*
*Des armes avaient été saisies en amont du rassemblement, boules de pétanque, frondes, lance-pierres, produits incendiaires, couteaux, haches…*
*La « bassine » de S. et celle qui fonctionne déjà à M. font partie d'un ensemble de 16 retenues, d'une capacité totale d'environ six millions de mètres cubes, qui doivent être construites dans le cadre d'un projet porté depuis 2018 par une coopérative de 450 agriculteurs, et soutenu par l'État.*
*Il vise à stocker de l'eau puisée dans les nappes superficielles en hiver, afin d'irriguer les cultures en été quand les précipitations se raréfient. Ses partisans en font une condition de la survie des exploitations agricoles face à la menace de sécheresses récurrentes.*
*Les opposants dénoncent, eux, un « accaparement » de l'eau par « l'agro-industrie » à l'heure du changement climatique, et réclament un moratoire sur leurs constructions pour lancer « un vrai projet de territoire » sur le « partage de l'eau ».*

« Finalement, il n'y aura pas eu de mort, se dit Saint-Elme, Tarka Lancien a compris où était son intérêt ! Mais on n'est pas passé loin… »

## *Aéroport du Bourget, 28 mai.*

Une semaine plus tard, Kurt Kasslow, Gaëlle Le Couëdic et sa cadreuse attitrée, Marie-France étaient réunis à bord d'un Gulfstream G700 arrêté sur le tarmac du Bourget. La porte était restée ouverte, l'appareil n'était pas encore prêt à partir. Gaëlle attaqua tout de go, sachant que le général de Saint-Elme avait exigé de son interlocuteur qu'il réponde à ses questions.

— Bonjour, monsieur Kurt Kasslow, rappelons rapidement pour les téléspectateurs que vous êtes un milliardaire français, peu connu du grand public, et que vous avez fait fortune dans les énergies renouvelables. Vous avez accepté de recevoir La Cinquième, avant votre départ à bord de votre jet où nous nous trouvons, à la condition que je ne révèle pas où vous allez.

— Bonjour. On peut dire tout cela en effet.

— Votre principal actif s'appelle Rimitchka et produit de l'hélium-3, n'est-ce pas ?

— Tout à fait... C'est encore vrai, mais peut-être plus pour bien longtemps.

— N'anticipons pas, les téléspectateurs ne sont encore au courant de rien... Rappelons que l'hélium-3 est un gaz rarissime qui sera le combustible des futures centrales nucléaires de fusion, celles qui créeront de l'énergie comme le fait le soleil.

— Rarissime est bien le mot. Dans l'atmosphère, il y n'y a que cinq volumes d'hélium-3 pour mille milliards de volumes d'air. Pour vous donner une idée, toute l'atmosphère qui se trouve au-dessus de la France ne contient que 135 grammes d'hélium-3... Rimitchka, lui, en a déjà produit une tonne... Quand vous saurez qu'un gramme d'hélium-3, c'est l'équivalent de 14000 tonnes de pétrole, vous comprendrez que c'est un bon investissement !

— En effet ! Il y a deux mois, je vous ai demandé ce qu'était Rimitchka, en Tchoukotka, vous n'aviez alors pas pu me répondre.

— Et pour cause, vous savez pourquoi...

— En fait, mais j'ai dû le découvrir moi-même : je suis allé au lieu-dit Rimitchka. C'est en plein océan arctique, sur l'île sibérienne Wrangel. Là, j'ai vu le Rimitchka dont il s'agit... Il n'y avait rien, sinon un gardien tchouktche qui se disait attendre l'arrivée des matériels d'exploitation et des mineurs... Mais nous avons découvert qu'il était bien le seul, dans toute cette histoire, à espérer que l'on puisse jamais extraire de l'hélium-3 du sous-sol de Wrangel. Exact ?

— Dans les grandes lignes, oui... Sauf pour le gardien. C'est un repris de justice que j'ai recruté à sa sortie de prison avec l'aide du gouverneur de la province en vue de servir de leurre : il devait faire croire à tout visiteur qu'on attendait juste l'arrivée du matériel de forage et des mineurs pour commencer à exploiter... J'ai vu qu'il avait bien fait le job avec vous, puisque vous y avez cru ! En réalité, c'était plutôt à Joël Vanderloo, mon conseiller technique, que je voulais faire avaler cette fable...

— Feu votre conseiller technique. Je crois qu'il est mort assassiné il y a quinze jours, n'est-ce pas ?

— Oui, hélas. C'était un ami plus qu'un conseiller et permettez-moi de rendre ici hommage à sa mémoire... Mais il n'est jamais allé à

Wrangel... Pourtant, c'est lui qui avait établi le contrat de concession minière. Il s'est contenté de négocier avec l'administration du gouvernorat de Tchoukotka et d'avoir le gardien au téléphone.

— Ah ? Il a le téléphone, ce gardien tchoutchke ?

— Oui, qu'est-ce que vous croyez ? Il vous a fait aussi le coup du pauvre orphelin venu d'on ne sait où qui ne sait pas bien parler russe ? Et celui du pauvre homme qui vous prépare une misérable tasse de thé dans son vieux samovar ? Et de l'isba que l'on ne chauffe pas tant que la température extérieure restait au-dessus de zéro ?

— En fait...

— C'est un repris de justice, mais c'est un bon comédien ! dit Kurt Kasslow en riant franchement.

— Vous m'avez dit posséder une tonne d'hélium-3...

—Oui, je vous l'ai dit et c'était vrai quand je vous l'ai dit...

— Et ça ne l'est plus ?

— Non, j'en ai vendu la moitié.

— À qui ? À quel prix ? Cinq cents kilos d'hélium-3, si je sais bien compter, ça représente... Euh...

— Près de vingt mille supertankers pétroliers, si vous comptez en TEP [1]... La moitié de l'énergie annuelle commercialisée dans le monde... Quand on aura enfin mis au point la fusion nucléaire...

— Alors, combien ?

— Secret des affaires, Madame. Je n'ai le droit de vous dire ni à qui je l'ai vendu, ni à quel prix. Tout ce que je puis vous dire, c'est que mon prix de revient, lui, est de plus de quinze milliards de dollars. Mais, je ne l'ai pas vendu ce prix-là... Loin de là...

— C'est une somme énorme... Cette vente a quand même dû vous rapporter beaucoup.

— J'ai encaissé le prix de la vente, sous forme de swap... Enfin, une forme un peu spéciale de swap, mais je ne vous en dirai pas plus. De toute façon, c'était bien au-dessous du prix de revient. Cette vente va m'éjecter définitivement hors du top 50 dans le classement Forbes des grandes fortunes mondiales !

— Pouvons-nous parler de Rimitchka ? Le vrai, pas le leurre...

— Que voulez-vous en savoir ?

— D'abord dites-moi où est cette mine d'hélium-3, puisqu'elle n'est pas en Tchoukotka...

— C'est la première fois que ce secret sera révélé. Sachez que je risque ma vie en vous le disant parce que mes associés vont détester... Dès lors que vous aurez diffusé cette interview, ils vont mettre ma tête à prix...

---

[1] *Tonnes d'équivalent pétrole*

— Vous avez de drôles d'associés, dites donc ! Alors pourquoi acceptez-vous de parler aujourd'hui ?

— Pourquoi ? Sans doute un vieux fond d'idéalisme que je tiens de mon grand-père...

— Oui, votre père a raconté son épopée pour nos téléspectateurs...

— Feu mon regretté père...

— Oui, pardon... Décidément on meurt beaucoup parmi vos proches ces derniers jours... Feu votre père, donc, nous a raconté son histoire... Depuis l'académie militaire de Saint-Pétersbourg jusqu'à son enrôlement dans la Première Armée Nationale Russe de la Wehrmacht, et sa vie au Liechtenstein...

— Justement, mon père est sans doute mort à cause de moi et du secret de Rimitchka... Il est mort parce que certains avaient peur de ce qu'il aurait pu révéler, et pourtant il ne savait pas grand-chose...

— Il m'a dit... Il avait découvert l'emplacement de Rimitchka, mais je veux que ce soit vous qui le disiez aux téléspectateurs.

— Il est mort parce qu'il ne fallait pas qu'il parle... Moi, je vais vous le dire, et, si je suis tué, ce sera pour avoir parlé... À tout prendre, c'est quand même une plus belle mort, non ?

— Alors, les téléspectateurs vous écoutent.

—Rimitchka est une colonie de quinze personnes installée depuis maintenant trois ans et demi entre les cratères Ricco, Milankovič et Karpinsky, sur la face cachée de la lune, à cinq cents kilomètres du pôle nord.

— Vous comprendrez qu'une telle déclaration est de nature à surprendre. Comment est-ce possible ? Personne n'est allé sur la lune depuis un demi-siècle...

— Oui, mais non ! Comment croyez-vous que Space-X a pu financer ses développements fulgurants ? Ils ont envoyé en moyenne une mission lunaire tous les deux mois pendant trois ans... Peu d'entre elles sont restées complètement secrètes, la plupart étaient officiellement des missions en orbite terrestre, et quelques-unes, enfin, étaient bien des vols lunaires, mais ils étaient officiellement inhabités... Chaque fois, c'étaient un milliard de dollars qui tombaient en cash dans les caisses de Space-X...

— Rimitchka, je veux dire le vrai, celui de la lune, est aussi dirigé par un repris de justice, comme celui que j'ai visité en Tchoukotka, n'est-il pas vrai ?

— Oui, c'est vrai... Il a été sauvé du suicide grâce à Rimitchka. C'est maintenant sa vie.

— On peut dire qui il est ?

— Xavier du Moulin-de-Mars...

— Ça aussi, ça va soulever l'émoi. Il a assassiné femme et enfants avant de disparaître... Il est recherché par toutes les polices du monde... Et c'est vous qui...

— Il n'a tué personne... Comme vous dites, c'est moi qui... C'est moi qui... Comment dirais-je ?

— Qui l'avez soustrait à la justice...

— Oui... Et qui lui ai offert la porte de sortie qui a arrêté son geste justement avant le suicide familial qu'il avait préparé... La justice appréciera...

— Il les a tués, on a retrouvé les corps enterrés dans son jardin...

— La meilleure preuve qu'il ne les a pas tués, c'est qu'ils vivent avec lui à Rimitchka depuis trois ans... Je me suis moi-même condamné à mort en vous faisant ces révélations. Vous savez, mes associés sont puissants et ils n'hésiteront pas... Ma tête est sans doute déjà mise à prix... En tout cas elle le sera dès que vous diffuserez votre reportage...

— Et le professeur Tournesol ?

— Plaît-il ?

— En fait, je voulais dire Théodore Sagnol, pardonnez-moi, c'est le surnom que lui donnent ses étudiants normaliens et polytechniciens.

— Et ?

— Que faisait-il à Rimitchka ? Lui aussi, tout le monde le cherche. Vous n'êtes pas sans savoir qu'il a disparu entre chez lui et le palais des congrès de Budapest où il devait participer au symposium annuel de la WPFRS... Toute la presse en a parlé... Alors que faisait-il sur la lune ?

— J'ignore comment vous savez tout cela, mais, oui, il est à Rimitchka où il poursuit des travaux théoriques...

— Il n'y est plus

— Si, bien sûr qu'il y est !

— Je vois que vous ne savez pas tout... En ce moment-même, un Starship l'attend en orbite lunaire avant d'entamer sa trajectoire de retour sur terre. L'arme tueuse de satellites lunaires est désactivée. Rimitchka va être filmée sous tous les angles par deux constellations de satellites lunaires en orbite basse. Si vous n'aviez pas accepté cette interview, le monde n'aurait appris l'existence de Rimitchka qu'une semaine plus tard... Vous voyez, de toute façon, le secret Rimitchka, c'est fini.

— C'est bien mon avis. Il me reste à disparaître.

— Je vous fais confiance pour cela. Quand on est à la tête d'une fortune qui doit quand même encore peser plus de dix milliards de dollars, disparaître ne doit pas être une entreprise trop difficile... Où comptez-vous disparaître ?

— Sans commentaires, mais le sort qui m'attend n'a rien de la retraite dorée que vous suggérez. Vous savez, quand vous créez une start-up, la première chose que vous demandent les investisseurs pour vous apporter des capitaux, c'est « comment on sort ? ». Vous, créateur de start-up, ça vous agace parce que si vous vous lancez dans l'aventure, ce n'est pas pour penser d'emblée en sortir... Oui... Mais il y a des moments, dans la vie des affaires, où il faut savoir sortir... Alors moi, je sors !

— Eh bien, merci Monsieur Kasslow, conclut Gaëlle en regardant la caméra, nous terminerons donc sur cette réponse énigmatique, mais, somme toute, logique de la part de quelqu'un qui s'apprête à disparaître aux yeux du monde.

— Qui aura disparu dans une demi-heure, le temps pour cet avion de décoller pour une destination que je ne vous dirai pas.

— ... Qui aura disparu dans une demi-heure... En effet. C'était Gaëlle Le Couëdic qui vous parlait de l'aéroport du Bourget et qui vous aura présenté les dernières images de Kurt Kasslow, l'énigmatique milliardaire de l'hélium-3. Nous continuerons notre série de reportages sur Rimitchka et l'hélium-3 dans une semaine, après le retour sur terre du Starship qui ramène le professeur Sagnol... Lui et d'autres, vous l'apprendrez.

Elle ferma son micro et se leva. Kurt Kasslow lui demanda alors, hors micro :

— Que vouliez-vous dire par « lui et d'autres » ?

— À mon tour de ne pas répondre... Je suis encore liée par le secret, mais vous le saurez bientôt. J'ai respecté la parole que j'ai donnée et il n'y a rien de déshonorant dans cette interview... Même pas le formidable abus de biens sociaux que constitue la vente d'une demi-tonne d'hélium-3 pour votre profit personnel... Allez, au revoir et bonne disparition ! Moi, je file... L'avion que Space-X a mis à ma disposition m'attend. Je ne voudrais pas rater l'atterrissage du Starship qui ramène le professeur Sagnol ! ... Et, s'il lui reste encore trois cent mille kilomètres à parcourir, moi, j'en ai quand même huit mille !

# *GAËLLE et CHARLES*

## *Todtmoos, Bade-Wurtemberg, siège de la SPP, deux semaines plus tard*

En France, c'était le chaos. Tous les jours, les villes, les banlieues, et même certains bourgs étaient à feu et à sang. Des émeutiers pillaient, incendiaient, détruisaient... Gaëlle avait acquis la conviction que le général de Saint-Elme lui avait dit vrai et que ces émeutiers étaient manipulés et même qu'ils obéissaient à un commandement stratégique, au moins les plus violents d'entre eux, les « black blocks », véritables professionnels du combat de rue. Son enquête l'avait orientée vers Tarka Lancien, ministre de l'Environnement, qu'elle soupçonnait d'être au cœur de cette manipulation... Son Charles chéri était revenu de la lune voici deux semaines... Revenu de son second voyage sur la lune... Quand elle y pensait, ça lui donnait le vertige... Elle n'avait pas encore le droit de faire un reportage sur ces voyages, c'était pour cela qu'elle avait orienté ses investigations vers Tarka Lancien, en attendant de pouvoir diffuser un reportage sur la base lunaire de Rimitchka... Mais la France était si dévastée par les émeutes qu'elle ne parvenait pas à obtenir d'interview et quand, par hasard elle parvenait à rencontrer un responsable politique ou administratif, c'était pour l'entendre débiter de la langue de bois par stères... Ainsi son enquête sur Tarka Lancien piétinait et elle s'était dit que c'était le moment d'aller voir à quoi ressemblait la SPP, cette société soi-disant philosophique.

Consciente du danger, elle s'était fait annoncer par La Cinquième avant de se présenter au château de Todtmoos pour interviewer un dirigeant de la SPP. Ils ne pourraient pas, s'était-elle dit, s'en prendre à elle dans leur propre fief, alors que tout le monde savait qu'elle était là. Elle s'est vu opposer une fin de non-recevoir. L'huissier lui a simplement dit qu'aucun membre du Conseil Supérieur de la SPP n'était présent et que, de toute façon, elle trouverait tout dans le dossier de presse qu'il lui avait remis. Pourtant, stationnés dans la cour, elle avait vu plusieurs véhicules de luxe, dont une Bugatti Chiron, deux Ferrari et une Rolls-Royce... Ce n'étaient sûrement pas les voitures du petit personnel ! Comme elle sortait dépitée du château et s'apprêtait à reprendre la route, elle aperçut du mouvement à l'autre bout du parc. Elle sortit sa caméra et, de sa voiture, au zoom maximum, elle put filmer plusieurs soldats habillés comme pour la guerre, treillis noir, casque et rangers, finir d'entrer dans un minibus Mercedes gris sombre qui partit aussitôt.

Saint-Elme lui avait dit qu'il soupçonnait la SPP de former des agitateurs professionnels pour faire dégénérer la moindre manifestation en émeute... Seraient-ce là les agitateurs dont il parlait ? En tout cas des guerriers à la SPP, ça ne cadrait pas avec l'image de la société philosophique et idéaliste qu'ils voulaient se donner... De quoi pouvait-il bien s'agir ? Elle appela Charles, pour lui demander si cette information pouvait intéresser la DGSE.

— Que oui ! Depuis l'aventure lunaire, on cherche à savoir qui viole le traité de l'espace.

— N'est-ce pas la Russie ?

— Non, la Tchoukotka n'a établi qu'une concession sur l'île Wrangel. Elle a été détournée par un vice-gouverneur, qui est mort, et par Kurt Kasslow, peut-être à l'insu des Russes...

— Alors il fallait l'arrêter, pas lui offrir un exil doré.

— Il a été condamné à payer plus de quinze milliards de dollars...

— Ah, oui, son stock d'hélium-3...

— En fait, la moitié de son stock... Nous voulons savoir qui va revendiquer la propriété de l'autre moitié...

— Et tu penses fortement à la SPP, n'est-ce pas ?

— Moi, pas spécialement, mais Saint-Elme, oui : le lendemain de la saisie de l'hélium-3 aux Andelys, un message émanant probablement de la SPP exigeait qu'il y ait des morts dans les émeutes à venir... Alors, un commando de guérilléros qui sort des locaux de la SPP, oui, ça nous intéresse...

— Mais ils sont partis... Quand je sortais du château, ils finissaient d'entrer dans un minibus Mercedes qui est parti tout de suite... Ils peuvent être allés n'importe où.

— Tu as pensé à noter l'immatriculation ?

— J'ai même filmé ! Je ne suis pas une débutante... Attends, je visionne la séquence... Là... Ah ! Voilà : HH 334 KL... Je peux même te dire que c'était un Mercedes Sprinter.

— Je te rappelle.

Gaëlle quitta le château de Todtmoos et s'arrêta moins d'un kilomètre plus loin parce que Charles la rappelait.

— J'ai vu Saint-Elme. Il est surexcité ! Des paramilitaires à la SPP... Ça confirmerait ses pires soupçons ! C'est moi qui suis chargé d'enquêter.

— Cool ! On va travailler ensemble, pour une fois ! Ça ne nous est pas arrivé depuis longtemps !

— Comme je le pensais, le Sprinter est équipé d'une puce GPS antivol. Saint-Elme a demandé à un juge de réquisitionner les données de suivi de ce Sprinter chez Mercedes-Benz...

— Comme ça, on saura où il va ?

— Tout juste

— Alors, là, je fais quoi ?

— Ne reste pas trop près de la SPP. Va à Todtmoos et attends-moi... Par exemple dans un resto, c'est bientôt l'heure de déjeuner. Aie l'air naturel, parce que je pense qu'ils sont en train de t'observer... Je te rappelle dès que je sais où ils vont.

Une heure plus tard, sous un parasol, Gaëlle se régalait d'asperges au jambon de la Forêt-Noire nappées d'un délicat beurre citronné à la terrasse du « Jägerstüble » quand un message crypté parvint sur son smartphone.

*De : DGSE*
*À : Mme Gaëlle Le Couëdic, Col. Charles Longhieu*
*Urgence : Flash*
*Classification : Secret Défense*
*Distribution : message*
*<Txt*
*Le Mercedes Sprinter immatriculé HH334KL peut être tracé à l'URL*
*https://razv4GqshKW3-3PXQ.onion*
*qui se lit ainsi :*
*Bleu : le Sprinter, rouge : col Longhieu, vert : Madame Le Couëdic*
*La mission du colonel Longhieu est de suivre le Sprinter et de recueillir le maximum d'informations sur ses occupants, leur destination et leur activité. La mission de Madame Le Couëdic est, sous couvert d'un reportage, de couvrir les arrières du colonel Longhieu. Signé : GBR de Saint-Elme./.*
*>Txt*

Ah ! Faire la nounou[1] de Charles ! Ça nous rajeunira[2] tous les deux ! Gaëlle ouvrit le navigateur TOR sur son smartphone et tapa l'URL dans la barre de recherche. Une carte à petite échelle s'ouvrit sur laquelle figuraient les trois points, rouge, vert et bleu annoncés. En zoomant, elle vit que le point bleu était à Urdorf, dans la banlieue de Zurich et se

---

*1 Nounou : se dit d'un agent de renseignement placé en retrait pour observer un autre agent, rendre compte s'il est en difficulté et, exceptionnellement, intervenir à son secours.*

*2 Voir « L'ambassadeur » du même auteur*

déplaçait vers le sud sur l'autoroute A3. Le point rouge était à Paris, sur le périphérique sud où il se déplaçait vers l'ouest à vive allure. Sans doute un hélicoptère pensa Gaëlle. Enfin, par acquit de conscience, elle s'assura que le point vert était bien au « Jägerstüble » à Todtmoos, Bade-Wurtemberg. On était en train de lui proposer un dessert. Elle refusa et paya avant de regagner sa Renegade de location et de partir, direction Zurich, à la poursuite de ce mystérieux véhicule.

Gaëlle roulait maintenant depuis cinq heures, l'œil rivé sur l'écran de bord de sa Renegade, couplé à son smartphone, où elle voyait les trois points rouge, vert et bleu. Elle avait roulé vite jusqu'à Lugano, puis elle avait adapté sa vitesse à celle du point bleu qui se limitait, apparemment à 110 km/h. Elle le suivait à une distance de vingt kilomètres pour se conformer aux instructions que Charles lui avait adressées par SMS. Elle voyait le point rouge se rapprocher d'elle rapidement. Il était sans doute en avion. Alors qu'elle était au niveau du poste-frontière de Lugano, elle le vit s'immobiliser à côté de Bergame : il avait atterri. Vingt minutes, plus tard, il suivait l'autoroute, à une dizaine de kilomètres devant elle, sans doute dans une voiture de location. Par texto, il lui demanda d'accélérer et de le rejoindre pour le suivre à vue. Il était dans une Cupra bleu canard. Quand elle en fut distante de deux cents mètres, elle le vit passer la main gauche par la fenêtre pour la saluer. D'après son écran, le minibus était deux kilomètres plus loin. Quand ils arrivèrent à la sortie Senigallia, elle suivit Charles et quitta l'autoroute. Ils s'arrêtèrent tous deux sur le bas-côté : l'écran lui montrait que le Sprinter Mercedes était arrêté un kilomètre plus loin, sans doute pour faire de l'essence. Ils ne risquaient pas d'être vus, aussi rejoignit-elle Charles dans sa Cupra... Après un baiser de retrouvailles, il lui dit hâtivement :

— Ils sont arrêtés à un kilomètre, certainement pour faire le plein. Ma voiture bleu pétard est trop voyante. Il faut que tu ailles prendre de l'essence à la même station et que tu essaies de t'assurer que nous suivons bien le bon minibus... Dès qu'ils sont partis, je te rejoins à la station.

— Bien colonel ! dit-elle mutine en lui collant un baiser mouillé sur les lèvres.

C'était une station Esso. Tout en prenant de l'essence, elle vit des militaires faire la queue aux toilettes avant de regagner le minibus. Pas de doute, c'était bien la troupe qu'elle avait vue à Todtmoos. Elle rangea sa voiture un peu à l'écart, histoire de ne pas trop marquer les esprits, et entra dans la boutique pour payer son essence tout en faisant mine de s'intéresser aux machins et trucs hétéroclites que vendent toutes les stations-service. Enfin, le minibus redémarra. Une minute plus tard, elle vit la voiture de Charles s'engager à son tour sur l'aire de la station pour faire le plein. Il lui dit de suivre le minibus en visuel une quinzaine de minutes jusqu'à ce qu'il la redépasse et ainsi de suite : hors de l'autoroute, une filature GPS pouvait être imprécise...

C'est ainsi qu'ils se sont succédé dans la filature qui les a amenés à Bari où ils gagnèrent le port. Des centaines de véhicules étaient en train d'embarquer sur un ferry. Elle vit Charles positionner sa voiture dans une des cinq files « Ventouris Ferries - Durrës », en attente d'embarquement et elle se plaça dans une autre... Au niveau de la barrière d'entrée de l'aire d'embarquement, un policier lui demanda de coller la contremarque de son billet derrière son pare-brise.

— Je n'ai pas de billet. Je voudrais en acheter un...

— Désolé, madame, le ferry est complet. Vous devrez réserver une place sur celui de demain.

— Oh ! Et comme passager piéton ? Si je laisse ma voiture ici ?

— Oui, je crois qu'il y a des cabines vacantes. On m'a dit qu'un groupe s'était désisté il y a deux heures.

— Ah, on voyage en cabines ?

— Oui la traversée dure toute la nuit... Si vous préférez, vous pouvez toujours voyager en salon, c'est beaucoup moins cher, mais nettement moins agréable... Vous pouvez garer votre voiture là. C'est 45 Euros la journée et vous embarquez à pied par la passerelle là-bas. Vous prendrez votre billet à bord.

En sortant du parking après avoir garé sa voiture, elle croisa celle de Charles qui gagnait le même parking. Il lui dit juste au passage « À bord, nous ne nous connaissons pas. Prudence ». Hasard des placements, ils eurent deux cabines voisines... Le hasard fait bien les choses dit-on... Aucun des deux n'avait à s'en plaindre, mais il fallait quand même attendre que la coursive soit déserte avant d'aller d'une cabine à l'autre, sécurité oblige ! Ils durent aller séparément au restaurant du bord et au comptoir de location de voitures, mais, cela fait, Gaëlle et Charles eurent une croisière nocturne, somme toute, bien agréable.

## *Durrës, Albanie, le lendemain*

Du pont supérieur, Gaëlle admirait l'arrivée à Durrës dans la lumière éclatante du petit matin. Charles était à quelques mètres d'elle, mais ils faisaient mine de ne pas se connaître.

Après avoir récupéré sa voiture de location, elle avait pour consigne de suivre Charles à vue en ville, et à deux kilomètres de distance si on devait quitter la ville. Ils quittèrent Durrës puis traversèrent Tirana. À la ville moderne et opulente succédèrent des faubourgs de plus en plus misérables et enfin ce fut une route qui s'engageait dans la montagne. Une horrible route cahoteuse pleine de nids de poule.

Sa voiture n'avait pas de prise « Apple CarPlay » en sorte qu'elle avait dû poser son smartphone vaguement calé sur le tableau de bord devant elle pour suivre la progression de Charles et celle du minibus. Charles a littéralement passé son temps à s'arrêter et repartir. Sans doute voulait-il éviter d'être visible des occupants du minibus sur cette route déserte...

Deux heures après avoir quitté Tirana, elle reçut un appel vocal de Charles qui parlait à voix basse :

— Le minibus est arrêté et les mercenaires en sont sortis. Ils gagnent à pied un camp militaire où se trouvent déjà plus de cent soldats à l'entraînement... Marque l'emplacement où je me trouve. De là, on voit le camp, mais on est encore à l'abri du sous-bois : tu pourras faire des images. Reste connectée. Je vais avancer et je te dirai au fur et à mesure. Ecoute, mais reste silencieuse. Je vais sortir du couvert et le contact est une possibilité que je ne peux exclure.

— Mais...

— Chut !

Dans son smartphone, elle entendit le démarreur de la voiture de Charles, puis son moteur, elle l'entendit nettement passer les vitesses. Au bout de deux à trois minutes, un tir d'arme automatique puis, immédiatement après, un cri de Charles : « Ne tirez pas... ». La suite du dialogue se fit sans doute en albanais, toujours est-il qu'elle ne comprit rien, sinon que Charles et ses agresseurs s'éloignaient. Il avait sans doute abandonné son smartphone dans sa voiture. Elle partit de toute la vitesse que lui permettait cette route délabrée et ne tarda pas à arriver au point qu'elle avait marqué sur son smartphone, et qui correspondait à l'emplacement d'où Charles l'avait appelée. Comme prévu, c'était le dernier emplacement discret en sous-bois : juste après, la végétation s'éclaircissait et la route était à découvert. Elle s'avança prudemment à pied, baissée pour ne pas être visible. Deux cents mètres plus loin, la voiture de Charles était abandonnée, porte conducteur ouverte, criblée de balles. Elle regagna le fourré et observa le paysage. Elle dominait une sorte de cirque, entouré de montagnes, clairière d'un ou deux kilomètres carrés juste couverte d'herbe et de quelques buissons. À flanc de coteau, elle vit Charles entouré de trois soldats armés descendre l'adret vers un camp militaire... Il y avait là un grand nombre de soldats qui s'activaient. Certains effectuaient des exercices musculaires, d'autres tiraient sur cible, d'autres s'entraînaient au close-combat, d'autre enfin lançaient des flammes ou des objets incendiaires sur un brasier. Sa mission de « nounou » exigeait qu'elle rendît compte.

*Origine : G Le Couëdic*
*Destinataire : DGSE GBR G de Saint-Elme*
*Objet : appel au secours*
*Diffusion : Secret défense*
*Urgence : flash*
*Charles prisonnier d'un camp d'entraînement militaire albanais (à deux kilomètres sud-sud-est de ma géolocalisation actuelle). Hostile. Ils ont tiré à l'arme automatique sur son véhicule avant de l'emmener. Il n'est apparemment pas blessé. Effectifs du camp : deux à trois cents. J'attends à (ma géolocalisation actuelle) l'arrivée des forces d'intervention./.*

Ce camp était à moins de deux kilomètres... Le zoom de sa caméra, un Angénieux 44x440, était puissant... Elle avait déjà fait beaucoup d'images quand un bip de son smartphone lui annonça l'arrivée de la réponse à son message :

*Origine : DGSE GBR G de Saint-Elme*
*Destinataire : G Le Couëdic*
*Objet : appel au secours*
*Diffusion : Secret défense*
*Urgence : flash*
*L'Albanie est un pays souverain. Coup de force exclu. Nous préparons une action d'exfiltration urgente. Nous avons situé le camp sur photos satellite. Votre présence n'est pas souhaitée car elle pourrait gêner l'exfiltration si vous veniez à être découverte. Rentrez à Paris./.*

## *Émission « Quand on voit ce qu'on voit » La cinquième, le surlendemain 21h10*

*Générique*
*Plan large sur le plateau de « Quand on voit ce qu'on voit ». Derrière la table, Gaëlle Le Couëdic et la présentatrice de l'émission, Alexandra Lecœur. Fond de décor : le château de Todtmoos.*
*Plan serré sur Alexandra Lecœur qui prend la parole :*

— Nous avons bouleversé notre programme pour présenter notre émission de ce soir. La Cinquième présente ses excuses à tous ceux qui auraient aimé regarder le sujet « les dessous de l'élevage des caniches nains en Nouvelle-Aquitaine » que nous avons déprogrammée. Ils pourront voir cette émission en deuxième partie de soirée, et la semaine prochaine à 21h10, ou encore sur notre site lacinquième.tv. Ce soir, nous accueillons notre consœur grande reporter Gaëlle Le Couëdic, qui a déjà réalisé tant d'enquêtes sur des sujets sensibles... Rappelez-vous les fausses greffes de cornée humaine au Paraguay, les croisières pédophiles au Cambodge, les armes biologiques en Transnistrie, ou encore cette mini-explosion nucléaire dans les Causses, il y a deux ans... Aujourd'hui, Gaëlle Le Couëdic vient nous parler d'une société qui, sans être une société secrète, évite toujours les feux des projecteurs. Nous en avons tous entendu parler, au moins vaguement et toujours sans savoir exactement ce qu'elle était : la Société de Philosophie Parhumaniste, que l'on désigne généralement par l'acronyme SPP. Alors, Gaëlle, que pouvez-vous nous en dire ?

*(Plan serré sur Gaëlle)*

– C'est une fondation qui est basée en Allemagne dans le Bade-Wurtemberg...

*(Plan scindé : photo du château à droite et plan-poitrine sur Gaëlle à gauche)*

... Son siège est un orgueilleux château, en plein cœur de la Forêt-Noire. Elle prône le retour à la nature et le fait que l'homme doit s'effacer devant elle pour la préserver. Elle soutient moralement et financièrement tous les partis écologistes occidentaux... Sa doctrine est issue du « bon sauvage » de la Renaissance, mélangé à un salmigondis d'idées mal digérées de Goethe, de Schopenhauer, de Maurras, de Nietzsche et d'Husserl. Tout ça ne serait qu'une utopie parmi d'autres si elle n'était une des fondations les plus riches du monde. Ses actifs dépassent les 700 milliards de dollars. Elle possède des banques dont la plus connue est la banque Bivéa, banque dite verte parce qu'elle n'investit que dans du « vert » : bio, énergies nouvelles, recyclage des déchets, méthanisation, bio-éthanol...

*(Flashes sur divers labels environnementaux, à droite du plan scindé)*

... à tel point qu'il est, en pratique, impossible d'investir dans ces secteurs d'activité sans passer par une de ses nombreuses filiales.

– Mais comment peut-elle être aussi riche ?

– À l'origine, je ne sais pas... Mais aujourd'hui, elle applique à la lettre les vieux principes marketing du Boston Consulting Group selon lesquels si vous détenez cinquante pour cent de parts de marché, vous avez les moyens d'empêcher quiconque de concurrencer sérieusement votre leadership sur ce marché : vous détenez l'essentiel des parts de marché, donc c'est vous qui établissez les prix. Ceux qui tentent de vous concurrencer doivent faire des efforts et réalisent ainsi des marges plus faibles que les vôtres. Il vous suffit de baisser les prix assez pour les mettre en perte, mais pas assez pour vous mettre vous-même en perte.

— Ils détiennent 50% de parts de marché dans tous les domaines que vous avez cités ?

— Dans certains, beaucoup plus : pour obtenir un label bio, par exemple, tous les organismes de certifications sont, directement ou non, filiales de banques de la SPP et assurés par une compagnie d'assurances de la SPP. Pour construire un champ éolien, si vous ne sollicitez pas une participation de la banque Bivéa, votre chantier subira des grèves, des retards de livraison, des accidents, des incendies...

*(Plan large)*

— Mais c'est pour la bonne cause, ils cherchent à préserver la planète. C'est bien, n'est-ce pas, de constater qu'il existe des gens convaincus et assez riches pour mettre en œuvre leurs convictions en faveur de l'environnement...

— Bien, jusqu'à un certain point... Tout ce que vous allez voir, ce sont des images prises au cours des soixante dernières heures.

*(Cut. Le château de Todtmoos, panoramique vers le parking à gauche du château avec, en premier plan, quatre voitures de luxe, une Bugatti, deux Ferrari et une Rolls-Royce.) Voix off :*

Nous sommes ici au siège de la SPP, Société de Philosophie Parhumaniste... Aucune de ces voitures ne vaut moins de trois cent mille euros... On voit tout de suite qu'il y a de l'argent et que la SPP n'est pas une association d'intellectuels bohème genre « cercle des poètes disparus » ...

*(Travelling vers la droite et zoom sur des militaires en treillis qui embarquent avec leur paquetage dans un minibus au loin derrière le château.) Voix off :*

... Il est clair aussi que nous ne sommes pas dans le monde des bisounours. Ici, règnent apparemment l'argent et la force plus que la philosophie. Nous avons eu la curiosité de suivre ce minibus empli de mercenaires.

*(Cut. Nuit. Vue du port de Bari. Zoom sur le « Rigel III ». Zoom sur le minibus embarquant sur le Rigel III.) Voix off :*

... Un long périple à travers l'Allemagne, la Suisse et l'Italie nous a amenés au port de Bari, dans les Pouilles, où nous avons embarqué pour Durrës, en Albanie.

*Fondu au noir. Jour, soleil levant. Le port de Durrës vu de la mer. Voix off :*

... Une nuit à bord, et nous voici en Albanie. Le minibus poursuit sa route vers Tirana qu'il traverse. Il s'engage alors sur une petite route chaotique dans les montagnes.

*Fondu au flou et vue sur une route pleine de nids de poule serpentant à flanc de montagne. Voix off :*

... Puis le véhicule a obliqué sur un chemin où nous n'avons pas pu le suivre parce que nous aurions été visibles.

*(Fondu au flou. Vue d'un cirque montagneux. Zoom sur un camp militaire entouré d'une clôture de barbelés dans lequel des hommes en tenue de combat s'exercent au maniement des armes, ou s'entraînent sur un parcours du combattant. Panoramique à droite, sur un brasier alimenté par d'autres hommes qui s'entraînent au lancement de projectiles incendiaires et au maniement du lance-flammes.) Voix off :*

... Ces images se passent de commentaires. On voit des hommes de guerre quitter le siège de la SPP pour venir s'entraîner au combat ici, au fin fond des montagnes albanaises.

*(Zoom numérique sur un militaire occupé à donner des ordres aux lanceurs de grenades incendiaires.) Voix off :*

... Le zoom de la caméra a été poussé à son maximum, mais le visage de cet homme est quand même bien reconnaissable.

*(Cut. Plan large sur le studio.) Alexandra prend la parole :*

— Gaëlle Le Couëdic, ces images sont stupéfiantes... Mais qui est cet homme ?

— Je n'en sais rien, mais je voudrais vous montrer des images que notre confrère Arthur Bonavita a prises au cours des émeutes d'hier soir, moins de deux jours après celles que vous venez de voir...

*(Cut. Extérieur nuit. Plan large sur une scène d'émeutes sur un boulevard urbain. Les vitrines des boutiques sont enfoncées, plusieurs voitures brûlent. Des flammes sortent d'une boutique et des fenêtres du premier étage au-dessus. L'air est opacifié par la fumée au milieu de laquelle des personnages en noir s'affrontent ; d'un côté les forces de l'ordre et de l'autre les black-blocks... Zoom sur ces derniers. Très organisés, ils se déploient, larguent leurs cocktails Molotov et se replient en bon ordre. Zoom sur celui qui se révèle être leur chef, qui donne les ordres d'assaut et de repli. Voix off :*

Remarquez bien celui qui semble donner les ordres... Trois émeutiers, toujours les mêmes, lui constituent une sorte de garde rapprochée. C'est très professionnel... Là, il y a une accalmie et on le voit s'éloigner du champ de bataille.

*Le chef quitte ses troupes en marchant rapidement en regardant de tous côtés. Il n'a apparemment pas vu le cameraman dont il se rapproche et qui dézoome au fur et à mesure. Il s'arrête dans l'encoignure d'une porte cochère. Il retire sa cagoule et éponge son front en sueur avant de s'apprêter, apparemment, à uriner contre la porte. Zoom sur son visage. Voix off :*

... Il se croit seul, il n'a pas vu Arthur Bonavita qui le filme de loin... Vous avez vu, c'est bien le même homme...

*Cut. Plan large sur le studio. Gaëlle :*

... Ainsi, il n'y a plus de doute. Dans ce quartier de Paris où une centaine de boutiques ont été ravagées, une école et un commissariat incendiés, les black-blocks étaient organisés et dirigés par un mercenaire que nous avons vu à l'entraînement dans un camp fréquenté par d'autres guerriers venant de la SPP.

— Nous aurions voulu, interrompit Alexandra, recevoir sur ce plateau Madame Tarka Lancien, ministre de l'Environnement qui a toujours soutenu moralement les émeutiers et dont les prises de position complaisantes en faveur des secteurs d'activité de la SPP sont bien connues, bien connues aussi ses prises de positions hostiles aux secteurs d'activité concurrents de ceux de la SPP que sont, essentiellement, les industries nucléaire, agroalimentaire, ou pharmaceutique... Nous lui demandons publiquement de dire son point de vue maintenant qu'il est clair que la SPP forme et entraîne des guérilleros, comme le font les organisations djihadistes et autres néonazis ou antifas pourfendeurs de la démocratie.

*Cut. Écran noir deux secondes. Cut. Logo de la chaîne quinze secondes. Cut. Plan large sur le studio du vingt heures. Le rédacteur en chef Armand Blot prend la parole sur un ton grave.*

— Nous interrompons ce programme pour vous annoncer le suicide de la ministre Tarka Lancien. Elle vient de se donner la mort par arme à feu dans son bureau du boulevard Saint-Germain. C'est tout ce que nous savons. Nous vous informerons des circonstances et des conséquences de ce suicide au fur et à mesure que nous en saurons davantage. Compte tenu de l'actualité, vous comprendrez que nous devions interrompre ce numéro de « Quand on voit ce qu'on voit » dont la seconde partie devait précisément être consacrée à une discussion autour de ses prises de position et de celles de son ministère. Gaëlle Le Couëdic, qui connaissait bien Tarka Lancien, est déjà en route pour le ministère de l'environnement. Nous établirons un direct dès qu'elle sera sur les lieux.

## *Bureau de la ministre de l'Environnement,*

Une demi-heure plus tôt, assise à son bureau, Tarka Lancien regardait consternée l'émission « Quand on sait ce qu'on sait ». Elle avait déjà sous les yeux un long message qu'elle avait reçu de la DGSE une heure auparavant

*Origine : DGSE GBR de Saint-Elme*
*Destinataire : ministre de l'Environnement*
*Distribution : personnelle*
*Urgence : routine*
*Classification : Secret Défense*
*<txt*
*Ci-joint un rapport du colonel Ch. [***], qui établit que l'organisation SPP dont vous êtes membre du board est coupable d'agissements hostiles. Le commando qui a enlevé le colonel Ch. [***] est parti du château de Todtmos, siège de la SPP, a payé son essence avec une carte de crédit de la SPP avant de gagner le camp d'entraînement paramilitaire où est séquestré le Col. Ch. [***]*
*Copie anonymisée déclassifiée du dernier rapport de mission du Col. Ch. [***] :*
*Citation*
*Date d'envoi : [***] 23h50*
*[***]*
*L'ordre de mission précisait « suivre le minibus Mercedes Sprinter immatriculé HH334KL. Une réquisition a été envoyée à la société Mercedes Benz par le Juge [***] pour le traçage de ce véhicule par GPS. Ce traçage a été fourni par l'entreprise sous la forme d'un fichier SIG actualisé deux fois par minute au format KMZ disponible à l'URL https://[***].onion à partir de 12h00. J'ai fait ajouter à ce fichier ma propre géolocalisation et celle de l'agent [***] à qui cet URL a été communiqué. L'agent [***] se trouvait présente sur le terrain à 10h40 quand le minibus a quitté le château de Todtmoos (Bade-Wurtemberg). À 12h00, le minibus a été localisé sur l'autoroute suisse A3 à la hauteur de Urdorf (Zurich, 8902). L'agent [***] s'est mise en route à sa suite et s'est efforcée de réduire à un quart d'heure les quelque 80 minutes de retard qu'elle avait sur lui. Pendant ce temps, je gagnais Villacoublay en hélicoptère et décollais avec le Falcon F-RAF[***]. En observant le trajet du minibus, j'ai conclu qu'il allait vers l'Italie. J'ai atterri à l'aéroport de Bergame après y avoir fait réserver un SUV. J'ai eu le minibus Mercedes en visuel à 15h40 sur l'autoroute A1 au niveau de Parme. L'agent [***] était alors à la hauteur de Côme. Je lui ai demandé d'accélérer pour me rejoindre. Le minibus a quitté l'autoroute à la sortie Senigallia et a pris de l'essence à la station Esso juste après Senigallia sur la route d'Ancone. L'arrêt a duré 21 mn. J'en ai informé le service aussitôt. L'agent [***] m'a rejoint pendant cet arrêt.*
*Le véhicule est reparti vers Ancone et il a repris l'autoroute à*

*Montemarciano. À 16h22, un message du service m'informait que l'essence avait été payée à l'aide d'une carte Esso au nom de la SPP. Le minibus a dépassé l'agent [***] qui l'a alors suivi en visuel. Nous nous sommes relayés pour le suivre en visuel. Nous sommes arrivés ainsi au port de Bari, à l'embarcadère du ferry pour Durrës, Albanie, à 22h09. Le minibus a pu entrer dans l'enceinte des véhicules à l'embarquement, mais je me suis fait opposer un refus au motif que je n'avais pas réservé et que le ferry était complet. J'ai quand même pu embarquer à pied. L'agent [***] aussi. Nous avons fait en sorte de n'être pas vus ensemble à bord. J'ai réservé un 4x4 chez Sixt à Durrës. J'ai demandé à l'agent [***] de faire de même chez un autre loueur afin que nous ne soyons pas vus ensemble./.*
*Fin de citation.*
*Depuis ce rapport, nous sommes sans nouvelles du colonel Ch.[***]. L'agent [***] a retrouvé le véhicule du colonel Ch.[***] abandonné avec plusieurs impacts de balles dans la carrosserie.*
*La France attend de vous, Madame la Ministre, que vous respectiez les engagements que vous avez pris devant moi voici deux semaines quand je vous ai rendu visite après que la SPP eut exigé de vous qu'il y ait des morts au cours des émeutes.*
*Respectueuses salutations*
*GBR G de Saint-Elme.*
*>txt*

Elle appuya sur la touche de l'interphone pour appeler son chef de cabinet qui entra aussitôt, par une porte dérobée reliant son petit bureau à celui de la ministre.

— Madame la Ministre ?

— Julien, il faut que je parte tout de suite pour Todtmoos. La SPP nous a joués !

— Que voulez-vous dire ?

— Tenez, lisez cela...

Elle lui tendit le message de la DGSE et ajouta

— Et ce n'est pas tout, avez-vous vu l'émission de La Cinquième ?

— Oui, c'est encore pire !

— D'ailleurs j'ai tout lieu de croire que l'agent dont le nom est caviardé dans la note de la DGSE est cette journaliste, Gaëlle Le Couëdic... Depuis quelque temps, je la rencontre partout... Je la soupçonne d'enquêter sur moi.

— Pardonnez l'expression, Madame la Ministre, mais nous sommes dans la merde...

— Le mot est faible... Je suis piégée... Je vais devoir dénoncer la SPP et démissionner... Mais auparavant, je vais... Mais... Mais... Julien ! ... Que faites-vous ? ... Mais non ! ... Julien, non ! ! ! ...

Dans le couloir, on entendit le coup de feu. L'huissier qui était encore de service à cette heure tardive se précipita, mais la porte de la ministre était verrouillée. Il allait pour passer par le bureau de Julien quand celui-ci déverrouilla de l'intérieur la porte du bureau ministériel en criant « Au secours » dans le couloir. La ministre était affalée sur son bureau où se répandait une mare de sang, tandis que le mur derrière elle était éclaboussé de lambeaux sanguinolents. Sa main droite posée sur le bureau à côté de son crâne éclaté tenait un Glock 44 calibre .22.

## *DGSE, pendant ce temps-là.*

Le général de Saint-Elme, assis à son bureau, regardait avec intérêt l'émission de La Cinquième. Il avait, par ailleurs, sous les yeux une coupure du journal Le Monde daté du lendemain. Elle lui avait été adressée sous pli fermé tamponné « Confidentiel-Défense » et « Remettre en mains propres ».

> *Émeutes urbaines sans précédent : une crise sécuritaire, sociale, politique et éducative*
> *Plusieurs milliers d'adolescents et de jeunes adultes, issus de quartiers populaires, âgés pour la plupart de 14 ans à 20 ans, ont fait vaciller la République en provoquant les plus graves émeutes urbaines jamais connues dans la France moderne. Après le bilan des dégradations, après un temps de sidération, y compris pour des élus en poste depuis plus de vingt ans, les questions sont nombreuses pour tenter de comprendre les racines, les ressorts et les raisons d'une crise à la fois sécuritaire, sociale, politique et éducative.*

Sur l'article était collé un post-il portant, manuscrit, « Vous voyez, il n'y a toujours pas eu de morts, je tiens parole » avec une signature illisible que Saint-Elme identifia pourtant comme étant celle de la ministre Tarka Lancien... Ce document avait dû se croiser avec le message qu'il lui avait envoyé voici une heure dans lequel il lui faisait part de la disparition du Colonel Longhieu.

Il allait l'appeler au téléphone quand il fut interrompu par un gendarme qui lui apportait une dépêche de l'AFP

*Tarka Lancien, ministre de l'Environnement s'est donné la mort par arme à feu ce jour à 21h30 dans son bureau du ministère de l'environnement./.*

Cela rebat les cartes, se dit-il, pas vraiment surpris. Il semble que la SPP vienne de perdre une zélatrice de poids au sein du gouvernement. Mais, continuait-il à raisonner, moi aussi, je viens de perdre le principal cheval de Troie que je comptais utiliser pour percer le secret des activités de la SPP autour de l'hélium-3. J'aurais dû me douter qu'une personnalité aussi instable que Tarka Lancien ne pourrait pas résister à la pression que lui avait mise la révélation l'enlèvement du colonel Longhieu par des sbires de la SPP et le fait de se voir contrainte à trahir la SPP... Et l'émission de La Cinquième, en a rajouté une couche... Il en était là de ses réflexions que son téléphone sonna sur sa ligne sécurisée.

— Bonsoir, Général, c'est Gaëlle Le Couëdic...

— Vous connaissez la nouvelle ?

— La mort de Tarka Lancien ? Oui, bien sûr... C'est pour ça que je vous appelle.

— C'est vrai, vous deviez la recevoir sur votre plateau...

— Oui, j'avais commencé à enquêter sur elle. Vous vous rappelez, c'est vous qui m'aviez suggéré qu'elle pourrait m'en dire beaucoup sur la SPP... Et maintenant, selon l'AFP, elle se serait suicidée ?

— Oui... Elle n'a sans doute pas résisté à la pression des révélations de ses liens avec la SPP et des turpitudes de cette société... Elle n'était pas très stable psychologiquement.

— Elle était raide timbrée, vous voulez dire, général ! Mais l'AFP a tort, elle ne s'est pas suicidée.

— Que voulez-vous dire ?

— Rien. Donnant-donnant. Je veux que vous exfiltriez Charles de ce camp albanais.

— Ah juste ça ? Je vous ai déjà vue plus dure en négociation ! Pas de problème, vous savez bien que la DGSE n'abandonne jamais un agent en mission.

— La mort de la ministre, c'est un crime maquillé en suicide.

— Comment...

— Ce sont les faits. Les preuves, ce ne sera qu'en présence de Charles... Donnant-donnant, avons-nous dit, n'est-ce pas ? Vous l'exfiltrez, d'accord, alors je vous ai révélé que c'était un crime et vous êtes encore le seul à savoir... Alors, ou bien vous me croyez sur parole et vous marquez un point sur la DCRI, ou bien vous attendez les preuves, et ce sera après l'exfiltration, quand Charles sera là...

Il sourit en entendant cette exigence un peu puérile. Mais il avait l'habitude de Gaëlle et il savait que ses affirmations n'étaient jamais faites en l'air. Aussi appela-t-il le directeur de cabinet du ministre de l'Intérieur.

— Monsieur le directeur, je dois vous informer que la DGSE a toutes les raisons de penser que la mort de Tarka Lancien est criminelle... Je vous demande de me croire, au moins à titre conservatoire. Je pense être en mesure de vous apporter les preuves au cours la nuit.

— Mon général, ce que vous dites là est très inquiétant, mais peu vraisemblable... Il n'y avait que son chef de cabinet et elle sur les lieux au moment du coup de feu. Alors, à moins d'imaginer une intrique rocambolesque à la « Mystère de la Chambre Jaune [1] », votre supposition nc tient pas debout.

— Alors, pensez ce que vous voulez, mais relisez le Mystère de la Chambre Jaune : comment est sorti l'assassin ? Hein ? Alors méfiez-vous de ce chef de cabinet.

— Mais, mon général il est au-dessus de tout soupçon... Il avait toute la confiance de la Ministre, et en plus, politiquement, il est intouchable... C'est un grand militant de la cause écologiste... Le mettre en garde à vue raviverait les émeutes...

— C'est votre problème. La DGSE a fait son devoir en vous avertissant. Ce n'est pas à moi de vous dire quel est le vôtre. Bonne soirée, Monsieur le Directeur.

Et il raccrocha. Soudain, sa porte s'ouvrit sur Charles, la mine quand même fatiguée :

— J'arrive d'Albanie et je viens au rapport, mon général.

## *Albanie, trois jours plus tôt.*

Trois jours avant la mort de Tarka Lancien, les ravisseurs de Charles l'avaient poussé sans ménagement dans une geôle obscure en lui disant juste qu'ils attendaient des instructions à son sujet. On lui avait apporté un repas composé de pain noir, d'eau et d'un peu de fromage. Par la petite fenêtre barreaudée au ras du plafond de sa cellule, il entendait les bruits du dehors diminuer. Ce devait être l'heure du repas pour tout le camp. En se hissant sur la pointe des pieds, il parvenait à voir l'extérieur par ce soupirail. Mais il ne donnait que sur une sorte de glacis entre le bâtiment et la clôture. Le camp était de l'autre côté du bâtiment. La nuit tombait. Le bruit de l'entraînement reprit plus faible

*1 Roman de Gaston Leroux (1907)*

qu'avant pour, finalement cesser deux heures plus tard. Il était minuit à sa montre. Le camp dormait.

N'ayant rien d'autre à faire dans l'obscurité, il s'endormit, lui aussi. Il était entraîné à trouver facilement le sommeil. En opération, c'était indispensable pour récupérer sa forme physique en toute circonstance et pour entretenir son moral : se cailler le sang à retourner dans son esprit un problème sans solution est stérile et délétère... Et cette nuit, dans l'obscurité, il ne pouvait rien faire. Quand il se réveilla, un rai de soleil levant commençait à filtrer par le soupirail.

Une clé tourna sans la serrure et un gardien lui apporta un bout de pain et un bol de café. Le pain était rassis et le café infect, mais la visite du gardien avait permis à Charles de voir rapidement la serrure. Il constata deux choses. D'abord la feuillure de la porte était à l'envers parce que la porte s'ouvrait vers l'intérieur de la cellule. La feuillure était juste protégée par un fer plat rivé au vantail. Il remarqua surtout que, quand le gardien était ressorti une minute pour aller remplir son bol de café après lui avoir donné son quignon de pain, il avait simplement claqué la porte. Il ne l'avait refermée à clé qu'après lui avoir donné son café.

Il a passé sa journée à déformer légèrement le fer plat qui interdisait l'accès à la feuillure, puis il a glissé dans la gâche du pêne claquant une bande de carton pliée en trois, de telle manière que les deux plis restent dans la gâche et que l'extrémité dépasse légèrement le cache-feuillure. Puis il a attendu le soir.

Vers la fin de l'après-midi, trois mercenaires sont entrés dans sa geôle et se sont mis à le tabasser méthodiquement sans rien dire. Quand il fut à moitié inconscient, recroquevillé dans un coin de la cellule, ils lui ont dit :

— Nous savons qui vous êtes, mon colonel... Votre présence nous apprend que la DGSE s'intéresse à ce camp... Nous attendons des instructions du gouvernement albanais.

— En France, répondit-il avec peine, ma hiérarchie sait que je suis ici... En ce moment même, votre camp est surveillé par des drones...

— Ne vous fatiguez pas, mon colonel... Ce n'est pas moi qui déciderai s'il faut vous exécuter ou vous garder prisonnier... J'attends des instructions... En attendant, prenez encore ça, ça vous apprendra qu'ici, le patron, c'est moi.

Et il envoya, juste au-dessus de son estomac, un dernier coup de pied qui plia Charles en deux de douleur.

En début de soirée un geôlier est venu lui apporter sa pitance, comme la veille. Pain et fromage. Charles détourna habilement son attention en sorte qu'il fit un faux mouvement et renversa la cruche d'eau.

— Eh, mais je veux quand même de l'eau...

— Je vais vous la remplir.

Le geôlier sortit en claquant juste la porte. Charles n'eut alors qu'à tirer le carton qui dépassait de la feuillure, ce qui repoussa le pêne claquant et lui permit d'ouvrir silencieusement. Le gardien était à cinq mètres de là, au bout du couloir, à remplir la cruche à un robinet. Quand qu'il se retourna, il eut la surprise de trouver Charles juste derrière lui. Il n'eut pas le temps de réaliser ce qui lui arrivait que Charles, d'un étranglement silencieux, lui faisait perdre connaissance. Il le tira dans sa cellule, le défit de ses rangers et de sa veste de treillis, le ligota et le bâillonna avec des morceaux de ses vêtements. Après avoir enfilé ses rangers et sa veste, il quitta la cellule en claquant la porte derrière lui. Dans le camp, l'entraînement avait cessé parce que tous étaient dans un hangar en train de prendre leur repas du soir. Charles longea rapidement la clôture sur quatre cents mètres. Il se trouvait au niveau de la deuxième rangée de cibles du champ de tir, loin des aires d'entraînement. Comme il allait s'attaquer à la clôture de barbelés, il se tapit sous un buisson pour laisser passer une ronde. C'est ainsi, le nez au ras du sol, qu'il remarqua une erre dans l'herbe rase... « Du gibier a l'habitude de passer par là, se dit-il alors il doit bien entrer ou sortir quelque part. » Il suivit l'erre qui le mena environ cent mètres au-delà des cibles, Là, coulait un petit ruisselet qui avait raviné le sol. Les renards ou autres petits gibiers avaient fait le reste en sorte qu'il n'eut aucune peine à ramper sous les barbelés et sortir du camp.

À l'extérieur, il continua à marcher baissé pour être le moins visible possible du camp. Ce n'est qu'à la nuit tombée qu'il put vraiment avancer, de sa démarche vigoureuse et rapide, à la lumière, froide et sans relief, de la lune à son premier quartier. Apparemment personne n'était encore à sa poursuite.

Après trois heures de marche, vingt kilomètres, estima-t-il, il entra dans un village endormi. Avisant un pick-up vétuste, il réussit à le mettre en marche et partit par une route encore plus mauvaise que celle qu'il avait prise la veille.

L'aube commençait tout juste à poindre qu'il était déjà dans les faubourgs de Tirana, encore déserts à cette heure matinale. Ce fut le moment que choisit son pick-up pour tomber en panne d'essence. Il dut parcourir à pied les trois kilomètres qui le séparaient encore de l'Ambassade de France. C'était un bâtiment de style années 30. Un sas avec une porte en verre blindé en fermait l'entrée. Il s'annonça au planton par l'interphone

— Colonel Charles Longhieu, je voudrais voir d'urgence le conseiller culturel.

Il faut dire qu'à Tirana, le conseiller culturel était le correspondant officieux de la DGSE.

— Mais le conseiller culturel dort à cette heure-ci, lui répondit le planton d'une voix qui laissait entendre que lui-même en faisait autant la minute d'avant.

— Je m'en doute bien, mon vieux ! Ce que je vous demande, c'est de le réveiller. Il habite loin ?

— Non, mais je n'ai pas le droit de vous dire son adresse.

— Bien sûr, bien sûr... Appelez-le et dites-lui qui je suis... Vous me laissez au moins entrer dans le sas ?

— Non, je n'ai pas de consignes...

— Alors appelez-le vite.

Une minute après, Charles était admis à entrer à l'ambassade. Dix minutes plus tard, le conseiller culturel le rejoignait au poste de garde.

— Mon colonel... Quel soulagement de vous voir en vie... La DGSE organise en ce moment même une opération d'exfiltration. Trois agents sont arrivés hier de Paris et des drones d'observation surveillent le camp où vous êtes retenu

— Où j'étais retenu...

— Oh, oui, pardon... Je n'ai pas autorité sur eux, mais vous, vous pourriez...

— D'abord prendre un petit déjeuner. Vous avez ça ?

— Oui, oui, bien sûr, je m'en occupe.

— J'imagine que vous aussi, vous voulez prendre quelque chose, parce que je vous ai tiré du lit... D'ailleurs j'ai l'impression d'avoir aussi extrait le planton des bras de Morphée...

— Ah ! La discipline se perd... Que voulez-vous mon colonel... Ce n'est même pas la peine que j'en parle à l'Ambassadeur... Il le sait déjà... Heureusement, Tirana, ce n'est pas un poste à risque...

— Alors, dites-moi, où sont-ils, les commandos d'exfiltration ? Parce qu'il faudrait songer à les arrêter, là.

— Je ne sais pas. Il faut que j'en réfère à Paris. Passons dans mon bureau parce que je dois crypter la conversation... Je vais demander qu'on nous y apporte les petits déjeuners. Café ? Thé ?

Dans son bureau, le conseiller culturel avait établi la communication

— D'accord, mon général, je vous mets sur haut-parleur... Et, à mi-voix à destination de Charles : c'est le général de Saint-Elme

— Alors, vous en êtes sorti tout seul ? Bravo ! C'est Gaëlle qui sera heureuse, elle se fait un sang d'encre vous savez...

— Oui, elle est comme ça... En tout cas, merci pour le groupe d'exfiltration, mais il faudrait les rappeler...

— Je m'en occupe... Mais il serait courtois vis à vis d'eux que vous les attendiez pour les féliciter avant de revenir à Paris. Après tout, vous leur avez coupé l'herbe sous le pied !

C'est ainsi qu'il n'arriva à la DGSE que peu avant minuit, après qu'il eut pris un vol pour Bari à dix-sept heures dix et, de là, un autre pour Charles-de-Gaulle à vingt heures.

— J'arrive d'Albanie et je viens au rapport, mon général.

— Très bien, Charles, asseyez-vous et racontez-moi tout.

— Juste après l'envoi de mon dernier rapport écrit... Vous l'avez bien eu ?

— Oui, oui, continuez !

— J'ai avancé en terrain découvert et j'ai essuyé un tir de balles de petit calibre en courtes rafales. Je me suis arrêté et trois hommes armés de fusils d'assaut AK74 m'ont fait sortir du véhicule et forcé à les accompagner au camp situé au fond de la vallée à deux kilomètres de là. J'ai montré mon passeport civil (pas le passeport de service) en prenant l'air terrorisé et j'ai prétendu être un touriste français parti en excursion solitaire... Cela les a un peu déroutés. Ils m'ont quand même enfermé dans une geôle du bâtiment de commandement... J'y suis resté vingt-quatre heures au cours desquelles j'ai pu bricoler la serrure pour que le pêne claquant ne ferme plus.

— La serrure était accessible de l'intérieur de la geôle ?

— Non, quand même pas ! Mais j'ai pu bricoler la gâche, parce que la feuillure était mal ajustée.

— Ils sont vraiment incompétents...

— En fait, je ne crois pas que ces cellules – j'en ai compté six – soient pour des captifs... Ce sont plutôt des cellules pour des arrêts disciplinaires... Alors ...

— Oui, oui... Quand on écope de deux jours d'arrêts, on ne va pas risquer d'en attraper huit en tentant de s'évader !

— Quand on m'a apporté le repas du soir, j'ai renversé la cruche d'eau en simulant une maladresse. En partant la remplir, le geôlier a juste claqué ma porte, sans engager le pêne dormant. J'en ai profité pour sortir et le neutraliser puis je l'ai enfermé dans la cellule. Le camp est très mal gardé en sorte que je l'ai quitté sans encombre. Pourtant les commandos qui s'entraînent m'ont fait l'impression de professionnels aguerris,

— C'étaient quoi ces commandos ?

— Il y avait de tout. Depuis les djihadistes barbus et indisciplinés jusqu'aux mercenaires les plus professionnels. Mais l'état-major du camp et les mesures de sécurité m'ont fait l'impression d'amateurs...

— À moins qu'ils ne s'estiment intouchables parce que protégés par les autorités locales... La SPP noyaute tous les gouvernements, vous savez... Alors vous êtes sorti du camp ?

— Oui, et je n'ai même pas eu à couper les barbelés de clôture tant c'était mal foutu : je suis passé dessous. J'ai parcouru environ vingt kilomètres dans la vallée jusqu'à un village où j'ai volé un vieux 4x4 qui avait presque assez d'essence : il ne m'a lâché que dans la banlieue de Tirana. Je me suis rendu à pied à l'ambassade où je vous ai eu au téléphone.

— Et j'ai aussitôt rappelé les trois commandos partis vous exfiltrer...

— Mais ils ne devaient pas aller à l'Ambassade : le caractère clandestin de leur mission le leur interdisait... Enfin, c'est ce que m'a dit le Premier Conseiller...

— Il avait raison.

— Alors, je ne les ai rencontrés qu'à l'aéroport... Ils étaient un peu déçus que leur mission ait avorté, vous comprenez, ce sont des baroudeurs ! Mais ils ont fait le job et vous aurez des plans détaillés de ce camp d'entraînement ! Les services consulaires de l'ambassade m'avaient pris un billet pour Bari... Mais vous leur aviez prévu un autre vol, en sorte que nous n'avons pas voyagé ensemble. De Bari, un vol EasyJet m'a déposé à Roissy, et me voilà !

— Très bien, Charles... Il n'y a pas d'urgence pour votre rapport écrit, mais faites-le quand même demain... J'en ai besoin contre la SPP. En attendant, pourriez-vous appeler Gaëlle ?

— Gaëlle ? Mais je l'ai appelée de Bari en fin d'après-midi. Nous devons nous retrouver chez nous à Sèvres ce soir après son émission... Elle avait un direct, je crois... Je peux disposer, mon général ?

— Oui, vous pouvez...

— Merci, mon général, bonne nuit...

— Ah, juste une chose encore : regardez La Cinquième en replay... Le direct que vous venez de citer vous intéressera... Enfin, de toute façon, Gaëlle vous l'aurait fait regarder ! Allez, rentrez vite chez vous, Vous y serez le premier

— Mais, Gaëlle...

— Je viens de l'avoir au téléphone... Elle s'est bien gardée de me dire que vous vous étiez parlé cet après-midi ! Elle était au ministère de l'Environnement. Je pense qu'elle y est encore pour un bon moment, ça doit grouiller de journalistes... Tarka Lancien s'est suicidée...

Le général ralluma le téléviseur de son bureau... Il voulait voir la fin de l'émission... Au lieu de cela, il vit Gaëlle Le Couëdic, boulevard

Saint-Germain, un micro à la main dans la cour de l'Hôtel de Roquelaure[1].

*Nuit. Cour de l'hôtel de Roquelaure. Voix off et plan large sur Gaëlle Le Couëdic en live*

— Gaëlle Le Couëdic, vous vous trouvez au ministère de l'environnement où la ministre s'est suicidée voici une demi-heure... La rumeur commence déjà à dire que ce sont les révélations que vous avez faites sur le plateau de « Quand on voit ce qu'on voit » qui l'ont poussée au suicide...

— C'est une accusation lourde, mais totalement dénuée de fondement... D'ailleurs, si elle s'était rendue à mon invitation à participer à l'émission, elle serait encore en vie...

— Sans doute, mais peut-être est-ce pour se suicider pendant votre émission qu'elle n'est pas venue...

— Je vais vous faire une révélation. Je suis sur place et je peux vous affirmer qu'elle ne s'est pas suicidée.

— C'est ce que vous ont dit les enquêteurs ? C'est l'hypothèse sur laquelle ils travaillent ?

— Ce n'est pas une hypothèse, c'est une certitude... Mais, non, les enquêteurs ne le savent pas encore. Vous êtes les premiers... Avant de partir pour Todtmoos pour mener des investigations sur la SPP, j'avais commencé à enquêter sur Madame Lancien et sur des dossiers plus ou moins étranges ...

— Vous voulez dire louches ?

— Louches, oui, pour faire simple. Ils révèlent des connivences entre son ministère et les diverses activités industrielles dont la SPP est le principal acteur, comme l'industrie du bio ou celle de l'éolien. Notamment sur le fait que les subventions publiques distribuées par son ministère ne font qu'alimenter les marges bénéficiaires de ces seuls secteurs et tomber, in fine, dans les poches de la SPP... Et aussi sur le fait qu'une majorité des fonctionnaires de son ministère sont actionnaires, par l'intermédiaire de « SICAV vertes » de ces secteurs économiques qui n'ont de rentabilité que grâce aux subventions publiques qu'ils distribuent.

— Est-ce légal ?

— Je n'en sais rien, je ne suis pas juge, mais, apparemment, tout cet argent public sert essentiellement à alimenter les énormes profits du groupe SPP... Alors j'avais commencé à me rapprocher d'elle en vue de gagner sa confiance : partant du principe que ces dossiers suspects avaient sans doute une explication, je voulais connaître son point de vue sans fard... Je ne voulais pas l'agresser par une interview directe où

*1 Siège du ministère de l'environnement.*

elle se serait retranchée derrière cette langue de bois qu'elle pratiquait avec tant de talent.

— C'est logique, mais est-ce déontologique ?

— De toute façon, je lui aurais révélé ma qualité et le but de mes approches et je n'aurais rien publié sans le lui avoir préalablement soumis... La confiance, ça doit être à double sens !

—Alors qu'avez-vous pu apprendre ?

— Sur la SPP, rien, nous n'avions même pas encore abordé le sujet.

— Maintenant qu'elle est morte, vous ne pourrez plus l'aborder.

— J'ai quand même découvert quelque chose. Elle pratiquait le tir sportif et s'entraînait deux ou trois fois par semaine avenue Foch, au stand de tir de la Police Nationale.

— C'est sans doute pour cela qu'elle possédait un pistolet...

— Certainement, mais n'anticipons pas... Moi-même, je pratique aussi le tir sportif, alors je me suis inscrite et je me suis arrangée pour venir tirer en même temps qu'elle... Nous n'avions pas encore vraiment sympathisé, mais j'avais constaté qu'elle était très bonne tireuse à l'arme de poing.

— C'est avec une arme de poing qu'elle s'est suicidée... Le communiqué de presse parle d'un Glock 44 calibre .22...

— .22 LR, oui, c'est bien avec cette arme qu'elle tirait... Elle tirait de la main gauche, alors qu'elle était droitière pour tous les actes de la vie courante. Je l'ai vue écrire, manger, elle était indubitablement droitière... D'ailleurs, un des rares échanges que j'ai eus avec elle a été pour lui faire remarquer qu'en position de tir académique[1], nous étions face à face alors que nous étions droitières toutes les deux. Apparemment elle était myope de l'œil droit et son œil directeur était le gauche, d'où le fait qu'elle tenait son arme de la main gauche...

— Et alors ?

— ...Le communiqué de presse comporte une photo de la scène de crime... On peut la passer à l'antenne, s'il vous plaît en régie ? ... Voyez-vous même...

*Cut. Image fixe montrant le bureau de la Ministre. Sur la table de travail, on voit, dessinée à la craie, sa silhouette dans la position affalée dans laquelle on l'avait trouvée, y compris l'arme dans sa main droite. Gaëlle, en voix off :*

—... Si elle s'était suicidée, c'eût été de la main gauche... Là, elle tenait son arme de la main droite. Elle a été assassinée ! L'assassin, a maquillé son crime en suicide et, la sachant droitière, il a commis l'erreur de placer l'arme dans sa main droite...

---

*1 Arme tenue à une main bras tendu.*

Saint-Elme, qui ne perdait rien de l'émission, était à la fois déçu que Gaëlle ne lui ait pas accordé la primeur de tout cela, et admiratif pour sa ténacité : elle lui avait dit ce qu'elle savait et, comme il avait omis de l'informer du retour de Charles, elle avait, comme promis, gardé les preuves pour ses téléspectateurs... Tout de même, quelques secondes après qu'elle eut rendu l'antenne, Il reçut un texto d'elle : « Si vous avez regardé La Cinquième, vous savez tout »

Non, Gaëlle, vous ne savez pas tout... En fait, c'est maintenant que tout commence, se dit-il in petto. Il alla à son armoire forte et en sortit un dossier épais d'environ mille feuillets qu'il posa sur son bureau. C'était la déposition que Tarka Lancien avait faite trois semaines plus tôt et tous les documents qu'avaient réunis les services autour de cette déposition. Il y avait plusieurs sous-dossiers.

- *Bilans et comptes de résultats par branche*
- *Politique d'appropriation des ressources en hélium–3*
- *Politique de l'évolution du ratio fiscalité verte vs EBITDA consolidé*[1]
- *Noyautage de la commission et des états européens*
- *Recrutement de militants : mouvements écologistes sous contrôle*
- *Débauchage de militants : mouvements indépendants*
- *Financement des partis et mouvements anarcho-écologistes*
- *Bureaux d'études techniques et scientifiques sous contrôle*
- *Bureaux d'études techniques et scientifiques incontrôlés*
- *Politique de communication. Éléments de langage.*

Toute la SPP était résumée là. C'était une entreprise subversive tentaculaire qui s'était fixée pour objectif d'installer son autorité sur toute l'Europe... Remplacer en quelque sorte la commission et le parlement européens fondés sur des principes démocratiques par un imperium technocratique industriel et financier fondé sur une idéologie selon laquelle l'humanité est trop nombreuse et seule une poignée d'êtres humains éclairés était dignes de profiter des bienfaits de la planète et de cohabiter avec le Vivant. Tout était minutieusement décrit, les preuves étaient là... Le problème était que la SPP avait stipendié tant de gouvernements, d'élus et de commissaires européens que rendre public ce dossier ne ferait qu'accroître le chaos, et donc sans

---

*1 Bénéfice brut au niveau du groupe.*

nul doute, faciliter, in fine, les visées impérialistes de la SPP, seule à même de faire cesser les désordres.

Les adeptes conscients comme Tarka Lancien et son assassin, se disait Saint-Elme, n'étaient pas les plus dangereux parce qu'une fois démasqués, ils pouvaient être neutralisés, comme l'était Tarka Lancien avant son assassinat et son chef de cabinet après. Ceux qui étaient les plus dangereux étaient cette foule d'idéalistes qui croyaient militer pour une cause et n'avaient pas conscience de combattre pour la SPP. La principale supercherie entretenue par la SPP et les relais d'opinion qui lui étaient inféodés était de leur faire croire que si l'activité humaine cessait d'abîmer la planète, elle se refroidirait et retrouverait son climat du siècle dernier... Cette idée alimentait les discours dont la SPP inondait le monde par l'intermédiaire de ses relais d'opinion conscients ou non. Pourtant, les scientifiques savaient que cette idée était fausse, et ceux de la SPP le savaient mieux encore que les autres. Une fois lancé, le réchauffement climatique s'auto-entretenait. La fonte des millions de kilomètres carrés de permafrost sibérien et de pergélisol canadien et le pourrissement des matières qui en était prisonnières, produisait du méthane qui créait plus d'effet de serre que toute l'activité humaine, ce qui continuait à faire fondre le permafrost. De même, l'augmentation de la température des océans enrichissait l'air en vapeur d'eau qui créait, elle aussi, assez d'effet de serre pour entretenir l'accroissement des températures océaniques... Mais ces vérités évidentes, ceux qui avaient les moyens de les dire étaient, directement ou non, inféodés à la SPP et ceux qui les disaient étaient rendus inaudibles.

La difficulté venait de ce que, tout pétris de discours anxiogènes et culpabilisants, les idéalistes étaient violents, et faire connaitre la vérité scientifique, c'est-à-dire détruire d'un coup les illusions qui fondaient leur croyance, les rendrait encore plus violents... Ce que l'on appelle l'énergie du désespoir. C'est pourquoi Saint-Elme avait résolu de ne pas publier, mais de faire fuiter peu à peu le contenu de ce dossier... Faire fuiter à doses homéopathiques pour que l'opinion s'habitue et que les corrompus, peu à peu isolés, cessent de relayer les discours préparés par la SPP et destinés à paniquer la population. Pour ça, il avait Gaëlle, sa notoriété et sa réputation de sérieux aideraient à la réalisation de ce plan. Il se posait la question de savoir ce qu'il allait maintenant lui communiquer pour qu'elle poursuive sur sa lancée ses émissions sur la SPP. La mort de Tarka L'ancien le déliait de la promesse de secret qu'il lui avait faite, mais il n'en dirigeait pas moins un service de renseignement, pas une agence de presse. Il fallait jouer ce coup avec finesse parce que la SPP était partout et ne laisserait passer aucun faux-pas. Mais de finesse, ni Gaëlle ni lui n'en manquaient...

Le temps de l'aventure était passé. Place maintenant au travail politique... Il fallait neutraliser la SPP et réparer tout ce gâchis sans pour autant renoncer à cet hélium-3 qui pourrait bien être l'avenir de l'humanité. Il fallait mettre fin aux dévoiements de l'écologie militante sans pour autant renoncer à rendre la planète plus propre... Il fallait préparer les hommes à vivre sur une planète plus chaude au lieu de leur faire croire qu'ils pouvaient la refroidir.

Sur la SPP, elle-même, Europol avait déjà plusieurs enquêtes en cours. La mort de Tarka Lancien faisait que Saint-Elme n'avait plus aucune raison de garder pour lui ses révélations. Il allait donc les verser au dossier d'Europol... Malgré tout, même s'il avait la preuve que la SPP préparait, en fait une sorte de coup d'état au niveau européen, il ne voyait pas clairement comment la justice européenne pourrait l'attaquer... On ne condamne pas pour des intentions...

Le point d'attaque juridique allait être la violation des traités de l'espace. Cette violation était le fait d'états abusés par les manœuvres de Kurt Kasslow et de la SPP. Kasslow n'a pas été jugé. Il est en fuite et ne sera donc sans doute jamais jugé... Mais La DST l'avait, en secret, condamné à une amende de quinze milliards d'euros, sous la forme de cinq cents kilos d'hélium-3... Aucun tribunal n'aurait frappé si fort ! Restait la SPP qu'il croyait manipuler mais dont il était, en réalité l'otage, puisque l'essentiel des fonds qui ont financé Rimitchka étaient avancés par la banque Bivéa. Elle le manipulait parce qu'elle avait les moyens de le ruiner d'un seul trait de plume...

## *Les Andelys 23 heures*

Pendant que le général de Saint-Elme réfléchissait et pendant que policiers et journalistes s'activaient frénétiquement boulevard Saint-Germain au ministère de l'Environnement, une camion siglé « Gauvain, produits laitiers, charcuterie. Nantes » traversait la ville endormie des Andelys, en Normandie.

La grille de la propriété où était toujours stocké l'hélium-3 que la DGSE avait laissé un mois plus tôt, était ouverte. Il entra pour contourner la bâtisse et s'arrêter derrière, à l'abri des regards extérieurs. Les deux hommes de la SPP, qui logeaient dans la maison d'en face, accueillirent le chauffeur. Dans le plus grand silence, ils entrèrent dans la maison et en ressortirent une à une cent-une bouteilles d'hélium-3. Elles étaient toutes marron-jaune et siglées « Rimitchka ». Au soleil levant, épuisés, ils avaient fini de les charger sur le camion. Ils montèrent tous trois à bord.

Ils se croyaient seuls, mais dès leur départ, la propriété dont ils venaient de sortir, comme celle d'en face où logeaient les deux factionnaires de la SPP, furent envahies d'enquêteurs qui prenaient des photos, saisissaient des ordinateurs, prélevaient toutes sortes d'indices, empreintes, traces d'ADN... Il y en aurait pour des mois d'expertise, mais la récolte était fructueuse. Apparemment les gens de la SPP n'avaient rien fait pour effacer leurs traces.

Le camion partit par la route qui longeait la Seine en direction de Gaillon. Ses occupants l'ignoraient, mais ils étaient suivis par trois véhicules banalisés et un hélicoptère de la DGSE qui assuraient une filature façon « Go Fast », discrète et invisible. Il arriva au château de Todtmoos en fin d'après-midi.

Deux heures plus tard, à Paris, le général de Saint-Elme envoyait un message à Europol :

*De : France DGSE*
*À : Europol*
*Cc : Interpol*
*Cc France : MINDEF:CAB, MININTER:DCRI, MAE*
*Distribution : message*
*Classement : Secret*
*Urgence : Très urgent*
*C'est bien la SPP qui a pris possession de l'hélium-3 extrait à Rimitchka. Les preuves sont en annexe. La SPP possédait en son nom (annexe 1 : extrait cadastral) la propriété voisine de celle où était stocké l'hélium-3. Ce sont ses deux occupants qui ont accueilli un camion hier à 23 heures 40 (annexes 2 à 7 : photos, annexe 8 : PV de constat) et y ont chargé les cent-une bouteilles d'hélium-3 qui s'y trouvaient (annexe 9 à 12 : photos, annexe 13 : PV de constat). Ils se sont rendus au château de Todtmoos (annexe 16 : photo aérienne) après un arrêt pour faire le plein à la hauteur de Besançon (annexe 14 : photo, annexe 15 : photo aérienne). La preuve est donc établie que la SPP est détentrice de cet hélium-3 de contrebande et est donc coupable ou complice des conditions illicites de son extraction. Le risque de voir l'hélium-3 quitter le château de Todtmoos pour un entreposage non directement rattachable à la SPP est important. La DGSE*

*considère que sont réunies les conditions juridiques de l'opération Todtmoos approuvée sur proposition conjointe de la France, de l'Allemagne et du Liechtenstein, au cours de la dernière réunion plénière. Je tiens par ailleurs à attirer votre attention sur le fait que le château de Todtmoos héberge des effectifs armés (annexe 17 : vidéo)*
*Signé : GBR G de Saint-Elme./.*

## *Conseil supérieur de la SPP*

Le surlendemain matin, à 9 heures 30, le Conseil Supérieur de la SPP était réuni dans la grande salle du château de Todtmoos. Le fauteuil de Tarka Lancien était vide. Sur la sellette, c'est à dire sur l'antique cathèdre médiévale qui servait de siège aux auditionnés, se trouvait Julien Trognoux, le chef de cabinet de feue Tarka Lancien.

Le président prit la parole :

– En ouverture de séance, je voudrais vous présenter Julien Trognoux qui nous est dévoué depuis sa sortie de l'ENA et qui a résolu le problème que n'allait pas tarder à nous poser notre collègue Tarka Lancien. Je lui ai demandé de venir pour le proposer à votre cooptation afin qu'il occupe le fauteuil laissé vacant par madame Lancien.

– N'est-il pas mis en examen, justement dans l'instruction de l'assassinat de madame Lancien ?

– Il l'est mais nous avons assez de relations dans la magistrature debout pour que le procureur n'ait pas requis sa mise en détention provisoire...

– Mais que fait-il ici, alors ? Sa mise en examen s'accompagne nécessairement d'une interdiction de quitter le territoire français.

– Certes, mais qui s'en soucie ? Je tiens à mettre en évidence le courage, le dévouement et l'efficacité de Julien Trognoux que j'estime digne de siéger à nos côtés.

– Monsieur le Président, je n'ai pas de raisons de douter de son dévouement. Mais il s'agit d'occuper un siège parmi nous. Il n'est donc plus question de dévouement, mais de solidarité... Monsieur Trognoux, quels gages pouvez-vous donner ?

– Monsieur le Président, Mesdames et Messieurs les Hauts Conseillers, j'ai toujours soutenu les industries vertes, alors que j'ai également toujours été dubitatif sur leur efficacité à rafraîchir le climat ou à nourrir l'humanité... J'ai toujours vanté votre vision de l'économie verte et je n'ai jamais fait part en public des doutes sur ses vertus au niveau planétaire, doutes qu'il est un euphémisme de dire que vous les partagez avec moi... De plus, je vous suis reconnaissant de votre action pour m'exempter de la détention provisoire, mais je tiens à souligner que ma qualité de neveu du président de la République et de leader politique a également joué un rôle significatif dans cette exemption. Pour toutes ces raisons, je suis certain d'être à la hauteur de l'honneur que vous me faites en envisageant de me coopter au sein de votre cénacle.

— Monsieur le Président, dit alors, en hongrois une conseillère qui n'avait pas encore pris la parole, vous avez parlé de l'efficacité dont saurait faire preuve l'impétrant, mais permettez-moi d'émettre des doutes... Il devait s'assurer que la mort de notre regrettée collègue passe pour un suicide ou un accident... Pardonnez-moi de devoir constater que c'est raté.

— Qu'avez-vous à répondre, Monsieur Trognoux ? demanda le président.

— Désolé, mais je n'ai pas compris la question. Elle était exprimée en une langue que je ne pratique pas.

— On vous demande comment vous avez fait pour qu'en dépit du suicide mis en scène, l'homicide de madame Lancien ait tout de suite été découvert.

— Personne, dans l'entourage de la ministre, n'avait le moindre doute sur le fait qu'elle était parfaitement droitière... Si j'en crois la télévision, ce n'est qu'au tir au pistolet qu'elle se comportait en gauchère.

— Voyez-vous, Monsieur le Président, fit un autre conseiller, c'est ce qui me pose problème avec ce jeune impétrant. Vous lui demandez une explication et il répond par une justification. Ce réflexe montre bien qu'il est dévoué, mais qu'il nous considère comme des censeurs et non comme des pairs. Il veut que nous lui fassions confiance, alors que lui, à l'inverse, hésite à nous faire confiance. J'attends les avis de mes collègues pour changer éventuellement d'opinion, mais, en l'état de ce que je vois, je suis contre sa cooptation.

— Moi aussi

— Même si sa qualité de neveu du président de la république française serait, j'en conviens, un atout de poids, je considère aussi cette cooptation comme inopportune, parce que dangereuse : une tentative de justification aussi pathétique est incompatible avec la solidarité indéfectible qui fait la force de notre Conseil.

— Chers collègues, reprit le président, je constate que la jeunesse et le manque de responsabilité de monsieur Trognoux l'emporte dans votre esprit sur son dévouement et sa position au sein des instances dirigeantes françaises... Je suis prêt à me rallier à la majorité... Vous êtes bien conscients des conséquences de notre refus, si nous le votons ? ... Qui souhaite encore s'exprimer ? ... Personne ? ... Alors passons au vote. Il appuya sur un bouton et, aussitôt, un huissier entra dans la salle.

— Huissier, distribuez les jetons et faites circuler l'urne. Monsieur Trognoux, veuillez vous retirer pendant le vote, s'il vous plaît. Je vous rappelle, chers collègues, jeton rouge pour la cooptation et jeton noir pour l'exclusion, avec les conséquences que vous savez.

À peine sorti de la salle, Julien Trognoux fut happé par deux hommes en tenue de combat. En regardant autour de lui, il découvrit qu'ils étaient quatre dans le hall, armés de fusils d'assaut et de grenades, tandis que d'autres continuaient à entrer. Une main plaquée sur la bouche pour l'empêcher de s'exprimer, on lui chuchota à l'oreille, en français avec un fort accent allemand :

— Suivez-nous sans résistance. Vous êtes accusé de vous être soustrait à votre contrôle judiciaire dans l'instruction de l'assassinat de madame Tarka Lancien. Ils lui passèrent les menottes et le firent sortir dans la cour du château.

Dehors, commençait un spectacle dantesque. Trois hélicoptères surgis de nulle part larguaient des soldats. Les hommes glissaient rapidement sur des câbles, comme des araignées sur leur fil, deux câbles par hélicoptère et, sur chaque câble, deux soldats en cours de descente et un troisième, en train de se détacher, au sol avant de gagner sa position en courant. Les hélicoptères, en vol stationnaire, faisaient un bruit infernal et il était impossible qu'ils n'aient pas été entendus de l'intérieur. D'ailleurs les premiers tirs d'armes automatiques se firent entendre. Ils provenaient d'un corps de bâtiment attenant au bâtiment du Haut Conseil. Deux hélicoptères se déplacèrent de quelques mètres et les premiers soldats à passer devant les fenêtres d'où partaient les tirs, y lancèrent des grenades qui les firent cesser. Un calme provisoire était retombé dans l'enceinte du château qui ne résonnait plus que du vrombissement des hélicoptères. Julien Trognoux était menotté, attaché à la rampe de l'escalier d'accès au bâtiment principal, tout comme l'huissier qui était sorti de la salle juste après lui.

À l'intérieur de ce bâtiment, sur un signe de l'officier qui commandait, deux hommes défoncèrent la porte monumentale de la salle du Conseil et vingt-deux autres l'envahirent. Dehors, la fusillade reprenait, ponctuée çà et là d'explosions de grenades. La défense du château s'était apparemment ressaisie et contre-attaquait. Tous les membres du Haut Conseil sortirent du château, menottés et sous bonne escorte. Comprenant sans doute que la situation était sans issue, la garde armée de la SPP se rendit à son tour. Ils étaient dix-huit à sortir des bâtiments, sans armes et les mains sur la tête. Peu après, trois véhicules blindés de transport de personnels entraient dans la cour pour évacuer les prisonniers pendant que, toujours attaché au garde-corps du perron, Julien Trognoux apprenait par l'huissier menotté avec lui, à quoi il venait d'échapper. C'était la mort qui l'attendait. Le Conseil Supérieur de la SPP ne laissait jamais vivre un débouté de demande de cooptation, parce qu'il pouvait s'en sentir frustré, donc devenir possiblement dangereux. Avec les véhicules, était discrètement entrée, à pied, une personne que nul n'avait spécialement remarquée. C'était Gaëlle, vêtue d'un treillis noir et de rangers. Elle n'avait pourtant pas de casque et n'était armée que d'une caméra. Dans la cour, l'odeur de la poudre et les fumées rousses des explosions achevaient de se dissiper. Tout autour, des hommes en armes étaient encore en position de défense, un genou en terre, le fusil d'assaut pointé devant eux.

La veille, Saint-Elme avait juste informé Gaëlle, sous le sceau du secret, qu'une opération musclée menée par la police allemande dans le cadre d'Europol allait avoir lieu au château de Todtmoos. Il avait ajouté qu'elle aurait sans doute des images à filmer et qu'elle ne devait en parler à personne avant... « Ah oui, avait-t-il ajouté, je vous sais douée pour vous mettre dans des situations inextricables, alors, si vous avez un problème avec les autorités, vous pouvez, en cas d'urgence, faire appel à l'officier de liaison français qui accompagnera cette mission. »

Elle filmait le champ de bataille qu'avait été la cour du château, puis elle porta sa caméra sur la quarantaine de prisonniers menottés qui attendaient d'être chargés dans les véhicules blindés... Elle reconnut parmi eux, un ministre allemand, un commissaire européen, un homme politique hongrois, et nombre de personnages qu'elle était sûre d'avoir déjà vus sans pourtant se rappeler qui ils étaient. Elle vit aussi Julien Trognoux, le présumé assassin de Tarka Lancien... Du beau linge... Elle filmait consciencieusement, jusqu'à ce qu'un commando la prenne par l'épaule :

— Was machen Sie denn da[1] ? Es ist für Zivilisten gesperrt !

— Bitte ? Fit-elle pour gagner du temps, tout en continuant de filmer sans le regarder. Ich Französin, ich nicht parler deutsch.

— Es ist verboten zu filmen...

— Ah, mais ça suffit, militaire... Je ne parle pas allemand. Il y a bien un officier français ici ?

---

*1 — Que faites-vous là ? C'est interdit aux civils.*
*— Plait-il ? Je suis française, je ne parle pas allemand.*
*— C'est interdit de filmer*

— Ja, ja, französischer Offizier… Verbindungsoffizier Oberst Longhieu…
— Quel nom avez-vous dit ?
— Bitte ?
— Welchen Namen haben Sie gerade genannt?
— Ach ! Jetzt können Sie Deutsch ! Er ist gerade hier[1]. Il ajouta, d'une voix forte : Herr Oberst ! Bitte !
L'officier qui se tournait maintenant vers elle n'était autre que Charles. C'était donc lui l'officier de liaison français dont lui avait parlé Saint-Elme ! Elle en fut toute réconfortée et allait se précipiter vers lui, mais, d'un regard, il lui fit comprendre que ce serait inopportun. Il se contenta de dire au soldat
— Lassen Sie ihn in Ruhe ! Geben Sie ihm stattdessen eine Pressemanschette[2]

C'est ainsi, alors que l'entrée du château était fermée à tout civil, que Gaëlle s'est trouvée seule journaliste accréditée et qu'elle a pu réaliser les images uniques qui allaient envahir les écrans dans les semaines à venir… Parce que, se disait-elle, l'importance des prisonniers qu'elle avait vus et filmés allait faire l'effet d'un séisme politique en Europe.

Profitant de son statut, désormais officiel, de reporter de théâtre d'opérations, elle entra dans le château. Il était désert. Elle avait vu les dirigeants de la SPP embarquer dans les véhicules blindés. Elle filma la salle du Haut Conseil, déserte. Plus loin, un couloir menait aux cuisines dont la porte était gardée par deux hommes armés… C'était là qu'étaient retenus, lui dit-on, le personnel du château
— Les militaires aussi, ceux qui ont combattu vos collègues ?
— Non, eux sont dans le cellier au sous-sol… Ils vont être jugés par les tribunaux allemands.
— Pas les autres ?
— Non. Les VIP, on nous a dit que l'opération avait pour but de les déférer devant une juridiction internationale… Le personnel qui est là, dans la cuisine, sera poursuivi pour complicité…
— Où est-il ce cellier ?
— Vous ne pourrez pas y entrer.
— D'accord, mais où est-il ?
— Vous sortez du bâtiment par la porte de l'office, juste là. À vingt mètres à droite, une petite porte ouvre sur un escalier qui descend au cellier.

---

[1] *— Quel nom venez-vous de citer ?*
*— Ah ! Maintenant, vous parlez allemand ! Il est juste là. Mon colonel, s'il vous plaît.*
*2 Foutez-lui la paix. Donnez-lui plutôt un brassard de presse.*

En bas d'un escalier voûté, étroit et chichement éclairé par des verrines jaune pisseux, Gaëlle vit la porte du cellier, gardée, comme celle de la cuisine, par deux hommes armés. Sans essayer d'y entrer, elle emprunta un couloir obscur qui partait vers la droite en descendant en pente douce. Des portes massives ouvraient sur de vastes caves voûtées. L'une d'elle contenait des dizaines de bouteilles d'acier brun-jaune marquées Rimitchka... L'hélium-3 de la SPP ! Il était donc là... Elle le filma copieusement tout en imaginant le commentaire qu'elle en ferait dans son reportage : « Vous avez là cinq cents kilos de gaz venu de la lune... Cinq cents kilos d'hélium-3 pour une valeur de quinze milliards d'euros ! La matière première la plus chère du monde et la plus prometteuse aussi... Sans-doute est-ce la ressource qui assurera l'avenir de l'humanité pour le siècle à venir ! »

# *ÉPILOGUE*

## *Palaiseau, Ecole Polytechnique, laboratoire du Professeur Sagnol, 30 juin*

Depuis son retour de la lune il y avait un mois, le professeur Théodore Sagnol avait eu une vie très agitée. Il avait été sollicité de toutes parts pour des interviews ou des conférences. Il ne savait plus où donner de la tête entre la grande presse, passionnée par ses aventures de prisonnier sur une base lunaire inconnue, et la presse scientifique débordant d'admiration pour la découverte de ce nombre quantique de Syracuse. À tel point que le monde scientifique avait décidé d'appeler le modèle quantique qui en résultait « modèle Sagnol ». Il aboutissait à une généralisation vertigineuse des équations de Roothaan, qui faisaient autorité depuis soixante-dix ans.

Depuis une semaine, il avait décidé de lever le pied et de se consacrer à nouveau à la recherche. Il voulait trouver ce nombre à partir duquel la suite de Syracuse ne retombait pas à 1,4,2,1,4,2,1... C'était presque devenu une idée fixe chez lui. Sans compter qu'une fois qu'il aurait trouvé un tel nombre, si jamais il en trouvait un, il lui faudrait définir un process qui permette d'initialiser un ensemble de particules ayant ce nombre comme nombre de Syracuse... Le travail à accomplir était énorme, mais les implications en étaient si gigantesques qu'elles valaient bien les efforts qu'il entendait lui consacrer... D'autant plus que ses travaux théoriques laissaient entrevoir un espoir sérieux qu'il existe toute une série de tels nombres entre $2.10^{18}$ et $5.10^{19}$.

Sans frapper, comme à son habitude, Pauline Dummoulin entra dans son laboratoire. Elle était accompagnée de Dave Sanders.

— Salut, Prof... Depuis votre communication sur le nombre de Syracuse, tout le monde scientifique ne parle plus que de vous en ce moment... Décidément, la gloire vous colle à la peau ! Ça pourrait vous valoir un deuxième Nobel, non ? Ça s'est déjà vu, deux Nobel vous savez...

— Oh, bonjour, Pauline... Ne t'emballe pas, veux-tu... Tu sais que je cherche toujours à prendre la conjecture de Syracuse en défaut... C'est un vaste chantier... Mais, tu es venue avec Dave ? Comment allez-vous, depuis la lune, tous les deux ?

— Oh, très bien... La terre est quand même une belle planète, non ?

— Nous devrions fonder un club des prisonniers de Rimitchka ! Attendez, je dois avoir une bouteille de champagne quelque part... On va arroser la naissance de notre club !

Le professeur passa dans la pièce à côté et en revint avec une bouteille de Mumm et trois flûtes. Pendant qu'il faisait sauter le bouchon, Pauline reprit :

— En fait, je venais vous demander... J'ai vu que Paul Van Kersten quittait la chaire d'astrophysique à l'X...

— En effet, il a donné sa démission le mois dernier...

— Et qui va le remplacer ?

— Je crois que ce n'est pas encore décidé... Il me semble que la direction pense à Jean-Louis... Je ne me rappelle plus son nom... Tu sais bien, Pauline...

— Oui, je vois... Jean Sans Louis...

— Oui... répondit le professeur Sagnol qui ajouta à l'attention de Dave Sanders : c'est un maître de conférences que les élèves appellent comme ça parce qu'il est à moitié sourd... Ils donnent des surnoms à tout le monde. Comme moi, c'est Tournesol, mais ça, depuis la lune, vous le savez !

— Et, reprit Pauline... Vous ne croyez pas que Dave pourrait... Un cours d'astrophysique...

— Vous, Dave ? Mais votre chaire à Princeton ?

— Eh bien, pour tout dire... J'aime bien la France et... Well ! ... J'abandonnerais bien Princeton pour me fixer à Paris... Pauline... Euh...

— Ah, c'est ça ! Eh bien... je vois que c'est le grand amour... Alors, comme ça, pour vous deux, la lune ç'aura été votre lune de miel ! ... Alors, buvons à notre club et à vos amours ! Dit-il en levant sa flûte de champagne.

— Dites, prof, vous pouvez faire quelque chose ? ... S'il...

— Pour Dave ? Bien sûr que je peux... Prix Nobel est une distinction qui ouvre bien des portes et je n'aurai sûrement pas de mal à convaincre le directeur général... Votre proposition, Dave, honore l'École Polytechnique et ce sera un plaisir, pour moi, que de vous parrainer... Et Jean Sans Louis – décidément, je n'arrive pas à me rappeler son nom – se fera une raison... Ce n'est pas un problème... Mais...

— Mais quoi, prof, dit Pauline inquiète, il reste un problème ?

— Oui, la lune, les journalistes, l'enseignement... Avec tout ça, je me disperse et, pendant ce temps-là, la conjecture de Syracuse est toujours une conjecture !

Pauline l'interrompit et porta un toast :

— C'est encore une conjecture, mais, prof, on vous connaît, vous en ferez en ferez vite une imposture. Buvons aux derniers jours de Syracuse !

## *Sèvres maison de Gaëlle Le Couëdic, 2 juillet, 20 heures*

Assise sur un fauteuil de teck dans son jardin sur la colline du parc de Saint-Cloud, Gaëlle sirotait un virgin mojito. En attendant Charles, elle se remémorait les évènements de ces six derniers mois. L'affaire de l'hélium-3 était close. La France possédait une demi-tonne d'hélium-3 stockée dans les souterrains de Taverny. Rimitchka continuait son exploitation sur une base « non-profit » : ainsi en avait décidé l'AIEA en liaison avec l'ONU, dans l'attente d'un accord mondial sur l'exploitation des ressources minières extra-planétaires... Ainsi, à part les cinq cents kilos français, l'hélium-3 était désormais stocké au niveau international, et la société Rimitchka avait été cédée par la banque LGT sous forme de fidéicommis au Fonds Monétaire International... La SPP décapitée, et sa principale filiale contrainte de provisionner la perte d'un actif de plus de trente milliards d'euros, tout le groupe financier s'est effondré. Sur la lune, Rimitchka était toujours dirigé par Xavier du Moulin-de-Mars qui avait décidé de ne pas se rendre à la réouverture de son procès, prévue l'année suivante. La cour d'assises ayant estimé qu'exécuter un mandat d'amener sur la lune n'était possible ni juridiquement ni financièrement, la situation aurait pu perdurer n'était l'arrivée de Kurt Kasslow à Rimitchka... C'était le seul endroit où, estimait-il, il serait à l'abri des tueurs que ne manquerait pas d'envoyer la SPP à ses trousses. Après tout, ont pensé en secret aussi bien les magistrats que les politiques, tant pour Kurt Kasslow que pour Xavier du Moulin-de-Mars, un exil sur la lune, plus, pour Kasslow, une amende de quinze milliards d'euros, c'étaient déjà de lourdes peines et, comme les deux accusés les acceptaient, on ferait l'économie de deux procès à haut risque médiatico-politique sans que ni la morale ni l'équité n'aient à en souffrir...

Gaëlle n'avait pas encore le droit de tout révéler, à cause du secret-défense. Les journalistes, par exemple, se perdaient en conjectures sur l'endroit où Kurt Kasslow vivait son exil... Elle avait, se disait-elle, encore matière à quelques belles émissions au fur et à mesure des levées partielles de secret que lui avait promises Saint-Elme dans ce dossier...

À la chaude lumière du soleil à peine déclinant en ce début de longue soirée d'été, les roses illuminaient le jardin de leurs couleurs éclatantes. Gaëlle était très fière de ses roses et, autant elle laissait carte blanche au jardinier pour le reste du jardin, autant elle ne le laissait pas toucher à un seul de ses rosiers. C'est elle qui les désherbait, qui les paillait, qui les taillait, qui choisissait les bourgeons à épincer, qui les rabattait et qui surveillait la moindre trace d'oïdium, de pucerons ou de cochenille. Et malheur à la limace imprudente qui aurait osé mettre ne fût-ce que le bout de son pied sur ses plates-bandes ! La lumière chatoyante des soirs d'étés comme celui-ci mettaient merveilleusement en valeur le résultat de ses efforts.

Gaëlle attendait Charles pour dîner. Il était près de vingt heures, mais ce n'avait rien d'inhabituel pour lui d'arriver tard. Ce soir-là, arrivée la première à la maison, c'était à elle de préparer le dîner. En fait, c'était souvent à elle parce que sa chaîne de télévision « La Cinquième » était à dix minutes à peine de chez eux, alors que le bureau de Charles, à la DGSE était à l'autre bout de Paris.

C'était une belle journée d'été aussi avait-elle préparé un dîner froid qu'elle avait dressé sur une table de jardin. Vêtue de ses éternels jean et chemise d'homme aux manches retroussées, elle attendait calmement en sirotant son cocktail. Rêvasser dans son jardin lui remettait en mémoire les moments de bonheur qu'ils y avaient connus, Charles et elle. Elle se rappelait les interminables soirées d'été qu'ils y avaient passées allongés dans le gazon l'un contre l'autre, en retardant le moment de gagner leur chambre... Elle se rappelait aussi ces après-midis d'hiver ensoleillés où ils se roulaient dans la neige en riant comme des gamins... Elle se rappelait ce soir d'hiver, il y aura bientôt six mois, où Saint-Elme l'avait appelée pour lui dire qu'elle ne pourrait pas voir Charles avant plusieurs mois... Et son angoisse quand elle l'a su sur la lune... Et quand il a fallu qu'il y reparte sans désemparer !

Comme elle se remémorait tout cela, son téléphone sonna. Elle en ressentit un pincement d'anxiété : ça y est, pensa-t-elle résignée, ça recommence ! C'était Charles, mais ce soir, ça ne recommençait pas.
— Bonsoir, ma chérie... Je suis en retard...
— J'ai vu... Tu ne retournes pas sur la lune, au moins ?
— Non, répondit-il en riant... Non non... Non merci, moi, la lune, j'ai eu ma dose ! ... Là, je suis juste coincé dans les embouteillages sur le Pont de Sèvres... Il doit y avoir un accident sur la 118...
— T'inquiète, alors... J'ai fait un dîner froid. On le prendra dans le jardin quand tu arriveras... Je t'attends sous le cèdre en buvant un mojito.
— Ha ha ! Tu t'alcoolises ?
— Virgin mojito, rassure-toi... Avec la menthe du jardin !
— Je t'aime.
— Moi aussi, mais plus encore quand tu es là... Oh, mais, j'entends encore de la musique à côté. La fille des voisins fêtait son anniversaire

et, apparemment, la fête n'est pas encore finie... Puisque tu es en retard, je vais aller l'embrasser, ça leur fera plaisir, à elle et à ses parents. Si je ne suis pas là quand tu arrives, c'est que je suis chez elle.

De la rue, cinquante mètres plus loin, elle vit sa voisine encore occupée à gonfler des ballons de baudruche dans son jardin...

— Bonsoir Gaëlle, c'est gentil d'être venue faire un tour... Vous voyez, je suis de corvée. Non contents d'avoir déjà des ballons un peu partout, les enfants ont eu l'idée de faire un vrai grand lancer de ballons au soleil couchant, ça va être féérique !

— Oh ! Mais... dit Gaëlle en s'étranglant.

— Quelque chose ne va pas ?

— Si ! ... Si, si... Au contraire... Elle était secouée d'un rire compulsif. Non, non, c'est absurde...

Sur la bouteille d'acier à laquelle sa voisine gonflait ses ballons, elle venait de voir l'inscription :

RIMITCHKA

# *Cartographie*

## EUROPE

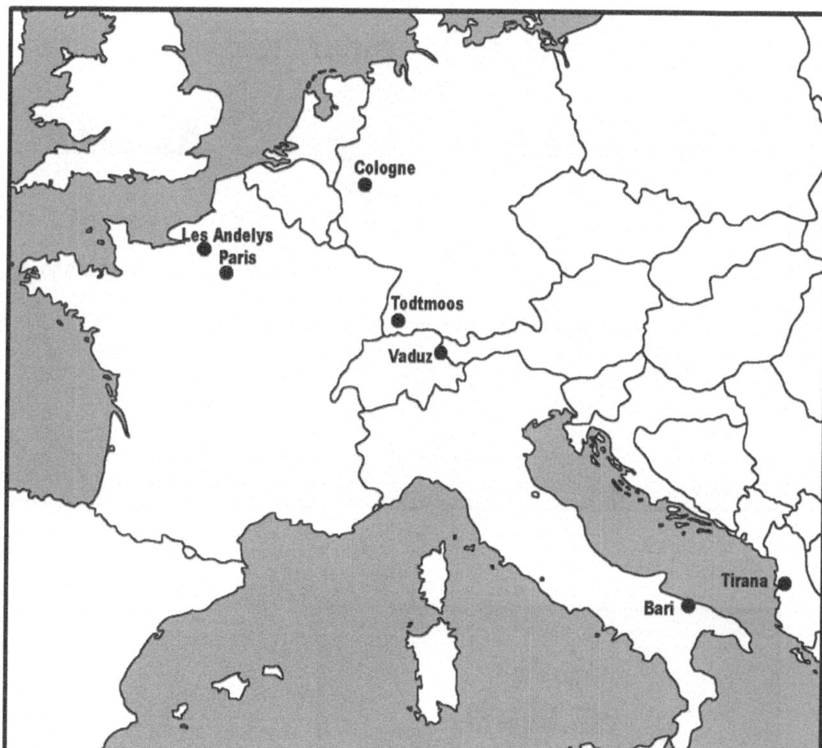


© *https://www.d-maps.com/carte.php?num_car=2254&lang=fr*

## *WRANGEL*

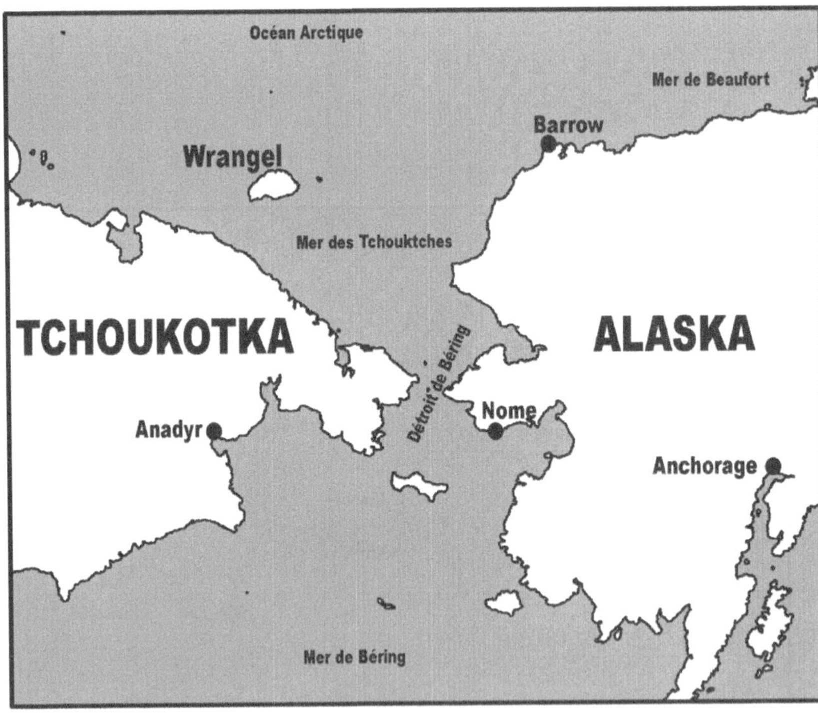
Océan Arctique
Mer de Beaufort
Barrow
Wrangel
Mer des Tchouktches
TCHOUKOTKA
ALASKA
Détroit de Béring
Nome
Anadyr
Anchorage
Mer de Béring

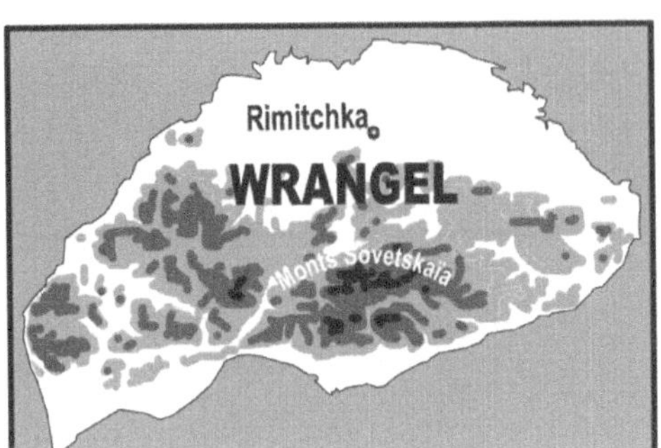
Rimitchka
WRANGEL
Monts Sovetskaïa

Achevé d'imprimer par Corlet Numérique - 14110 Condé-sur-Noireau
N° d'Imprimeur :186596 - Janvier 2025 - Imprimé en France